Das Geheimnis der Buddha-Katze

ALJOSCHA LONG
RONALD SCHWEPPE

Das Geheimnis der Buddha-Katze

Auf leisen Pfoten zu innerer Freiheit und tiefer Zufriedenheit

Lotos

FSC
www.fsc.org
MIX
Papier aus verantwortungsvollen Quellen
FSC® C014889

Penguin Random House Verlagsgruppe FSC® N001967

Erste Auflage 2022

Redaktion: Jürgen Teipel
Umschlaggestaltung: Guter Punkt, München,
unter Verwendung eines Motivs von © Nadja Tilke, Guter Punkt, München
Illustrationen: Nadja Tilke und iStock Images
Satz: Sabine Dunst, Guter Punkt, München
Druck und Bindung: Friedrich Pustet GmbH & Co. KG, Regensburg

ISBN 978-3-7787-8310-8

www.Integral-Lotos-Ansata.de
www.facebook.com/Integral.Lotos.Ansata

Inhalt

Prolog

Ohne meinen alten Freund Eugen, den Maler, hätte ich niemals von der Buddha-Katze erfahren. Und er hätte sie nicht kennengelernt ohne die Sache mit den Straßenkatzen und dem Sturmtief über Westeuropa im April. Dass ich die Geschichte der Buddha-Katze zu hören bekam, ist also reiner Zufall. Dass ich sie aufgeschrieben habe, ist hingegen Absicht – und sollte ich dabei das ein oder andere durcheinandergebracht haben, will ich mich hier schon mal dafür entschuldigen.

Aber am besten eins nach dem anderen.

Es begann damit, dass mir nicht wohl war. Und das ist noch ziemlich untertrieben. Seit Tagen schlief ich schlecht und litt schon morgens unter pochenden Kopfschmerzen. Die Welt erschien mir grau, das Leben anstrengend und sinnlos – und wer weiß, wahrscheinlich war es das ja auch. Obwohl an Arbeiten schon lange nicht mehr zu denken war, konnte ich mich doch auf nichts anderes besinnen; denn auf meinem Tisch lag ein unvollendetes Manuskript zu einem Roman, den ich in wenigen Wochen würde abgeben müssen. »Unvollendet« trifft es nicht ganz – ich hatte gerade mal die ersten beiden Kapitel geschrieben, und die waren Mist.

Wie immer, wenn es mir schlecht ging, rief ich meinen Freund Eugen an, der in seinem Atelier hoch über den Dächern der Altstadt lebt und stets ein offenes Ohr für mein Gejammer hat. Wir verabredeten uns für den Nachmittag in unserem Stammcafé.

Ich musste Eugen nicht viel erzählen – schon auf den ersten Blick erkannte er, wie es um mich stand. »Hmm«, sagte er schließlich und legte den Kopf schräg. »Du scheinst ja wirklich ziemlich gestresst zu sein.«

»Allerdings!«, seufzte ich und rührte lustlos in meinem Milchkaffee.

»Vielleicht wäre es eine ganz gute Idee, wenn du ein bisschen weniger grübelst und erst mal versuchst, den Stress loszulassen. Weißt du, beim Malen ist es mir früher auch immer wieder passiert, dass mich Zweifel gepackt haben. Oft habe ich monatelang an einem Gemälde gearbeitet – und dann plötzlich gemerkt, dass das alles nicht hinhaut. Die Harmonie der Farben oder die Gesamtkomposition – irgendwie stimmte alles nicht. In solchen Situationen habe ich mich oft lange gequält. Inzwischen lasse ich die Widerstände los und fange einfach an zu übermalen. Manchmal wird es dann noch schlechter. Aber das macht nichts. Dann übermale ich eben wieder. Und beim dritten oder vierten Mal kommt etwas Gutes dabei heraus, mit dem ich zufrieden bin – und meine Galeristin auch.«

»Schön und gut. Loslassen ... klingt aber einfacher, als es ist, oder?«

Eugen sah mich lange an. Ich lehnte mich zurück und wartete. Ich kannte das schon. Oft überlegte er ewig, bevor er etwas sagte. Und was er dann sagte, klang manchmal recht verrückt. Aber auf eine angenehme Art *war* er ja auch ziemlich verrückt, mit seinem fleckigen Malerkittel, der langen grauen Mähne und seinem Gehstock mit dem goldenen Löwenknauf. Schließlich beugte er sich nach vorne, sah mich bedeutungsvoll an und flüsterte: »Kannst du dir vorstellen, dass manche Menschen mit Tieren sprechen können?«

Obwohl ich von Eugen schon so einiges gewohnt war, verschlug es mir doch erst einmal die Sprache. Wie bitte? Im Ernst jetzt? – Oder machte sich Eugen einen Spaß mit mir? Stumm schüttelte ich den Kopf. Eugen kratzte sich am Kinn und sah mich durchdringend an. Nach einer Weile nickte er. »Ich versteh schon, dass das schwer zu glauben ist. Doch lass deinen logischen Verstand mal für einen Moment ruhen und glaub mir einfach, dass ich tatsächlich mit manchen Tieren sprechen kann – zum Beispiel mit Katzen. Vor allem aber mit einer ganz besonderen, wirklich außergewöhnlichen Katze.«

Dazu fiel mir absolut nichts ein. Ich zog nur die rechte Augenbraue ein wenig hoch und musterte Eugen. Im Moment wirkte er eigentlich ganz und gar nicht verrückt. Zumindest nicht mehr als sonst. Eine leise Stimme in mir sagte, dass es das Beste wäre, einfach mal zuzuhören und all meine Zweifel vorerst in ein Hinterzimmer meines Bewusstseins zu verbannen; auch wenn mir das nicht gerade leichtfiel. Doch was immer Eugen für eine Geschichte auf Lager haben mochte – zumindest würde es interessant und unterhaltsam werden und mich ein wenig von meinen eigenen Problemen ablenken. Vorsichtig nickte ich also und antwortete leise: »In Ordnung. Ich versuche mal, dir zu glauben.«

Eugen grinste mich breit an. »Gut für dich!« Er nahm einen Schluck Kaffee, räusperte sich und begann. »Ich erzähle dir jetzt alles, was ich von Maya erfahren habe. Einiges, was mir wichtig schien, habe ich in mein Tagebuch geschrieben. Da kannst du später gerne noch einen Blick drauf werfen. Aber fangen wir mal ganz am Anfang an.«

Und so erzählte mir Eugen die Geschichte von der Buddha-Katze.

In der Alten Villa

1

Der Überfluss

Mayas Suche nach dem Glück begann an dem Nachmittag, als ihr bewusst wurde, dass sie keinerlei Lust mehr darauf verspürte, Mäuse zu fangen.

Der Sommer ging dem Ende zu, die Abende wurden kühler, die Luft feuchter. Wie so oft lag Maya an ihrem Lieblingsplatz auf der Veranda der Alten Villa, wo sie sich ausgestreckt hatte, um die letzten warmen Strahlen der untergehenden Sonne zu genießen. Als sie plötzlich ein leises Rascheln vernahm, hatte sie aus alter Gewohnheit den Kopf gehoben und die Verursacherin sogleich entdeckt. Die Maus, die im Zickzack durch den Obstgarten huschte, ahnte nichts von den smaragdgrünen Augen, die jedem ihrer Schrittchen durch die Beete folgten. Erst recht aber ahnte sie nicht, dass sie, obwohl sie gerade von einer Katze beobachtet wurde, völlig unbesorgt sein konnte. Maya würde sie ziehen lassen. Sollte sie doch hinlaufen, wo sie wollte. Maya würde sich nicht die Mühe machen, auch nur eine ihrer weißen Pfoten zu rühren.

Was immer ein Katzenherz begehren konnte – Maya hatte all das im Überfluss. Wozu also Mäuse jagen? Tag für Tag bekam sie in der Villa die feinsten Lachs- und Thunfischmenüs serviert – auf einem Porzellantellerchen, so wie sich das für eine Katzendame, wie sie es war, gehörte. Die Jagd war ihr immer nur ein Zeitvertreib gewesen. Aber wozu das Ganze? War es nicht ganz und gar sinnlos?

Maya setzte sich auf, sah in die Bäume, sah in den Himmel, wo die rote Sonne hinter einem zarten Wolkenschleier unterging, sah Starenschwärme über der Stadt ihre Kreise ziehen. Sicher – schön anzusehen war das alles, wo aber war die wahre Bedeutung von alledem? Welchen Sinn hatte es, tagein tagein, zu fressen, faul auf dem Fensterbrett zu liegen oder mit Knäueln aus Kaschmirwolle zu spielen? Worin lag der Sinn ihres Lebens? Warum war sie nur so freudlos? War sie immer schon so gewesen – so unzufrieden, so leer? Maya schloss die Augen und tauchte tief in den dunklen See ihrer Erinnerungen hinab.

Das Leben begann in einer Schachtel ...

Zu ihrem achtzigsten Geburtstag hatte Frau Alma von Lilienfeld, Witwe und Besitzerin der Alten Villa, von einem ihrer illustren Gäste, Baron Valkenberg, eine kleine Schachtel mit goldener Schleife überreicht bekommen. Das Schächtelchen war zu groß für ein Fabergé-Ei, aber zu klein für einen Hut. Die alte Dame hielt sich die Schachtel ans Ohr und schüttelte kräftig, woraufhin der sonst so gefasste Baron erbleichte und entsetzt dreinblickte. »Alma ...« Doch Frau Lilienfeld hatte schon mit dem Schütteln aufgehört und damit begonnen, ihr Geschenk auszupacken. Als sie den Deckel der Schachtel anhob, blickte sie in zwei große smaragdgrüne Augen, die, von flauschigem weißem Fell umrahmt, erstaunt in die Welt blickten. Sie verliebte sich auf den ersten Blick in das süße Kätzchen.

Schon als Kind hatte sie sich heiß und innig eine kleine Katze gewünscht, aber ihre Eltern waren keine Tierfreunde gewesen. Später hatte sie nie mehr ernsthaft daran gedacht, sich eine Katze ins Haus zu holen. Und jetzt war sie alt. Aber war das nicht der beste Grund? Ihr Freund, der Baron, war ein besonnener Mann, und sicher hatte er seine Gabe mit Bedacht gewählt. Alma würde nicht ewig leben. Und je kürzer die verbleibende Zeit, desto wichtiger schien es ihr, Freude in ihr Herz zu lassen und die Geschenke des Lebens zu genießen. Und so war dieses niedliche Kätzchen nun bei ihr gelandet.

Als Alma das weiße Katzenbaby vorsichtig aus der Schachtel hob und in ihren Armen hielt, wusste sie sofort: Sie würde sich mit ganzer Seele um die kleine Samtpfote kümmern. Es sollte der kleinen Maya an nichts fehlen.

Und tatsächlich hatte das kleine Katzenwesen alles, was es sich nur wünschen konnte: ein eigenes Zimmer mit einem großen Kratzbaum. Spielzeugmäuse in allen Farben und Katzenkissen mit dem wunderbaren Duft von Katzenminze. In einer Ecke stand ein Katzenhäuschen, in das Maya sich jederzeit zurückziehen konnte. Sogar ein Aquarium gab es, vor dem sie stundenlang sitzen und die Fische beobachten konnte. Von einem großen Fenster aus sah sie in den Garten und folgte mit ihrem Blick den Vögeln. Und natürlich gab es stets Leckereien und dreimal am Tag eine köstliche Mahlzeit.

Obwohl sie die einzige Katze im Haus war, war sie nie einsam. Alma nahm sich immer Zeit, um ihr geliebtes Maya-Kätzchen zu kraulen und mit ihm zu spielen – ebenso wie die vielen Besucher und Marina, die junge Haushälterin. Als Maya ein wenig älter wurde, durfte sie auch in den Obstgarten hinaus. Das war ein wunderbares Abenteuer, und zwischen den knorrigen Kirsch- und Apfelbäumen entdeckte sie im hohen Gras die Freude an der Jagd. Stolz brachte sie ihrer Gönnerin die erlegten Mäuse ins Haus. Bald schon merkte sie jedoch, dass ihr Frauchen über diese Gaben ganz und gar nicht erfreut zu sein schien. Und nachdem die alte Dame sogar richtig böse wurde, als Maya ihr ein totes Vögelchen auf die Chaiselongue legte, jagte sie nur noch zum Spaß – und ließ alle Mäuse und Vöglein gleich wieder frei.

Eine Weile genoss Maya ihr unbeschwertes Leben. Allmählich jedoch schlich sich ein Schatten auf ihre Seele, der immer dunkler wurde. Mit jedem Tag, an dem sie den Fischen im Aquarium zusah, sich die Krallen am Kratzbaum schärfte und auf ihrer Samtdecke döste, tropfte die Freude mehr und mehr aus ihrem Leben – wie Wasser aus einem Eimer mit einem winzigen, kaum sichtbaren Loch.

Zunächst merkte sie kaum, dass sich etwas verändert hatte, dass etwas nicht stimmte. Sie wurde nur etwas unruhiger, fraß mehr, wurde schwerer und unbeweglicher und verschlief ganze Tage. Schließlich aber verging ihr jegliche Lust, durch den Garten zu schleichen und zu jagen. Immer seltener wollte sie ins Freie, und wenn sie einmal hinausging, suchte sie sich schnell ein sonniges Plätzchen auf der Veranda, rollte sich zusammen und döste vor sich hin.

An jenem Tag, da Maya dem vorüberhuschenden Mäuschen gelangweilt hinterherblickte, wurden ihr zwei Dinge klar. Zum Ersten, dass sie nie wieder Mäuse oder Vögel jagen und keinem fühlenden Wesen mehr Schaden zufügen würde. Und zweitens, dass alle Freude in ihrem Herzen erloschen war. Lange grübelte Maya darüber nach, woran das wohl lag. Wo lag der Sinn ihres Katzendaseins? Und wie sollte das alles weitergehen?

In Maya keimte der Entschluss, etwas zu verändern. Nur, was das sein konnte, das wusste sie nicht. Nachdem sie sich ausgiebig durchgestreckt hatte, erhob sie sich und machte einen Rundgang durch den Garten. Als ihr Blick auf die verfallene Backsteinmauer fiel, stutzte sie. Zum ersten Mal wurde ihr bewusst, dass es auch eine Welt außerhalb des Gartens, jenseits dieser Mauer geben musste. »Merkwürdig«, dachte sie, »dass ich vorher nie daran gedacht habe.« Und so beschloss sie, sich diese Welt dort draußen einmal näher anzusehen.

2

Die Stadt und das Leiden

Mit einem eleganten Satz landete Maya auf der Mauer, die den Garten der Alten Villa umschloss. Jenseits der Mauer breitete sich ein riesiger Park aus. Unglaublich, wie groß die Welt war! Maya staunte über die weit ausladenden Wiesen, die kein Ende zu haben schienen, doch in ihr Staunen mischte sich ein wenig Angst. Vorsichtig spazierte sie auf der Mauer entlang, bis sie an die Vorderseite der Villa gelangte. Hatte der Park ihr schon den Atem geraubt, so kam sie jetzt aus dem Staunen gar nicht mehr heraus, denn vor ihr eröffnete sich eine fremde, bedrohliche Welt. Dicke Straßen, auf denen Autos fuhren, Ströme von Menschen, die die Bürgersteige füllten, Hunde, die an Leinen zerrten, blinkende Lichter und dann plötzlich eine heulende Sirene ...

Wie von Dämonen gejagt sprang Maya zurück in den Garten, schoss durch die Terrassentür in die Villa und flüchtete die Treppe hinauf in ihr Zimmer, wo sie so lange in ihrem Katzenhäuschen saß, bis Almas vertraute Stimme an ihre Ohren drang und sie daran erinnerte, dass es Zeit für das Abendessen war. Sie war offenbar wieder in Sicherheit.

Die Welt jenseits der Mauer hatte ihr einen gehörigen Schreck eingejagt, doch so schnell würde sich sie nicht geschlagen geben. Viel zu groß war ihre Neugier. Maya wollte unbedingt wissen, was es mit der Welt dort draußen auf sich hatte. Vielleicht fand sie ja dort den Sinn des Lebens und das Glück, nach dem sie suchte. Sicher, die Villa war ihr Zuhause, und doch spürte sie, dass ihr etwas fehlte. In letzter Zeit spielte Alma nur noch selten mit ihr; meist lag sie den ganzen Tag müde im Bett, und Maya spürte, dass die alte Dame es nicht mehr ganz so gern hatte, wenn sie sich zu ihr kuschelte. Doch Maya sehnte sich ohnehin nach etwas anderem; sie wusste nur noch nicht, wonach. Dass sie aber unbedingt herausfinden musste, ob es in der Welt da draußen etwas gab, das ihr tiefe Erfüllung schenken konnte, das wusste sie genau.

Und so unternahm sie schon am nächsten Tag den zweiten Versuch. Lange saß sie geduckt auf der Mauer und betrachtete das rastlose Treiben in der Stadt. Es dauerte eine ganze Weile, bis sie den Mut fasste und von der Mauer auf den Gehweg sprang. Kaum gelandet, rannte ein Menschenkind auf sie zu und rief aufgeregt: »Mami, guck mal, die süße Katze. Darf ich die mitnehmen?« Und schon griff das Mädchen nach Maya. Maya hatte zwar keine Angst vor Menschen, doch sie schätzte es ganz und gar nicht, von Fremden angefasst zu werden. Sie legte die Ohren an und wich dem Kind aus. Eine dicke Frau packte das Mädchen am Arm und zerrte es von Maya weg. »Nimm die Finger da weg, Nina! Die hat bestimmt Flöhe.«

Maya drehte sich blitzschnell um und trabte los. Sie lief einen kleinen Weg entlang, der weniger bedrohlich wirkte als die breite Straße, die an der Villa vorbeiführte.

Doch was war das nur für ein Geruch? Ungewohnte Düfte vermischten sich zu einem einzigen Gestank. Maya roch die Markierungen anderer Katzen und Hunde. Sie witterte die Duftspuren von Mäusen und Mardern – und von Menschen, auch wenn die ja eigentlich gar keine Duftmarken hinterließen. Vor allem aber lag ein durchdringender Geruch von ekelhafter Nahrung in der Luft, der Mayas feine Nase beleidigte und von dem ihr übel wurde.

Aus allen Richtungen drangen zudem grelle Geräusche und schreiende Farben auf sie ein. Es war wie ein schrecklicher Traum. Dennoch ging Maya tapfer weiter – schließlich hatte sie beschlossen, mehr über die Welt zu erfahren, und sie würde nicht so schnell klein beigeben. Auch wenn ihre bisherigen Erfahrungen nicht gerade ermutigend waren, so konnte es doch immerhin sein, dass das Glück bereits hinter der nächsten Ecke auf sie wartete.

Der Abend nahte und der Himmel wechselte von Himmelblau zu Dunkelblau. In der Stadt aber wurde es nicht dunkler. Beinahe im Gegenteil. Immer mehr bunte Lichter leuchteten und blinkten. – Und dann sah Maya zum ersten Mal in ihrem Leben eine andere Katze. Die Fremde sah sie misstrauisch an. Aber Maya ging vorsichtig auf sie zu und sah sie freundlich an. »Hallo! Ich bin Maya. Kannst du ...?« Noch bevor sie ihre Frage zu Ende stellen konnte, legte die braune Katze ihre Ohren an und fauchte: »Hau ab!« Maya blieb wie angewurzelt stehen. Die Katze sah sie böse an, wandte sich ab und verschwand in einem Kellerloch.

Maya war verwirrt. Was war nur mit dieser Katze los? Warum war sie so unfreundlich gewesen? Nachdenklich ging sie weiter. Ein unangenehm beißender Geruch, der mit jedem Schritt stärker wurde, schoss ihr in die Nase. In einem Hauseingang lag ein großer Klumpen, von dem der Geruch ausging. Als Maya näher kam, bewegte sich der Klumpen und begann zu husten. Maya stellte die Ohren auf und erstarrte. Und dann erkannte sie es: Der Klumpen war ein Mensch – ein in alte Zeitungen, Plastiktüten und dreckige Decken gehüllter Mann. Dass ein Wesen so schrecklich riechen konnte, hätte sie nie für möglich gehalten. In den Gestank von menschlichen Ausscheidungen mischte sich ein Geruch, der Maya irritierte. Woher kannte sie ihn nur? Jetzt fiel es ihr wieder ein: Er ähnelte dem eines roten Getränks, das Alma und ihre Gäste mitunter beim Essen tranken. Doch hier war dieser Geruch nicht fein und aromatisch, sondern beißend und abstoßend. Maya rümpfte die Nase. Sie trat vorsichtig noch ein wenig näher und sah eine leere Flasche neben dem alten Mann liegen. Und neben dem Geruch von Alkohol nahm sie jetzt auch den Geruch von Krankheit, Fäulnis und Verfall wahr.

Warum musste dieser kranke Mensch hier auf der kalten Straße schlafen? Warum schlief er nicht wie Alma in einem weichen, warmen Bett? Maya begriff, dass die Welt, die ihr vertraut war, nur ein winziger Teil der Wirklichkeit sein konnte. Hatte sie sich bisher selbst für eine besonders unglückliche Katze gehalten, so erkannte sie jetzt, wie viel mehr Leiden es in der Welt geben musste. Und sie wunderte sich, warum nicht dieser Mann, ja warum wohl nicht alle leidgeprüften Wesen, ebenso auf der Suche nach Glück und Zufriedenheit waren, so wie sie.

Plötzlich bewegte sich der Mann wieder, röchelte, hustete schwer und rülpste laut. Er griff nach der leeren Flasche, sah sie aus trüben Augen an und murmelte etwas Unverständliches. Dann fiel sein Blick auf Maya und er lächelte ein zahnloses Lächeln. »Na, Kätschen, miez, miez, komm mal her.« Er wollte Maya streicheln, doch sie wich zurück. Sofort verschwand sein Lächeln. »Blödes Katzenvieh! Hasch wohl Angsch vor mir?« Er versuchte noch einmal, nach Maya zu greifen. Als sie ihm geschickt auswich, schleuderte er seine Flasche in Mayas Richtung. Sie konnte sich mit einem Sprung zur Seite gerade noch retten. Die Flasche zersplitterte, der Mann schrie und verfluchte Maya, die erschrocken davonrannte und so lange lief, bis sie das Geschrei und den Geruch weit hinter sich gelassen hatte.

Maya war erschüttert. Sie hatte nicht gedacht, dass Menschen so leben konnten. Sie konnte das Bild dieses alten, übel riechenden, kranken Mannes, der in einem Hauseingang auf der Straße schlafen musste, nicht mehr loswerden. Sie erkannte, dass die Welt ein gefährlicher Ort war – dass das alles nicht viel mit der sauberen, warmen Villa zu tun hatte, in der Maya aufgewachsen war. Wie sehr hatte sie sich doch darin getäuscht, dass die ganze Welt wie die Villa wäre, nur bunter und weiter.

In einer kleinen Gasse kamen ihr Schritte entgegen. Maya blieb stehen und drückte sich an eine Hauswand. Die Schritte waren die eines Menschen, der einen alten hinkenden Hund an der Leine hinter sich herzerrte! Eine Leine! Wieso musste der Hund einen Strick um den Hals tragen?

Der Hund sah Maya sofort. Er bellte ein kurzes »Hallo, Katze!« und richtete seine triefenden Augen auf sie. »Hallo, Hund! Ich bin Maya«, rief sie leise.

»Ich bin Bobo«, sagte der Hund. Schwanzwedelnd ging er auf Maya zu, doch der Mensch zerrte grob an der Leine, sodass Bobo stolperte. »Tut mir leid«, sagte er. »Ich muss weiter.«

Maya sah dem seltsamen Gespann nach, bis beide hinter der nächsten Ecke verschwunden waren. Sie wurde immer nachdenklicher. Ob es wohl überhaupt möglich war, in dieser Welt so etwas wie Glück und einen Sinn zu finden?

Gedankenverloren trabte sie weiter. Sie musste nach Hause zurück; Alma würde sich sicher schon Sorgen machen. Und Maya hatte auch wenig Lust, in dieser fremden Umgebung die Nacht zu verbringen. Ihre Intuition wies ihr die Richtung, und bald kam sie in den Park, der hinter der Villa lag. Mit einem Satz war sie auf der Mauer, landete im vertrauten Garten und huschte über die Veranda durch die Katzentür. Kaum war sie in ihrem Katzenhäuschen angelangt, rollte sie sich auf ihrer flauschigen Schmusedecke zusammen. Wie wohlig und warm es hier war. »Wie ruhig und friedlich«, dachte Maya. Doch obwohl sie von ihrem Ausflug erschöpft war, fand sie keinen Schlaf. Was nützte ein Frieden, was nützte ein Glück, die einzig dem Zufall unterworfen waren? Ihr Blick schweifte über ihren Kletterbaum, den Napf aus Porzellan, die Spielzeugmäuse, die Samtdecken – und all das erschien ihr wertlos und leer. Immer klarer erkannte Maya, dass Almas Liebe, dass die Wärme der Alten Villa sie nicht immer auffangen, ihr nicht für alle Zeit Zufriedenheit würden schenken können.

3

Abschied von der alten Dame

Maya war aufgefallen, dass Alma schon seit einer ganzen Weile weder aufgestanden war noch mit der Haushälterin gesprochen oder gar Besuche empfangen hatte, sondern fast ständig in ihrem Bett lag. Maya konnte das an sich gut verstehen – auch sie lag ja gern lange in ihrem Katzenbett oder in der Sonne auf der Veranda. Doch was sie nicht verstehen konnte, war, dass Alma nun endgültig nicht mehr mit ihr spielen und schmusen wollte.

Besorgt beobachtete sie, wie die alte Dame sich in ihrem Bett immer wieder vor Schmerzen krümmte. Und es entging ihr auch nicht, dass Almas Haut immer blasser und ihre Stimme immer dünner wurde. Was anfangs nur eine dunkle Ahnung gewesen war, wurde Maya immer mehr zur Gewissheit: Krankheit und Leiden waren nicht nur in der Welt dort draußen zu finden. Ihre sichere, warme, liebevolle Welt in der Villa hatte alles Beängstigende und Beschwerende für lange Zeit von ihr ferngehalten – doch still und heimlich schlich sich das Leiden nun auch hier ein. Und es kam näher. Maya verstand längst, dass Alma krank sein musste. Sehr krank vielleicht sogar. Bisher hatte sie noch nie über den Tod nachgedacht. Nun aber kamen ihr mit einem Mal all die Mäuse, Käfer und Vögel, die sie gejagt hatte, in den Sinn. Für Maya selbst war es in der Villa und im Garten immer erfüllend und schön gewesen. Doch die Tierchen, die sie gejagt, verletzt und getötet hatte, hatten sicher ganz anders gefühlt. Bei diesen Gedanken wurde Maya immer trauriger.

War das Leiden wirklich überall? Und wenn es so war: Gab es dann nicht eine Möglichkeit, sich ein für alle Mal davon zu befreien?

Eines Abends, als Maya sich in ihre Schmusedecke eingehüllt hatte, wurde sie von einem plötzlichen Aufruhr im Haus aus ihren trüben Gedanken gerissen. Menschen riefen durcheinander, immer mehr Fremde kamen ins Haus und Maya hörte Marina, die Haushälterin, laut weinen.

Was war da los? Maya streckte sich, wand sich aus ihrer Decke und schlich leise die Treppe hinunter, um herauszufinden, was diesen ungewohnten Lärm verursachte. Im Zimmer der alten Dame hatten sich viele Menschen versammelt. Einige standen nah an ihrem Bett. Alle wirkten betrübt, einige weinten. Maya begriff sofort, was ihr Herz noch nicht wahrhaben wollte. Alma war gestorben – auf dem Bett lag ihr toter Leib und die herbeigerufenen Ärzte konnten nichts mehr für sie tun.

Maya sprang auf das Bett und betrachtete ihre alte Freundin. Sie sah so friedlich aus. Noch einmal wollte sie sich an sie kuscheln, ihr noch einmal ganz nahe sein. Doch da packte einer der Männer Maya grob am Nackenfell und trug sie mit schnellen Schritten aus dem Raum. Als Maya zurück ins Zimmer wollte, trat er nach ihr. Sie wich aus und fauchte, woraufhin der Mann erneut nach ihr trat.

Erschrocken lief Maya in ihr Zimmer zurück, in die Sicherheit des Katzenhäuschens und der Schmusedecke. Sie fühlte sich, als hätte jemand sie mit kaltem Wasser übergossen. Alma war tot! Sie konnte es nicht fassen. Ihre alte Freundin war doch immer da gewesen. Seit Maya aus dem Dunkel der kleinen Schachtel geschlüpft war, war kein Tag vergangen, an dem sie nicht von der alten Dame geliebt und verwöhnt worden war. Und all das sollte nun vorbei sein?

Schon einen Tag nach Almas Tod waren Menschen gekommen, um Bücher, Möbel oder Teppiche abzuholen. Auch das Aquarium hatten sie abtransportiert. Schließlich war das Haus wie leer gefegt. Maya wanderte einsam durch die Räume der leeren Villa und fühlte sich so verlassen wie noch nie. Doch wie sie schon sehr bald erkennen musste, hatte sie noch ein drängenderes Problem: Niemand bereitete Mahlzeiten für sie. All die trockenen Häppchen für zwischendurch hatte sie längst verzehrt. Noch schlimmer war, dass sie nichts zu trinken hatte. Keine Milch, kein Wasser. Maya dämmerte es, dass sie von nun an wohl für sich selbst würde sorgen müssen. – Und dass sie damit ja keinerlei Erfahrung hatte. Angst legte sich wie eine kratzige, dicke Wolldecke über ihre Seele. Wie würde sie nur überleben können? Zweifellos würde sie die Villa verlassen müssen. Ja, vielleicht müsste sie sogar wieder Mäuse, Käfer und Vögel jagen und töten. Aber was war das für ein Leben? Töten, um zu überleben und schließlich doch krank zu werden und sterben zu müssen. Ein ewiger Kreislauf des Leidens. Aber nein, das konnte nicht alles sein!

Viele schöne Augenblicke hatte Maya in ihrem Leben erfahren – auf der Veranda, in der Sonne, auf der Wiese zwischen den Bäumen, auf Almas Füßen im warmen Bett. Vieles hatte sie gelernt. Sie wusste, wie man Mäuse fing, wie man die besten Häppchen aus dem Napf fischte, wie man der Haushälterin signalisierte, dass es Zeit war, die Milchschale nachzufüllen oder wie man sich in eine Kuscheldecke hüllte. Aber dem Leiden zu begegnen, das hatte sie nie gelernt. Und so konnte sie auch keinen Frieden in ihrem Herzen finden.

Es musste einen Weg aus diesem Kreislauf geben. Und sie würde diesen Weg finden. Immer mehr spürte Maya, dass es ihr Schicksal war, sich dieser Aufgabe zu stellen, dass sie sich nicht darum herumdrücken konnte.

Maya hatte Angst. Doch sie fühlte auch eine innere Kraft, die sie bisher noch nie gebraucht hatte. In ihr reifte ein Entschluss:

Sie würde den Umgang mit dieser Kraft lernen. Irgendwie hatte das alles mit Mut zu tun. Maya erkannte: Nur wer Angst hat, kann mutig sein. Und deshalb würde sie ihre Angst überwinden und sich auf die Suche machen. Sie würde den Kreislauf durchbrechen und den Sinn des Lebens erkunden.

Und so schlief sie zum letzten Mal in ihrem Katzenhäuschen in der großen Villa.

Auf der Suche

1

Die Heiligen Katzen

Als Maya erwachte, knurrte ihr Magen so laut, dass sie beinahe glaubte, ein Hund habe sich in die Villa geschlichen. Ihre Zunge klebte ihr am Gaumen und ihre Kehle fühlte sich an, als hätte sie an einem Sandkasten geleckt. Sie musste sofort etwas trinken. Aus alter Gewohnheit lief sie in die Küche, doch die war kalt und verlassen. Aber immerhin – der Wasserhahn tropfte! Maya sprang auf die Arbeitsfläche, wo die Haushälterin noch vor wenigen Tagen die leckersten Mahlzeiten für sie zubereitet hatte und leckte gierig die wenigen Tropfen auf, die sich im Spülbecken gesammelt hatten. Das linderte ihren Durst zwar kaum, aber immerhin ließ das sandige, raue Gefühl in ihrem Mund ein wenig nach. Schnell wurde Maya klar, dass sie unmöglich hierbleiben konnte, und bei dieser Erkenntnis zog sich ihr vollkommen leerer Magen noch ein ganzes Stück mehr zusammen.

Ein letztes Mal lief sie durch die hellen Räume, in die die Morgensonne unbekümmert blitzte, ganz als wäre die Welt noch die alte. Traurig erinnerte Maya sich an die vielen schönen Tage, die sie in der Geborgenheit der Villa verbracht hatte und verabschiedete sich von ihrem alten Leben. Der Abschied fiel ihr schwer. Die Gedanken an das, was nun kommen mochte, ängstigten sie. Doch dann erinnerte sie sich daran, was sie gestern erkannt hatte: Nur wer Angst hat, kann auch mutig sein! Und so nahm sie all ihren Mut zusammen und schritt erhobenen Hauptes hinaus auf die Veranda und in den Garten. Sie kletterte auf die Mauer, von wo aus ihr Blick über den morgendlichen Park fiel. Dort sah alles so friedlich aus. Ganz bestimmt würde sie nun etwas zu essen und zu trinken finden.

Maya sprang von der Mauer und schlich durch das von Tautropfen noch feuchte Gras. Tautropfen – das war Wasser. Wie kam es dorthin? Waren es die Tränen, die die Nacht geweint hatte? Maya leckte den Tau vom Gras. Süße Tränen! Wie frisch und gut dieses Wasser schmeckte! Aber es war viel zu wenig. Sie blieb stehen, spitzte ihre Ohren und sog den Duft des Parks ein. Es war noch früh am Morgen, doch schon atmete das Leben überall in tiefen Zügen: Da war das Rascheln im Gebüsch – Vögel auf der Suche nach ihrem Frühstück. In der Ferne hörte sie vereinzelte Rufe von Enten und Gänsen, die sich einen guten Morgen wünschten. Da war der Geruch von Gras und Erde, von Hunden, die ihre Menschen bei ihren Spaziergängen im Park begleiteten und überall ihre Markierungen hinterließen. Doch da war noch etwas anderes – von weit weg wehte der Duft von Gebratenem heran. Maya lief das Wasser im Mund zusammen. Und was war das? Ein leises Rauschen und Plätschern! Vermutlich ein Bach, auf jeden Fall aber ein Geschenk des Himmels, denn das bedeutete, dass sie ihren Durst löschen konnte!

Maya beschleunigte ihren Schritt und kam an einen Teich, in dem Enten und Gänse schwammen. Ein kleiner Bach ergoss sich in ihn. Maya lief los und achtete nicht auf die Gänse, die sie umso böser anzischten, je näher sie ihnen kam. Sie konnte nur noch an eines denken – Wasser!

Vorsichtig beugte sie sich hinunter und leckte gierig das köstliche Nass, bis sie keinen Durst mehr hatte. Gerade begann sie zu glauben, dass nun alles gut werden würde, da bekam sie umso mehr den Hunger zu spüren, der unerbittlich an ihr nagte. Sie war so hungrig wie noch nie in ihrem Leben – so hungrig, dass sie nun doch daran dachte zu jagen. Dann aber besann sie sich.

Nein, sie würde keine anderen Wesen mehr töten. Nicht einmal, wenn sie noch genug Kraft dazu hätte – was sie im Moment ohnehin bezweifelte. Sie folgte ihrer Nase. Die Essensgerüche waren stärker geworden. Sehr angenehm roch es nicht gerade, doch der Hunger ließ ihr keine Wahl. Nach wenigen Schritten entdeckte sie die Quelle des Geruchs – einen Mülleimer voll alter Zeitungen, leerer Flaschen und zerbeulter Dosen sowie unappetitlicher Essensreste. Maya zögerte. Dann aber überwand sie ihren Widerwillen und wühlte sich durch den Müll. Sie zerrte ein großes Stück eines Teigfladens heraus und begann, daran zu knabbern.

Kaum hatte sie den ersten Bissen hinuntergewürgt, vernahm sie Flügelschläge und das Krächzen eines Raben.

»He, Katze!«, krächzte er. »Verzieh dich gefälligst. Dieser Mülleimer gehört uns.«

Maya sah den Raben an. Wollte er sich wirklich mit ihr anlegen? »Ich habe seit zwei Tagen nichts gegessen. Lass uns doch teilen«, schlug sie vor.

»Kommt nicht infrage. Hau ab.«

Maya legte die Ohren an und sah den Raben bedrohlich an. Der erschrak und erhob sich mit ein paar Flügelschlägen, um sich über ihr auf einem Ast niederzulassen. Wütend krächzte er allerlei Unverständliches, und Maya wusste erst nicht so genau, was er wollte. Doch schließlich verstand sie ihn.

»Ich warne dich, Katzenvieh! Mich kannst du vielleicht noch besiegen, aber bestimmt nicht unseren ganzen Schwarm. Pass nur auf – meine Freunde werden gleich kommen!«

Maya suchte den Himmel ab – und tatsächlich, da waren sie. Mindestens zehn Raben kamen direkt auf sie zugeflogen. Sie zögerte nicht lange – in ihrem Zustand würde sie sich nicht auf einen Kampf einlassen. Sie warf dem Raben noch einen mitleidigen Blick zu, drehte sich um und suchte das Weite. »Was soll's«, dachte sie. »Schließlich wird es ja bestimmt noch andere Mülleimer geben.« Und so machte sie sich auf die Suche nach weiteren Abfällen. Doch während sie weiter durch den Park irrte, legte sich mit jedem ihrer Schritte Verzweiflung wie ein dunkler Schatten über ihr Herz. Wie sollte es nur weitergehen? War das Leben in der sogenannten Freiheit wirklich nur ein Kampf um Nahrung? Und war es nicht die Gier, die Schuld an all den Kämpfen und der Gewalt hatte?

In Mayas Geist blitze kurz ein Gedanke auf: »Wie sähe die Welt wohl aus, wenn alle Wesen freundlich und großzügig und nicht länger von Gier getrieben wären? Würde das nicht zu viel mehr Frieden führen?« Aber wäre es überhaupt möglich, die Gier ganz zu überwinden? Darüber müsste sie noch einmal nachdenken, doch im Augenblick ließ der Hunger keinen vernünftigen Gedanken zu. Auf ihrer Suche nach Essbarem kam sie wieder an dem Teich vorbei – und diesmal standen eine Mutter und ihr kleiner Sohn am Ufer. Die beiden fütterten die Enten, die sich gierig um sie scharten. Maya näherte sich vorsichtig. Die Enten beäugten sie misstrauisch.

»Ich tu euch nichts«, rief Maya ihnen freundlich zu, doch die Enten nahmen vorsichtshalber trotzdem etwas Abstand. Der Junge hielt Maya ein großes Stück Brot hin. Behutsam kam sie näher und nahm es. Plötzlich streckte der Kleine seine Hand aus und Maya wich erschrocken zurück. Das Brot im Maul, rannte sie davon, und erst, als sie das Stück Brot verschlungen und den größten Hunger gestillt hatte, wurde ihr klar, dass der Junge sie wohl nur hatte streicheln wollen. Wie dumm von ihr, fortzulaufen. Wahrscheinlich hätte er ihr sonst noch mehr gegeben.

Es dauerte jedoch nicht lange, bis ihr das Brot wie Blei im Magen lag. Sie wusste zwar nicht, wie es den Enten damit erging, aber für Katzen – das war ihr jetzt klar – schien Brot keine geeignete Nahrung zu sein. Der Park brachte Maya nichts als Pech. Und so beschloss sie, ihr Glück in der Stadt zu versuchen – auch wenn sie ahnte, dass dort unbekannte Gefahren lauerten.

Kaum hatte sie den Park hinter sich gelassen, fand sie sich in einem unüberschaubaren Geflecht aus Straßenzügen wieder. Schon bald hatte sie die Orientierung verloren – aber dafür fand sie zwischen den Häuserblocks tatsächlich leicht etwas zu essen. Die Menschen warfen viel weg. Die Mülltonnen waren eklig – doch zwischen all dem Widerwärtigen fand sie auch immer wieder Nahrung, die sie ohne größeren Ekel verzehren konnte. Allerdings liefen überall Hunde herum. Ständig wurde sie angebellt, und anfangs musste sie sich dauernd hinter Straßenecken oder in Hauseingänge flüchten. Dann bemerkte sie, dass sie gar keine Angst zu haben brauchte, da die Hunde fast ausnahmslos an der Leine gehalten wurden. »Kein Wunder, dass die so wütend auf mich sind. Wahrscheinlich sind sie neidisch, weil ich frei herumlaufen kann«, dachte Maya. Doch dann traf sie immer öfter auf andere Katzen, die nicht angeleint und dennoch ebenso bösartig wie die Hunde waren. Maya lief weg, wann immer sie von einer anderen Katze angefaucht wurde. Sie begann, sich einsam und ausgestoßen zu fühlen.

Schließlich war sie es leid, immer wegzulaufen, und als ihr wieder eine Katze begegnete, legte sie die Ohren an und machte sich kampfbereit – diesmal würde sie nicht wegrennen. Doch zu ihrem großen Erstaunen begann ihr Gegenüber zu lachen.

»Sei gegrüßt. Mein Name ist Milo. Bist du frei oder noch eine Sklavenkatze?«

Maya entspannte sich. »Hallo, Milo, ich bin Maya. Ob ich eine Sklavenkatze bin? Keine Ahnung, was ist denn das? Ich bin neu hier …«

Milo kam näher und beschnüffelte sie. »Bist du deinem Menschen weggelaufen?«

Milo schien ganz anders als die Straßenkatzen zu sein – viel freundlicher, herzlicher. Maya fasste Vertrauen und begann zu erzählen. Milo hörte ihr aufmerksam zu. Als sie fertig war, sprach er mit ernster Miene: »Gut, dass du mir begegnet bist! Du hast erkannt, wie vergänglich ein Leben im Überfluss ist und dass wir dem Leiden niemals ganz entkommen können, weil es so etwas wie immerwährendes Glück in unserer äußeren Welt nicht geben kann.«

Maya nickte. Ein warmes Gefühl erblühte in ihrem Herzen. Was für ein Glück, dass es Katzen wie Milo gab!

»Ich bin Meister des dritten Grades im Orden der Heiligen Katzen«, fuhr Milo fort. »Wir lehren den Weg, der aus dem Leiden führt. Ich glaube, du könntest dich uns anschließen.«

Maya sah ihn mit großen Augen an. »Ich möchte mich euch gern anschließen. Aber ich weiß gar nichts von dieser Welt. Und von einem Orden der Heiligen Katzen habe ich noch nie etwas gehört. Tut mir leid ...«

Milo nickte verständnisvoll. »Natürlich nicht. Du warst schließlich dein ganzes bisheriges Leben lang eine Sklavenkatze ...« Er sah ihren verwirrten Blick und erklärte: »Sklavenkatzen nennen wir Katzen, die einem Menschen gehören. Viele von ihnen reden sich ein, dass sie ganz freiwillig bei ihrem Frauchen oder Herrchen wären, aber sie täuschen sich nur selbst.«

Maya überlegte. War sie wirklich eine Sklavenkatze gewesen? Die alte Dame war doch immer gut zu ihr gewesen. Jederzeit hätte sie gehen können. So gesehen ...

Milo schien ihre Gedanken gelesen zu haben. »Sicher hast du gemeint, dein Mensch wäre gut. Und vielleicht war er das ja auch. Trotzdem warst du nicht frei, wie es eine Katze sein sollte. Auch wenn es dir nicht bewusst war, hast du doch in Abhängigkeit gelebt. Kein Wunder, dass es dir so schlecht gegangen ist, als du plötzlich auf dich alleine gestellt warst.«

Maya musst sich eingestehen, dass da etwas Wahres dran war. Es stimmte schon: Niemand hatte sie festgebunden – jedenfalls nicht mit einem Strick wie einen Hund. Aber war sie deshalb wirklich frei gewesen? Das angenehme, leichte Leben in der Villa hatte sie gefesselt; vielleicht sogar stärker als eine Leine. Von einer Leine konnte man sich losreißen oder sie durchbeißen ... Sie sah Milo an und nickte.

»Wir, die Heiligen Katzen, sind frei. Wir haben uns von den Menschen befreit – doch das ist nur der erste Schritt. Auf unserem Weg befreien wir uns ganz und gar vom Leiden und von der

Gier, die zum Leiden führt. Und dieser Weg, der zur Freiheit führt, ist der Weg der Askese und des Gebets.«

Maya fühlte mit einem Mal, wie ihr Herz freudig zu klopfen begann. Das, wonach sie immer gesucht hatte, lag nun deutlich vor ihr. Endlich hatte sie es gefunden – was »Askese und Gebet« zu bedeuten hatte, das verstand sie allerdings nicht. Doch sie würde es schon noch erfahren.

»Milo, bitte – darf ich mich euch anschließen? Was du sagst, ist das, was ich schon gefühlt habe, bevor ich – also, bevor die alte Dame gestorben ist. Was muss ich tun?«

Milo sah sie eine Weile schweigend an. Dann sagte er: »Komm mit. Ich werde dich dem Großmeister vorstellen und er wird entscheiden, ob du eine von uns werden kannst.« Als er die Angst in Mayas Augen sah, lächelte er und sprach: »Keine Sorge – das ist nur eine Formalität. Ich bin sicher, dass du aufgenommen wirst.«

Zum ersten Mal, seit Frau von Lilienfeld gestorben war, fühlte Maya Hoffnung in sich aufkeimen. Vielleicht waren die Heiligen Katzen genau das, wonach sie gesucht hatte.

Milo führte sie in einen Hinterhof und durch ein Kellerfenster. Sie roch die Anwesenheit vieler Katzen und wurde ein wenig nervös. Nie zuvor hatte sie andere Katzen kennengelernt und war sich unsicher, was wohl von ihr erwartet wurde. Der Kellerraum, in den die beiden schlüpften, war klein – doch sie hörte viele Stimmen, die aus einem Raum dahinter gedämpft zu ihr drangen. Vor einer Öffnung des kleinen Kellers, die mit einem dicken Samtvorhang versehen war, saßen zwei mächtige Kater, die sich bei Milos und Mayas Ankunft kampfbereit aufstellten – doch dann erkannten sie Milo, entspannten sich und begrüßten ihn: »Lob und Ehre dem Großen Kater.«

Milo antwortete mit denselben Worten.

»Du hast einen Adepten mitgebracht?«, fragte einer der beiden Wächter.

»Ja, Sam«, sagte Milo. »Das ist Maya. Sie war schon auf der Suche – ich glaube, sie wird eine gute Schülerin sein.«

»Sei gegrüßt, Maya«, sagten beide Wächter förmlich und machten den Weg frei.

Maya und Milo gingen durch das Portal und traten in ein Gewölbe. Rund ein Dutzend Katzen hatten sich im Halbkreis um einen imposanten schwarzen Kater versammelt, der vor ihnen auf einer Kiste stand. Sie lauschten ihm andächtig. Als der Kater die Neuankömmlinge sah, unterbrach er seinen Vortrag.

»Lob und Ehre dem Großen Kater! Sei gegrüßt, Milo. Ich sehe, du hast wieder mal einen Adepten zu uns geführt. Hast du die erste Belehrung bereits durchgeführt?«

»Nein, Ehrwürdiger. Das hier ist Maya – ich habe sie gerade erst kennengelernt. Auch wenn sie es noch nicht weiß, hat sie doch schon nach uns gesucht. Ich bin mir sicher, dass sie zu uns gehört.«

»Nun, das werden wir sehen«, sagte der Großmeister. »Der Große Kater allein kennt die Wahrheit und wird entscheiden.«

Maya sah Milo an und begann, sich langsam unbehaglich zu fühlen. Wer war nur dieser Große Kater? Und was, wenn er sie nicht akzeptierte?

Der Meister sprang mit einem großen Satz von seiner Kiste und trat zu Maya.

»Du suchst nach Sinn und Befreiung?«, fragte er.

»Ja«, antwortete Maya leise.

»Wirst du dem Weg des Großen Katers folgen und gehorsam sein?«

Maya sah den Großmeister verwirrt an.

Der nickte freundlich. »Der Große Kater ist unser Name für den Schöpfer aller Dinge. Er hat die freien Katzen nach seinem Ebenbild geschaffen. Doch die Welt ist voller Gier und Gewalt und Leiden – und diese überwinden wir durch Selbstkontrolle, Übung, Friedlichkeit und Gebete zum Großen Kater.«

Maya hörte dem Großmeister begierig zu. Sie verstand zwar längst nicht alles, doch was er sagte, klang weise und gut. Nur zu gern würde sie zu dieser Gemeinschaft gehören.

Schließlich nickte der Kater und sprach: »Kommt, Freunde, lasst uns Maya in unseren Kreis aufnehmen!« Alle Katzen bildeten einen engen Kreis um Maya und den Meister.

»Maya, wenn du bereit bist, dich uns anzuschließen, so sprich mir nach: Ich entsage der Versuchung der Welt.«

Maya räusperte sich und sagte leise: »Ich entsage der Versuchung der Welt.«

»Sprich ein wenig lauter, damit wir alle und der Große Kater dich hören können!«, ermahnte sie der Großmeister.

Und so sagte Maya mit fester, lauter Stimme: »Ich entsage der Versuchung der Welt.«

Alle im Kreis wiederholten den Satz, und das geheimnisvolle Raunen erfüllte den Raum mit Klang und Mayas Herz mit Ehrfurcht.

Der Großmeister sprach: »Ich entsage dem Kampf und der Gewalt.«

Maya sprach ihm nach, und die Gemeinschaft stimmte ein.

»Ich werde meinen Lehrern und den Meistern gehorchen und entsage dem Eigensinn.«

Auch das sprachen Maya und die Gemeinschaft nach.

»Lob und Ehre dem Großen Kater.«

Und alle sprachen demütig: »Lob und Ehre dem Großen Kater!«

Damit war offenbar die Aufnahmezeremonie schon beendet, denn der Kreis löste sich auf und jeder Einzelne der Gruppe kam zu Maya, um sie bei den Heiligen Katzen willkommen zu heißen.

Schließlich trat der Großmeister selbst zu ihr und sagte: »Ich freue mich, dass du nun eine von uns bist, Maya. Du bist neu und hast noch viel zu lernen. Meister Milo wird dein Lehrer sein.«

So wurde Maya eine Heilige Katze, die den Großen Kater verehrte.

Milo war ein guter Lehrer. Er erklärte Maya geduldig die vielen Rituale zum Lobe des Großen Katers, die das Herz befrieden und die Seele vom Leiden befreien sollten. Er lehrte sie, welche

Speisen die Heiligen Katzen zu sich nehmen durften und welche verboten waren. Er begleitete sie bei den Fastenübungen und Exerzitien, die unempfindlich gegen Hunger, Durst und weltliche Bedürfnisse machen sollten. Er unterwies sie in der Kunst, den Körper hart und gleichzeitig beweglich zu machen.

Das Leben der Heiligen Katzen war schwer – es erforderte viel Disziplin und Selbstbeherrschung. Täglich musste Maya am Morgen-, Mittags-, Abend- und Nachtgebet teilnehmen, auch wenn sie todmüde, ja sogar, wenn sie krank war. Andererseits spürte sie, wie ihr Geist und ihr Körper immer kraftvoller wurden. In vielerlei Hinsicht fühlte sie sich besser als in der Alten Villa.

Maya war ein begeistertes Mitglied der Gruppe. Manche der strengen Regeln verstand sie jedoch nicht, und ein leiser Zweifel schlich sich in ihre Gedanken. Die erste große Enttäuschung kam, als sie erfuhr, dass sie niemals Meisterin werden konnte, ganz gleich, wie sehr sie sich auch bemühte, denn alle Ämter und Ehren waren einzig den Katern vorbehalten.

»Warum ist das so? Warum dürfen Katzen nicht auch lehren?«, fragte sie Milo.

Der zuckte mit den Schultern. »Nun, so ist es eben. Der Große Kater ist der Große Kater und nicht die Große Kätzin. Außerdem können wir Kater nicht rollig werden, das weißt du ja wohl.«

»Aber ich doch auch nicht!«, antwortete Maya. »Die Menschen haben mich unfruchtbar gemacht.«

Milo räusperte sich. Er fühlte sich offensichtlich unbehaglich. Dann sah er Maya streng an und sagte barsch: »Weißt du noch, was du geschworen hast? ›Ich werde meinen Lehrern und den Meistern gehorchen und entsage dem Eigensinn.‹ Also entsage dem Eigensinn. Wie kommst du überhaupt auf die Idee, Meisterin werden zu wollen?«

»Ach, Milo, ich möchte anderen helfen, innere Freiheit und Zufriedenheit zu finden.«

»Das ist recht von dir. Aber das tust du am besten in der Gemeinschaft. Und zwar demütig und ohne Eigensinn!«

Maya schluckte schwer, beugte ihren Kopf und versuchte, ihren Eigensinn zu bezähmen.

Lange gelang ihr das nicht. Schon einige Monate später, nachdem der Winter gegangen und dem Frühling den Vortritt gelassen hatte, wurden Mayas Zweifel immer größer. Was für einen Sinn hatte es, dass nur Kater, nicht aber Kätzinnen die Lehren weitergeben konnten? Lange hatte sie über die Belehrungen Milos und des Großmeisters nachgedacht – aber wie sie es auch drehte und wendete: Das Ganze wollte ihr einfach nicht einleuchten. Und als sie erst einmal mit dem Nachdenken begonnen hatte, konnte sie nicht mehr damit aufhören. Eine Weile versuchte sie es noch tapfer mit den Übungen zur Geisteskontrolle und mit Fasten. Doch die Fragen, die immer wieder in ihrem Geist auftauchten, wurden dadurch nur noch drängender.

Warum sollten Kater besser als Kätzinnen sein? Als ob innere Reife und Erkenntnis etwas wäre, das nur den männlichen Katzen vorbehalten ist. Und was die Übungen und ständigen Gebete betraf: Zweifellos mochten sie Geist und Körper stärken, aber waren sie wirklich geeignet, um das Leiden zu verringern – und zwar nicht nur ihr eigenes, sondern auch das anderer Wesen?

Und überhaupt: Warum ging es in der Gemeinschaft jener, die dem Großen Kater treu dienten, immer nur um Katzen? Waren andere Tiere nicht auch leidende, fühlende Wesen? Hatten Hunde, Mäuse und Vögel nicht auch viele Schwierigkeiten zu überwinden? Und dann waren da ja auch noch die Menschen, von denen Maya zwar wenig wusste, zumindest aber so viel, dass auch sie unter vielen seelischen Nöten litten und nur sehr wenige unter ihnen sich davon befreit hatten.

Schließlich aber stieg die entscheidende Frage in ihrem Geist auf, die alles verändern sollte: Gab es den Großen Kater überhaupt? War es wirklich der Große Kater, der die Welt erschaffen hatte und waren Katzen wirklich die höchste Lebensform? Wer konnte das schon mit Sicherheit behaupten – gab es dafür irgendwelche Beweise?

Maya erkannte, dass die Unterwerfung unter den Großmeister und den Großen Kater lediglich eine andere Art war, aus freien Katzen Sklavenkatzen zu machen. Statt den Menschen waren die Katzen dem blinden Glauben an den Großen Kater unterworfen. War das tatsächlich besser? Hatte sie sich nicht letztlich in der Alten Villa sogar freier gefühlt als hier?

Eine ganze Weile behielt sie ihre Zweifel für sich, folgte den Übungen und nahm an den Gebeten teil. Doch dann kam der Tag, an dem sie Milo ihr Herz ausschüttete. Sie hoffte, dass er ihre Zweifel beruhigen, ihre Sorgen besänftigen oder ihr zumindest mit Verständnis und Freundschaft begegnen würde.

Doch wie bitter wurde sie enttäuscht. Milo sah sie streng an und sprach: »Maya, du hast offenbar gar nichts verstanden. Du bist von den Wirren der Welt vergiftet worden und hast den Weg des Großen Katers verlassen. Du musst mit dem Großmeister sprechen und Buße tun.«

»Aber Meister Milo«, begann Maya – doch der schnitt ihr die Worte mit einem Fauchen ab.

»Ich habe dir nichts weiter zu sagen. Sprich mit dem Großmeister.«

Verwirrt und enttäuscht wandte sich Maya ab. Nie hätte sie gedacht, dass der freundliche Milo, der sie in die Gruppe gebracht hatte, ihr gegenüber so abweisend sein konnte. Sie hatte Angst, dem Großmeister gegenüberzutreten. Doch es ließ sich nicht vermeiden.

Der Großmeister hörte ihr schweigend zu. Einen Augenblick glaubte Maya schon, dass er sie verstünde, sie vielleicht ermahnen und ihr Bußübungen auferlegen würde. Doch kaum, dass Maya zu Ende gesprochen hatte, sah der Großmeister sie an und sagte mit kühler Stimme: »Du hast den Weg verlassen. Nun musst du uns verlassen.«

Dann wandte er Maya den Rücken zu und ging, ohne weitere Worte, ohne weiteren Blick. Maya saß wie versteinert. Das war alles? War sie nun verstoßen worden, nur weil sie sich eigene Gedanken gemacht hatte? Ein paar der anderen Katzen waren doch sicher immer noch ihre Freunde; sie musste unbedingt mit ihnen sprechen. Doch schnell merkte sie, dass sie tatsächlich bereits aus der Gemeinschaft verbannt worden war. Jede Katze, der sie sich näherte, wandte ihr sogleich den Rücken zu. Nur Milo sah sie traurig an und sagte leise: »Es tut mir leid, Maya.« Doch dann wandte auch er sich von ihr ab.

Und so verließ Maya die Heiligen Katzen. Bei aller Traurigkeit tauchte doch auch ein Gefühl der Befreiung in ihrem Herzen auf: Nie mehr würde sie beten müssen, wenn sie ruhen wollte, nie mehr sich dem Großen Kater, dem Großmeister oder Milo unterwerfen. Sie war nun freier als je zuvor.

Und doch war sie den Heiligen Katzen dankbar. Sie hatten sie gelehrt, Härten zu ertragen, hatten sie stärker und widerstandsfähiger gemacht. Sie hatten sie dafür vorbereitet, allein überleben zu können – und so war Maya gespannt auf das, was es wohl sonst noch in der Welt zu erleben gab.

2

Bei den Streunern

Mit jedem Schritt, mit dem Maya ihrem neuen Leben entgegenging, wurde ihr Herz leichter und weiter. Die inneren Ketten, die es gefesselt hatten, waren zerborsten, und sie fühlte sich so frei und stark wie nie zuvor. Der Frühling war mild. Der Duft der Blumen durchdrang die Welt und erfüllte die Seele der kleinen Katze mit Freude und Erwartung. »Das Leben ist ein aufregendes Spiel«, dachte Maya, und sie war entschlossen, dieses Spiel von nun an zu genießen und ihre Freiheit auszukosten. Voller Energie streunte sie durch die Straßen und Parks, über Dächer und durch fremde Gärten. Endlich war sie keine Sklavenkatze mehr, war weder Menschen noch dem Großen Kater untertan und würde es auch nie wieder sein.

Doch mit den Tagen, die vergingen, schlich sich klammheimlich Einsamkeit in ihr Herz. Erst war es nur eine dunkle Stimmung, allmählich aber wurde das Gefühl der Leere übermächtig. Sie begann, die Gemeinschaft der Heiligen Katzen und die Freundschaft mit anderen Artgenossen zu vermissen. Das ging zwar nicht so weit, dass sie sich zurücksehnte, denn sie dachte nicht im Traum daran, zu den Heiligen Katzen zurückzukehren – und doch fürchtete sie sich vor dem Alleinsein und sehnte sich nach Gemeinschaft mit anderen.

Gelegentlich war sie bei ihren Streifzügen anderen Katzen begegnet. Doch die waren entweder zu scheu oder zu böswillig, als dass Maya sich in ihrer Nähe wohlgefühlt hätte. Noch dazu waren sie meist Sklavenkatzen, die einem Menschen gehörten. Auch mit ein paar Hunden hatte Maya gesprochen. Trotz der angeblichen Feindschaft zwischen Hund und Katze waren manche wirklich freundlich, und Maya hatte sich gut mit ihnen verstanden. Frei waren sie jedoch auch nicht, denn entweder hingen sie an einer Leine oder waren hinter Zäunen eingesperrt. Im Park hatte Maya einige Hunde getroffen, die ohne Leine herumliefen, doch auch die waren nicht frei: Sobald ihre Besitzer sie riefen – und das geschah oft gerade dann, wenn sie Hund und Katze beieinanderstehen sahen –, liefen die Hunde gehorsam zu ihnen zurück.

Maya taten sie leid. Genau wie die Katzen, die bei Menschen wohnten und auf deren Wohlwollen angewiesen waren. Nicht minder aber verspürte sie Mitleid mit den Heiligen Katzen, die ihre Ketten selbst gewählt hatten.

Vor einiger Zeit schon hatte sie entdeckt, dass es neben der Welt der Straßen, Hinterhöfe und Parkanlagen noch eine zweite gab: die Welt der Dächer. Immer öfter verbrachte sie ihre Zeit auf den Dächern über der Stadt. Und es dauerte nicht lange, bis sie dort eine Begegnung hatte, die ihrem Leben eine neue Wendung geben sollte.

Eines Abends balancierte sie in Gedanken versunken über den First eines Hauses, als hinter einem Schornstein plötzlich ein getigerter Kater hervorsprang. Maya machte einen Satz nach hinten, überschlug sich und rutschte gefährlich weit das Dach hinab, bis sie sich gerade noch rechtzeitig wieder fing. Der Kater schüttete sich aus vor Lachen.

»Hey, Weißchen, du musst wohl noch lernen, auf deinen Beinchen zu gehen. Aber das Herumkugeln sah schon ganz elegant aus!«

Maya machte einen Buckel und fauchte: »Das ist überhaupt nicht lustig. Fast wäre ich abgestürzt!«

»Reg dich nicht auf. Verstehst du keinen Spaß? Ist doch gar nichts passiert!«, rief der Getigerte. »Was machst du hier überhaupt im Revier der Streuner?«

»Revier?«, fragte Maya. »Und was für Streuner?«

»Die Streuner sind die genialste Bande aller Straßenkatzen. Wir sind die Dachkatzen – die Freien über den Straßen, die Herrscher der Dächer!«

Maya sah ihr Gegenüber skeptisch an. »Seid ihr auch so ein Verein wie die Heiligen Katzen? Betet ihr etwa auch zum Großen Kater?«

Der Kater sah sie verächtlich an. »Spinnst du? Willst du mich beleidigen, oder was? Wir sind das genaue Gegenteil dieser Kellerheinis. Wir haben keinen Meister außer uns selbst!«

»Das hört sich gut an«, dachte Maya. »Ich habe die Kellerkatzen nämlich gründlich satt. Ich heiße übrigens Maya«, sagte sie und lächelte.

»Sehr erfreut, edle Dame«, sagte ihr Gegenüber mit einem ironischen Unterton. »Darf ich mich vorstellen: Findus vom Dach – das ist meine Wenigkeit. Ich bin angesehenes Mitglied in der Bande der Streuner. In die werden allerdings nur die Besten aufgenommen – Katzen, die kämpfen können, die etwas aushalten, die Humor haben und die vor allem keine Sklavenkatzen sind wie du.«

Maya machte einen Buckel. »Von wegen Sklavenkatze! So eine bin ich schon längst nicht mehr. Und mit einem Großmaul wie dir nehm ich es allemal auf.«

Findus sah sie gleichermaßen neugierig wie belustigt an. »Hey, schon gut Maya, beruhig dich. Du bist wirklich keine Sklavenkatze? Dafür siehst du aber ganz schön ordentlich und brav aus. Aber wer weiß – vielleicht kannst du ja trotzdem Mitglied bei uns werden.«

Maya dachte an ihre Zeit bei den Heiligen Katzen zurück. Zwar sehnte sie sich immer noch danach, einen Weg zum Glück zu finden, dennoch beschloss sie, diesmal vorsichtiger zu sein. »Und ihr betet wirklich nicht zum Großen Kater? Wen verehrt ihr dann? Und was muss man tun, um bei euch mitzumachen?«

»Wir verehren uns selbst!«, sagte der Kater und wölbte stolz die Brust. »Wir verehren die Freiheit und das Katzentum.«

Das klang nicht schlecht. »Okay«, sagte sie vorsichtig. »Und was muss man nun tun ...?«

»Ach, nichts Besonderes. Vielleicht eine kleine Mutprobe; dann stimmen alle ab und danach gehörst du zu uns – oder eben auch nicht. Komm mit. Ich stell dich mal Tom, unserem Ältesten, vor.« Und schon sauste Findus davon, ohne sich umzusehen. Maya hetzte hinterher. In hohem Tempo ging es über Dächer und Balkone und mit waghalsigen Sprüngen auf Bäume zwischen den Häusern und wieder zurück auf die Dächer. Früher hätte Maya nicht mithalten können, doch die Zeit bei den Heiligen Katzen hatte ihr Kraft und Mut verliehen und so folgte sie Findus ohne Angst und voller Selbstvertrauen. Schließlich hielt Findus inne und sah sich um. »Hey, Maya, du bist ja noch da! Hätte ich dir ehrlich gesagt nicht zugetraut. Vielleicht hast du tatsächlich das Zeug dazu, ein Streuner zu werden.«

»Na super«, sagte Maya. »Und wo sind sie jetzt, deine tollen Kumpel?«

Findus grinste und stieß einen seltsamen Ruf aus – und plötzlich kamen aus allen Richtungen Katzen angelaufen.

Maya legte die Ohren warnend an. Wenn das ein Überfall war, wäre sie kampfbereit. Doch die Gesichter der Katzen um sie herum waren freundlich und entspannt. Ein großer, kräftiger Kater mit zimtfarbenem Fell trat vor, nickte ihr zu und sprach mit beachtlich tiefer Stimme: »Du willst dich uns also anschließen?«

»Maya«, sagte Maya. Sie zögerte. »Ich überleg's mir noch. Bis jetzt weiß ich ja nichts über euch.«

Der Kater lachte: »Gut so! Du bist schon mal kein Schleimer und Kriecher wie diese Kellerkatzen. Ich bin Tom vom blauen Dach. Und um gleich eins klarzustellen: Ich bin hier weder der Boss noch der Oberpriester oder so was.« Er spuckte verächtlich aus. »Ich bin nur der alte Sack.« Er grinste breit und die anderen lachten.

Maya war der seltsame Kerl sympathisch. Sie entspannte sich.

»Findus hat dich ja schon ein bisschen geprüft. Sieht ganz so aus, als ob du mit uns mithalten kannst und zu uns passen könntest.« Er betrachtete Maya eingehend. »Auf den ersten Blick würde ich meinen, dass du eine Sklavenkatze bist. Aber deine Kraft und deine Augen sagen etwas anderes – du hattest mit den Kellerkatzen, die sich die Heiligen nennen, zu tun, richtig?«

»Ja, allerdings«, sagte Maya und hob stolz den Kopf. »Aber ich werde keinem Großen Kater mehr folgen – nie wieder!«

»Gut!«, »Richtig so!«, »Freiheit!«, riefen die Katzen um sie herum. Auch Tom stimmte zu: »Sehr gut. Wir sind die stolzen Streuner – die Freien über den Straßen ...«

»... die Herrscher der Dächer«, fiel Maya ein. »Jaja, den Vortrag habe ich schon von Findus gehört – den Rest kannst du dir sparen.«

Tom grinste breit. »Du bist genau richtig!« Er kam näher und rieb Nasen mit Maya. »Aber hör dir vielleicht erst mal an, ob unsere Philosophie zu dir passt: Nimm, was dir das Leben bietet. Mach dir keine Gedanken über die Zukunft. Carpe diem!«

Maya blickte Tom neugierig an. »Das hört sich ziemlich gut an. Aber was heißt carpe diem?«

»Das ist aus der Sprache der Alten Katzen. Es heißt: Ergreife den Tag! Lebe für den Moment. Einen anderen hast du nämlich nicht.«

Maya nickte. Das sah sie sofort ein und es fühlte sich auch richtig an. Vielleicht war das ja der Weg, um das Leiden zu überwinden und tiefes Glück zu erreichen – ganz im Augenblick zu leben und die Tage vollkommen auszukosten.

»Wenn du wirklich zu uns gehören willst, musst du allerdings noch einen Treueschwur leisten«, unterbrach Tom ihre Gedanken.

Maya sträubte sich. »Einen Schwur? Nein danke! Bei den Heiligen Katzen musste ich auch Treue schwören. Dass ich brav gehorche, wenn der Großmeister etwas befiehlt. So etwas will ich nicht noch einmal machen müssen.«

Tom grinste. »Aber nein – darum geht es auch gar nicht. Hier musst du niemandem gehorchen. Aber du musst der Bande treu sein und schwören, dass du unserem Gesetz folgst: Einer für alle, alle für einen!«

Das klang nun wirklich viel besser als die Lehren der Heiligen Katzen. Und der Gemeinschaft von Freunden treu sein, in der jeder für den anderen einstand – diese Haltung erfüllte Mayas Herz mit wohliger Wärme.

»Einer für alle, alle für einen«, sagte Maya.

»Gut! Um aber letztlich eine von uns zu werden, musst du jetzt noch eine kleine Mutprobe bestehen.«

Tom und die anderen Streuner steckten die Köpfe zusammen. Dann sprach Tom: »Wir haben etwas Einfaches für dich ausgesucht. Komm, Maya.«

Die Katzenbande sauste über die Dächer und sie folgte ihnen. Schließlich blieben sie stehen. Findus zeigte Maya einen kleinen Balkon, auf dem ein Vogelkäfig mit einem Kanarienvogel stand.

»Die alte Menschenfrau, die dort wohnt, ist eine Katzenhasserin«, flüsterte er. »Letzte Woche hat sie Katzenfutter vergiftet und eine Sklavenkatze in dem Haus ist elendig daran verendet. Auch wenn es nur eine Sklavenkatze war, können wir das trotzdem nicht einfach hinnehmen. Deine Aufgabe ist einfach: Hol den Piepmatz aus dem Käfig.«

Maya blickte unsicher in die Runde. Offenbar meinten sie es ernst. »Ich habe geschworen, dass ich nicht mehr jage und weder Mäuse noch Vögel töten werde«, sagte sie.

Die anderen Katzen lachten: »Echt jetzt? Nicht mal Mäuse? Du bist ja echt 'ne komische Katze.«

Doch Tom erhob seine kräftige Stimme und sagte: »Lasst sie. Bei uns darf jeder sein, wie er ist, und das gilt auch für Maya!« Dann wandte er sich an sie: »Hast du etwa auch geschworen, nie wieder Vögel zu befreien?«, fragte er.

Maya grinste ihn an. »In Ordnung«, sagte sie und lief los. Der Weg auf den Balkon war nicht schwierig. Der Vogelkäfig aber hing an einem Gestell – das würde nicht leicht werden. Sobald Maya auf den Balkon gesprungen war, begann der Vogel zu zetern: »Hilfe, eine Katze! Helft mir! Bitte, Katze, lass mich leben! Bitte ...«

»Sei doch still!«, fuhr Maya ihn an. »Schrei nicht so herum. Ich will dich nicht fressen. Ich will dich doch bloß befreien!« Der Vogel legte seinen Kopf schief und sah Maya skeptisch an. Aber wenigstens hörte er auf zu rufen.

Verflixt, wie sollte sie nur an den Vogelkäfig rankommen? Sie konnte ziemlich gut springen, also versuchte sie es; aber es reichte nicht ganz. Zwar berührte sie den Käfigboden, doch der war glatt und gab ihren Krallen keinen Halt. An der glatten Metallstange hochzuklettern, die den Käfig wie eine Lampe hielt, war auch unmöglich. Kurz bevor sie aufgeben wollte, kam Maya eine Idee: Sie lehnte sich gegen den Ständer und er begann zu wackeln.

»Du da oben – gerate jetzt bloß nicht in Panik. Ich verspreche dir, dass ich dich nicht fressen werde, Vogel!«

»Fridolin«, piepste der Kanarienvogel.

»Was?«

»Ich heiße nicht Vogel, ich heiße Fridolin.«

»Ach so«, sagte Maya. »Okay. Ich bin Maya. Aber jetzt lass uns nicht lang quatschen, sonst wird das hier nichts.«

Und sie stieß immer wieder gegen das Gestell, das mehr und mehr zu schwanken begann und schließlich mit einem lauten Krach umstürzte. Aufgeregt flatterte Fridolin im Käfig umher. Hastig schob Maya den Riegel der Käfigtüre beiseite, öffnete das Türchen und trat einen Schritt zurück. »Also los, Fridolin. Hau ab. Du bist frei!«

Fridolin zögerte. »Ich weiß aber gar nicht, ob ich frei sein will«, sagte er.

»Das musst du schon selber wissen«, antwortete Maya. »Ich war auch mal eine Sklavenkatze und kann dir sagen: Frei zu sein ist sehr viel besser. Aber egal, wie du dich entscheidest, entscheide schnell, bevor die Alte rauskommt!«

Fridolin bewegte probehalber die Flügel – und dann flatterte er los. »Danke, Maya!«, rief er noch.

Während Maya vom Balkon flüchtete, applaudierten die Streuner auf dem Dach gegenüber.

An diesem Abend wurde Maya Mitglied bei den Streunern.

In den folgenden Wochen jagte ein Abenteuer das nächste. Die Streuner lebten getreu ihrem Motto: »Nimm, was dir das Leben bietet. Mach dir keine Gedanken über die Zukunft.« Sie waren wagemutig, treue Freunde und Spaßvögel. Kein Tag verging, an dem sie nicht Hunden, Sklavenkatzen oder Menschen Streiche spielten. Da sie regelmäßig auf Beutezug in fremden Wohnungen, Häusern und Innenhöfen unterwegs waren, gab es immer etwas Leckeres zu essen – und es war lustig, mit den Streunern umherzuziehen.

Mit der Zeit aber spürte Maya, dass ein Teil in ihr sich immer stärker dagegen sträubte, Teil der Bande zu sein. Sie fühlte sich nicht wirklich zugehörig. Die Kämpfe mit anderen Banden und die Jagd auf Eichhörnchen und Vögel waren ihr zuwider. Bei den Raufereien machte sie zwar mit – immerhin wurde dabei ja niemand ernsthaft verletzt. Doch zum Jagen ließ sie sich nicht überreden, auch wenn die anderen sich noch so sehr über sie lustig machten.

Mayas Zweifel daran, dass das Leben in der Bande ihr Weg zum Glück sei, schwelten in einer tiefen Grube ihres Unterbewusstseins. Nur gelegentlich flackerten sie auf, vor allem dann, wenn die Streuner mit blutigen Mäulern von der Jagd zurückkamen. So verging der Frühling und schließlich auch der Sommer. Maya wäre wohl noch lange bei den Straßenkatzen geblieben, wäre da nicht der Tag gekommen, an dem Tom den geheimen Versammlungsort der Heiligen Katzen entdeckte.

Noch nie hatte Maya den alten Kater so aufgebracht gesehen. Er versammelte die Bande um sich und hielt eine feurige Rede, bei denen er die Heiligen Katzen, die er stets nur Kellerkatzen nannte, als den Inbegriff des Unkatzenhaften verurteilte. Er hatte den Entschluss gefasst, die nichtsnutzigen Kellerkatzen ein für alle Mal davonzujagen, und er hatte bereits einen Plan ausgeheckt. Nun hatte Maya zwar allen Grund, sich den Heiligen Katzen nicht mehr verbunden zu fühlen – doch den Hass, der den sonst so gelassenen Tom auf einmal ergriffen hatte, konnte sie nicht verstehen.

»Wir werden es diesen selbst ernannten Heiligen Kellerratten schon zeigen!«, rief er. »Erst werden wir sie leise umzingeln, und dann werden wir ihnen einen Kampf liefern, bis sie nach ihrem Großen Kater winseln und die Flucht ergreifen.«

»Warum sollten wir das tun?«, unterbrach ihn Maya. »Die sind doch harmlos. Und in unser Revier kommen sie ohnehin nie.«

Tom sah sie feindselig an und fauchte: »Bist du vielleicht heimlich doch noch eine von denen? Harmlos? Findest du? Sie verführen freie Straßenkatzen, sich ihrem Großen Kater zu unterwerfen. Das ist ein Angriff auf das Katzentum! Schluss! Ich will nichts mehr davon hören. Heute Nacht schlagen wir zu!«

Zu Mayas Entsetzen waren die Streuner ausnahmslos begeistert. Ja, sie schienen dem Kampf geradezu entgegenzufiebern. Als Maya die ungezügelte Wut in ihren Augen sah, kam ihr schlagartig zu Bewusstsein, was sie in ihrem Herzen schon lange wusste: Das Leben der Streuner war nicht das, was sie gesucht hatte, als sie die Alte Villa verlassen hatte. Der Weg der vermeintlichen Freiheit, die auf Kosten anderer Wesen ging, war genauso ein Irrweg wie der der Heiligen Katzen. Eine Weile überlegte sie, wie sie sich verhalten sollte. Im Gegensatz zu den Jagdabenteuern, bei denen sie sich immer entzogen hatte, konnte sie jetzt nicht einfach wegsehen. Es ging hier nicht um eine harmlose Rauferei – es ging um eine Schlacht. Wenn sie sie nicht verhindern würde, wäre sie genauso schuldig, als hätte sie an dem Überfall teilgenommen. Solange sie auch darüber nachdachte – es blieb nur ein Weg. Und das war ein gefährlicher Weg: Sie musste die Heiligen Katzen warnen.

Mit Einbruch der Dunkelheit zogen dunkle Wolken über den Himmel und heftige Böen fegten über die Dächer. »Vielleicht findet der Überfall doch nicht statt«, hoffte Maya. Doch sie ahnte wohl, dass die Chance darauf eher gering war. Leise schlich sie sich fort und raste über die Dächer, hinunter in den Hof und durch das Kellerfenster der Heiligen Katzen. Die zwei Wachen, die vor dem Eingang zum Gewölbe standen, erkannten Maya, legten die Ohren an und nahmen eine Kampfhaltung ein.

»Verschwinde! Du hast hier nichts mehr zu suchen!«, rief Kuno, eine der Wachen. »Du hast den Großen Kater aus deinem Herzen verbannt und ...«

»Halt die Klappe!«, rief Maya. »Ich bin nur gekommen, um euch zu warnen. Die Streuner wollen euch heute Nacht überfallen. Sag das bitte den anderen. Und wenn ihr schlau seid, verzieht ihr euch so schnell wie möglich.«

Kuno wollte antworten, doch Maya unterbrach ihn. »Von mir aus macht, was ihr wollt. Ich habe euch jedenfalls gewarnt!« Und damit wandte sie sich um und verschwand ebenso rasch, wie sie gekommen war.

In ihrer Eile war ihr jedoch entgangen, dass ihr Ausflug nicht unbemerkt geblieben war. Zwei Streuner – Findus und Kappo – waren ihr heimlich gefolgt. Maya kletterte auf den Baum im Hinterhof und sprang aufs Dach. »Hoffentlich nehmen sie meine Warnung ernst«, dachte sie. Sie war gerannt, so schnell sie nur konnte, und völlig außer Atem. Der Wind war noch stärker geworden, und nun fegten auch erste Regenschauer über die Dächer. Maya rastete im Schutz eines Kamins und dachte nach. Ob sie trotz allem bei den Streunern bleiben sollte? Nein, das kam nicht mehr infrage. Längst hatte sie begriffen, dass diese Art zu leben niemals zum Glück, niemals zur Zufriedenheit führen konnte. Und doch hatte sie unter den Streunern Freunde oder zumindest Kameraden gefunden. Sie fürchtete sich ein wenig davor, wieder auf sich alleine gestellt zu sein.

Noch bevor sie ihre Gedanken zu Ende gedacht hatte, kamen auf einmal aus verschiedenen Richtungen die Mitglieder der Bande auf sie zu. Maya erkannte, dass sie umzingelt war.

Tom trat vor und sagte mit falscher Freundlichkeit: »Ach, unsere Maya – da ist sie ja wieder. Kann es vielleicht sein, dass du gerade eine kleine Unterhaltung mit den Kellerratten hattest?«

Maya schluckte. »Hör mal, Tom ...«, begann sie.

Doch Tom hörte nicht. Er machte einen Buckel und fauchte: »Verräterin! Du hast gegen das Gesetz der Bande verstoßen. Und glaub mir, das wird dir gleich leidtun!«

Maya, die keinen Wert darauf legte herauszufinden, warum es ihr leidtun würde, sprang mit einem wagemutigen Satz über zwei Angreifer hinweg auf den Kamin und raste los. Die Streuner waren so überrascht, dass sie ein paar Sekunden brauchten, um zu reagieren. Dann hetzten alle wütend hinter ihr her. Doch Maya war schnell und geschickt. Schon nach kurzer Zeit hatte sie ihre Verfolger abgehängt. Der heftige Wind und der immer stärker werdende Regen waren ihre Verbündeten. Endlich fühlte sie sich halbwegs sicher und blieb kurz stehen, um durchzuatmen – in diesem Moment schoss Charlie, einer der schnellsten Läufer der Streuner, auf sie zu und griff Maya an. Charlie war stärker, aber Maya geschickter, und so zog sich der Kampf in die Länge. Maya blutete bereits aus mehreren Wunden und wurde immer schwächer, als sie erkannte, dass sie nicht mehr lange standhalten würde. Es war an der Zeit, eine andere Strategie zu probieren. Sie hob die Tatze zum Schlag, hielt dann aber mitten in der Bewegung inne und tat so, als sähe sie etwas hinter Charlie. Und tatsächlich fiel er auf diese List herein und blickte um sich. Diesen kurzen Moment nutzte Maya, um Fersengeld zu geben.

Der Sturm war inzwischen zum Orkan geworden und die Dächer waren gefährlich glatt. Charlie war direkt hinter ihr. Schnell hatte er sie eingeholt und seine Krallen in ihre Hinterbeine geschlagen. »Jetzt ist es vorbei«, dachte sie. Sie wusste, dass sie keinen Kampf mehr überstehen würde. Ein letztes Mal biss sie die Zähne zusammen und riss sich los, als ihr der Orkan zu Hilfe kam. Eine besonders heftige Böe wirbelte die beiden Katzen über das Dach. Mit einem Aufschrei fiel Charlie von der Dachkante, während sich Maya gerade noch an der Regenrinne festklammern konnte. Mit letzter Kraft zog sie sich aufs Dach und blieb verwundet im prasselnden Regen liegen. Kurz davor, aufzugeben, fiel ihr ein, was sie einstmals bei den Heiligen Katzen gelernt hatte – dass der Wille immer stärker ist als der Körper. Und so rappelte sie sich langsam auf und schleppte sich blutend und durchnässt über die Dächer. Doch dann erfasste sie eine weitere Böe und fegte auch sie vom Dach.

Maya fiel nur ein paar Meter und landete auf einem großen Balkon. Das Letzte, was sie sah, war ein Mensch mit langem grauem Haar und einem fleckigen Kittel, der auf sie zukam. Hinter ihm waren riesige bunte Bilder, bunter als die Wirklichkeit. Der Mensch öffnete die Flügeltüren zum Balkon und sagte: »Ja, wo kommst du denn her, Kätzchen?« Dann hob er Maya sanft auf, bevor ihr die Sinne schwanden.

3

Der alte Maler

Als Maya aus ihrer Ohnmacht erwachte, fand sie sich in einem Körbchen wieder, eingehüllt in eine warme Decke. Für einen Moment glaubte sie in der Alten Villa zu sein und alles, den Tod der alten Dame, die Heiligen Katzen, die Streuner und ihre Flucht im Sturm nur geträumt zu haben.

Doch als sie die Augen öffnete und sich umsah, wurde ihr klar, dass sie keineswegs träumte. Sie war in einer Menschenwohnung – doch in einer, die ganz anders aussah und roch als die Villa oder all die Wohnungen, in denen die Streuner den Menschen Streiche gespielt hatten. Der Geruch war ungewöhnlich, aber nicht unangenehm. Und alles war bunt und voller Farben. Selbst der Boden war mit dicken Farbtupfern bedeckt. Wohin sie auch sah, überall waren Bilder – sie standen in den Ecken, stapelten sich auf dem hölzernen Dielenboden, hingen an den Wänden. Maya traute ihren Augen nicht. Je länger sie sich umsah, desto mehr begann sie zu glauben, dass dies vielleicht doch ein Traum war. Manche Bilder waren klein; die meisten aber riesengroß. In der Alten Villa mit ihren hohen Wänden hatte es Räume gegeben, die Platz für solche Bilder gehabt hätten. Doch für jede andere Menschenwohnung, die sie bisher gesehen hatte, wären sie um einiges zu großformatig gewesen. Wie schön diese Welt voller Farben war! Maya konnte sich nicht sattsehen. Ob der Mensch, der sie gerettet hatte, sie wohl alle gemalt hatte? Aber wo war er eigentlich geblieben?

Maya wollte aufstehen und die Räume erkunden. Doch sie war zu schwach, und jede Bewegung tat ihr weh. Sie spitzte ihre Ohren. In der Wohnung war es ganz still. Wo war der Mensch nur hingegangen? Fasziniert betrachtete Maya die Bilder; doch es dauerte nicht lange, bis ihr die Augen wieder zufielen. Sie war einfach zu erschöpft.

Maya erwachte erneut, als das Knarzen einer sich öffnenden Tür sie aus wirren Träumen weckte, in denen sie vor unsichtbaren Verfolgern geflüchtet war. Das Gefühl der Panik war kaum verflogen, als sie im Eingang wieder diesen Menschen erblickte. Er sah harmlos aus. Aber konnte sie ihm trauen? Nach allem, was sie bisher erlebt hatte, war sie dem Leben gegenüber misstrauisch geworden. Sie wollte flüchten und sich verstecken, doch ihre Beine verweigerten ihr den Dienst. Und jetzt war es ohnehin zu spät, denn der Mensch kam geradewegs auf sie zu.

Maya legte die Ohren an. Dann sah sie, wie der alte Mann sich an ihrem Körbchen niederkniete. Ganz langsam näherte sich seine Hand, sodass Maya an ihr schnuppern konnte. Sie roch nach Farbe und nach Güte. Offenbar hatte der Mensch nichts Böses im Sinn. Seine Augen, seine Bewegungen, sein Geruch – nichts deutete auf eine Gefahr hin. Im Gegenteil. Maya war er sofort sympathisch. Mehr noch als die alte Dame. Wie konnte das sein? Sie kannte den Mann doch gar nicht. Sicher, er hatte sie gerettet, aber das erklärte nicht das warme Gefühl, das sich in ihrem Herzen ausbreitete. Als er seine Hand weiter näherte, um sie zu streicheln, ließ sie es widerstandslos zu. Es war angenehm, und Maya begann wohlig zu schnurren.

»Na, Kätzchen, bist du wieder wach? Keine Sorge, wir werden dich schon wieder hinbekommen.« Auch die Stimme war angenehm. Wie gerne würde auch sie mit ihm sprechen. Aber natürlich wusste sie, dass Menschen sich nicht mit Tieren unterhalten konnten.

Trotzdem sagte sie: »Hallo, ich bin Maya.«

Der alte Maler grinste sie an. »Hallo, Maya, ich bin Eugen.«

Maya riss die Augen auf. Was war das? Konnte er sie etwa tatsächlich verstehen? Das konnte doch nicht sein. Sie hatte noch nie von einem Menschen gehört, der mit Tieren sprechen konnte. Sie musste wohl doch noch träumen. Schnell schüttelte sie sich, um endlich aus dem Schlaf zu erwachen. Als sie die Augen erneut öffnete, kniete Eugen jedoch immer noch vor ihr. Er hatte sich keineswegs in Luft aufgelöst, sondern kraulte sie zärtlich am Kopf.

Mit großen Augen sah Maya ihn an und sagte langsam und deutlich: »Du kannst mich verstehen?«

Eugen nickte. »Ja, schon. Ich wundere mich manchmal selbst darüber. Und ich sage es auch niemandem. Die Menschen würden mich für verrückt halten.« Er lachte auf. »Nicht, dass es die meisten nicht ohnehin täten ...«

Maya kam aus dem Staunen nicht heraus. »Eugen, ich habe noch nie von einem Menschen gehört, der Tiere versteht und mit ihnen reden kann.«

Eugen lächelte. »Ich auch nicht. Nun ja, ich habe gehört, dass es wohl vereinzelt solche Menschen geben soll. Aber ich bin noch keinem begegnet. – Jedenfalls, nicht dass ich wüsste. Vielleicht ist es auch nur so, dass auch alle anderen, die mit Tieren sprechen können, nicht darüber reden.«

»Und du hast mich gerettet?«, fragte Maya.

»Tja, du bist bei dem Orkan vor zwei Tagen immerhin direkt auf meinen Balkon geplumpst. Da konnte ich dich ja nicht einfach liegen lassen, stimmt's?«

»Vor zwei Tagen schon?«, rief Maya, die nicht glauben wollte, dass seither so viel Zeit vergangen war.

»Du warst verletzt und hast lange geschlafen. Ich hatte schon befürchtet, dass du es nicht schaffst. Aber Katzen haben ja angeblich neun Leben ...«

Maya staunte. Was für ein Glück hatte sie gehabt! Auf jeden Fall mehr Glück als Charlie. Denn der Sturm hatte zwar auch sie vom Dach geweht, aber sie war auf einem nahe liegenden Balkon gelandet – und ein Mensch hatte sie gerettet. Noch dazu ein ganz besonderer. Einer, der sich mit Tieren unterhalten konnte. Was für ein glücklicher Zufall. – Aber gab es so etwas wie Zufall überhaupt? War letztlich nicht jede Station auf der Lebensreise eine Fügung des Schicksals?

Noch immer war sie sehr erschöpft, und Eugen streichelte sie sanft in den Schlaf.

Als sie viele Stunden später erwachte, fühlte sie sich deutlich besser. Sie hatte Hunger und vor allem einen gewaltigen Durst. Eugen hatte das wohl vorhergesehen, denn er hatte eine Schale Wasser, eine Schale Sahne und einen Napf mit frischer Nahrung neben ihren Korb gestellt. Maya räkelte und streckte sich. Sie war noch ein bisschen steif, und die Stellen, an denen Charlie ihr tiefe Wunden gerissen hatte, schmerzten noch bei jeder Bewegung. Aber es war auszuhalten. Maya aß und trank ausgiebig und begann dann, auf samtigen Pfoten neugierig das lichtdurchflutete Atelier zu inspizieren.

Die Bilder faszinierten sie. Sie stellten keine Dinge dar, sondern sprachen direkt zu den Gefühlen. Maya hatte nicht gewusst, dass so etwas möglich war.

Als sie in ein kleines Zimmer kam, entdeckte sie Eugen, der über einen alten Holztisch gebeugt saß und zeichnete. Er war so vertieft in seine Arbeit, dass er Maya erst bemerkte, als sie mit einem geschmeidigen Satz auf dem Tisch landete.

Eugen legte den Bleistift aus der Hand und sah die Katze auf seinem Zeichentisch prüfend an. »Guten Morgen, Maya! Du siehst ja schon wieder ganz munter aus.«

»Guten Morgen, Eugen! Ja, klar, mir geht's wieder gut«, sagte sie und fügte stolz hinzu: »Ich bin schließlich eine Katze!«

Eugen lachte. »Ach was? Kein miauender Hund?«

Maya grinste. »Siehst du etwa eine Leine?«

Eugen stand auf und ging ins Wohnzimmer. Dort machte er es sich auf dem ausladenden Ecksofa bequem und lud Maya ein, sich zu ihm zu setzen. »Maya, ich will ja nicht aufdringlich sein – aber neugierig bin ich schon: Wie bist du eigentlich hierhergekommen?«

Und so begann Maya, Eugen ihre Geschichte zu erzählen: Von ihren ersten, vom Wind der Zeit vergilbten Erinnerungen an eine kleine Schachtel, in der sie zu der alten Dame gebracht wurde, von ihrer Kindheit in der Alten Villa, ihrer allmählich wachsenden unbegreiflichen Unzufriedenheit, ihrer ersten Begegnung mit der Welt und schließlich dem Tod ihrer Freundin Alma von Lilienfeld. Eugen hörte aufmerksam zu, ohne sie zu unterbrechen. Maya kuschelte sich dicht an ihn und fuhr fort. Sie erzählte von ihrer Zeit bei den Heiligen Katzen; davon, wie sie verstoßen und von den Streunern aufgenommen worden war; und wie es schließlich zum Kampf im Orkan und zu ihrem Sturz gekommen war, durch den sie eine Bruchlandung auf Eugens Balkon hingelegt hatte.

Als Maya ihre Erzählung beendet hatte, schwieg der alte Maler lange Zeit und sah sie mitfühlend an. Schließlich sagte er: »Ich muss schon sagen: Das ist eine beeindruckende Geschichte. Ich hatte nie richtig drüber nachgedacht, was Tiere denken. Und die Sache mit den Heiligen Katzen – also, du bist jedenfalls etwas ganz Besonderes – sogar für eine Katze.« Er sah Maya tief in die Augen. »Nun ja – wenn du willst, kannst du hier einziehen. Ich mag Katzen. Vor allem mag ich dich, Maya.«

Maya zögerte. Eugen war ihr ja schon auf den ersten Blick sympathisch gewesen. Und dennoch hatte sie Bedenken. »Ich war eine Sklavenkatze. Aber ich will es nie wieder sein!«

»Aber Maya, was redest du denn da? Eine Sklavenkatze? So etwas gibt es doch gar nicht. Katzen gehören nie jemandem. Katzen sind immer frei. Die machen, was sie wollen.«

»Und dennoch sind sie oft gefangen. Nicht wie Hunde – natürlich nicht. Versuch mal, eine Katze an einer Leine zu führen! Die, die wir bei den Streunern Sklavenkatzen genannt haben, sind nicht mit Fesseln und Leinen gefangen – sie sind gefangen, weil sie von all den Annehmlichkeiten und dem Luxus, in dem sie leben, abhängig sind.«

Eugen nickte verständnisvoll. »Nun ja – so habe ich es noch nie gesehen. Aber ich verstehe dich gut. Weißt du, auch viele Menschen sind Sklaven ihres Besitzes. Und dabei vergessen sie eines: Was immer sie besitzen mögen, das besitzt umgekehrt auch sie.«

Maya nickte und Eugen fuhr fort: »Natürlich bist du nicht *meine* Katze, wenn du bei mir wohnst. Und ich bin auch nicht *dein* Mensch. Du bleibst du und ich bleibe ich. Aber wir können doch Freunde sein, ein wenig Zeit miteinander teilen – solange wir uns nicht auf die Nerven gehen, wäre das doch eine wunderbare Sache, findest du nicht?«

Maya stupste seine Hand zärtlich mit ihrer Nase an – Eugens Vorschlag gefiel ihr.

Und so begann eine tiefe Freundschaft zwischen dem alten Maler Eugen und der jungen Katze Maya.

4

Das große Erwachen

Dank Eugens fürsorglicher Pflege dauerte es nicht lange, bis Maya sich vollständig von ihrem Kampf erholt hatte. Während sie langsam wieder zu Kräften kam, drängten die Fragen, die sie bereits in der Alten Villa beschäftigt hatten, wieder an die Oberfläche ihres Bewusstseins.

»Eugen, was ist der Sinn des Lebens?«, fragte sie eines verregneten Nachmittags, als sie den alten Maler dabei beobachtete, wie er Ölfarben auf einer Palette mischte.

Eugen runzelte die Stirn. »Ui, das ist aber eine schwierige Frage. Ich habe oft drüber nachgedacht. Eine richtige Antwort habe ich nicht gefunden. Aber etwas Ähnliches – meinen eigenen Weg.«

Maya vertiefte sich in diesen Gedanken und schnell erkannte sie die große Wahrheit, die darin lag: Finde deinen Weg! Aber was war überhaupt ihr Weg? Sie fühlte, dass da tief in ihrem Inneren etwas war, das sie nicht benennen konnte – etwas Großes, Weites, Ungeformtes. Etwas Ewiges. Doch sie hatte noch keinen Weg gefunden, diese ursprüngliche Kraft voll und ganz zu erfassen. Und sie wusste, dass sie dabei nichts erzwingen konnte. Auch wenn es ihr schwerfiel: Um das Wesentliche im eigenen Leben zu erkennen, brauchte es Zeit und Geduld.

Eugen hingegen war offenbar völlig zufrieden mit seinem Leben. Er hatte seinen Weg gefunden: die Farben, die Bilder, die Kunst. Noch verstand Maya zwar nur annähernd die tiefe Bedeutung, die darin lag, doch sie spürte, dass Eugens Weg gut war. Nur war dieser Weg eben nicht das, was *sie* suchte. Es musste für jeden einen eigenen Weg geben, da war sie sich sicher; und genauso klar war ihr auch, dass Eugens Weg nicht ihrer war.

Jeden Abend führten die beiden lange Gespräche, die sie immer wieder zu den großen Fragen brachten: Warum sind wir hier? Wohin geht unsere Reise? Was sollten wir tun? Sie sprachen über den Sinn und das Ziel des Lebens, über Kunst und Schönheit. Und über das Leiden. Denn während Eugen sich noch nie allzu viele Gedanken darüber gemacht hatte, beschäftigte sich Maya seit Langem mit dem Rätsel des Leidens und suchte einen Sinn darin zu finden. Warum ging es eigentlich vielen Wesen – ganz gleich, ob Tieren, Menschen oder anderen Wesen – so schlecht? Es gab natürlich viel Wunderbares und Schönes in der Welt, doch auf der anderen Seite gab es auch Krankheit, Verlust, Alter und Tod. Vor allem aber gab es Unzufriedenheit, Neid, Angst und Gewalt – also Dinge, die ganz unnötig zu Leiden führten.

»Eugen – meinst du, dass es überhaupt möglich ist, richtig glücklich zu sein und das Leben zu genießen?«, wollte Maya wissen.

»Nun ja – ich denke, die Menschen sind einfach zu gierig«, sagte Eugen, nachdem er eine Weile an seiner Pfeife gezogen hatte. »Wenn sie etwas Wunderbares und Schönes sehen oder auch nur davon hören, wollen sie es immer gleich für sich haben.«

Maya ging ein Gedanke nicht aus dem Kopf. »Und könnte nicht genau das der Grund dafür sein, dass sie ständig unzufrieden sind und nie zur Ruhe kommen?«

Eugen dachte eine Weile nach und sagte schließlich: »Ich glaube, da hast du vollkommen recht. Wer ständig etwas haben will und allem möglichen Zeug hinterherjagt, kann sich wohl nie über das freuen, was im Moment ist.«

»Aber was, wenn er dann bekommt, was er haben will?«, fragte Maya. »Sollte er dann nicht zufrieden sein?«

Eugen runzelte die Stirn. »Nun ja – vielleicht. Aber wahrscheinlich eher nicht. Ich fürchte, dass Unzufriedenheit einfach zum Leben dazugehört.«

»Meinst du, die Unzufriedenheit gehört deshalb zum Leben, weil es zum Leben gehört, sich dauernd etwas zu wünschen oder die Dinge ständig anders haben zu wollen, als sie sind?«

Eugen nickte. »Ja, ich glaube, da hast du es ziemlich genau getroffen. Ich habe mal etwas gelesen, das mich wirklich nachdenklich gemacht hat. Es war eine Geschichte von zwei Menschen. Der eine war reich, gesund, hatte viele Bekannte. Doch er war nicht zufrieden mit seinem Leben, und ständig jammerte er über alles. Der andere war arm, gebrechlich und lebte allein in einer Hütte im Wald. Doch er war zufrieden und lächelte. Und was meinst du: Wer von beiden hatte es wohl besser?«

»Natürlich der Waldbewohner!«, rief Maya sofort.

Eugen schmunzelte und nickte. »Das glaube ich allerdings auch. Was nützt es dir, die ganze Welt zu besitzen, wenn du in deinem Inneren doch unglücklich bist? Reich ist nur, wer alles hat, was er braucht.«

»Und das heißt, dass jemand, der wenig braucht, ganz schnell reich ist!«, stellte Maya fest. »Eugen, bist du reich?«

Der alte Maler lachte. »O ja, ich habe alles, was ich brauche. Und nun habe ich auch noch deine Gesellschaft! Ich könnte gar nicht reicher sein.«

Maya hatte sich auf einer alten Brokatdecke ausgestreckt, die auf dem Sofa lag. Sie dachte über das Glück und die Gier nach. Wurden nicht alle Lebewesen in irgendeiner Form von Gier angetrieben? Zumindest die Gier nach Nahrung, nach Wasser, nach Vermehrung kannten wohl alle – und auch die Gier nach Leben. Sie erinnerte sich daran, dass die Heiligen Katzen sie vor der Gier gewarnt hatten: Bei ihnen hatte sie gelernt, zu hungern und zu fasten und alle Härten zu ertragen – aber war das der richtige Weg? Absichtlich zu leiden, um weniger den Begierden ausgeliefert zu sein, um dann weniger zu leiden?

Irgendwas daran störte sie. Es musste doch einen sanfteren Weg geben, um all das loszulassen, was zu seelischem Schmerz und Leiden führte. Keinen radikalen Weg. Kein Leben in Saus und Braus, das einzig dazu diente, kurzlebigen Genüssen und schönen Dingen hinterherzujagen. Aber auch kein Leben der Lieblosigkeit gegenüber sich selbst, in dem man auf alles verzichtete, was angenehm und wohltuend war. Einen Weg, der mehr Gleichgewicht, mehr Freude und Gelassenheit ermöglichte – eine Art mittleren Weg.

Maya reagierte nicht, als Eugen sich neben sie aufs Sofa setzte. In Gedanken versunken blickte sie reglos aus dem Fenster. »Na, kleine Samtpfote – steckst wohl tief in deinen philosophischen Gedanken?«, fragte er.

»Ach, Eugen – ich fürchte, mit der Philosophie komme ich nicht weiter. Ich brauche unbedingt Klarheit, aber ich habe in meinem Leben schon mehr als genug nachgedacht.« Maya streckte die Vorderpfoten aus und reckte sich durch, bevor sie sich aufsetzte. »Ich glaube, die Wahrheit kann ich durch Nachdenken nicht erfassen; sie liegt jenseits des Denkens – nicht im Kopf, sondern im Herzen.«

Eugen sah sie fragend an, und Maya fuhr fort: »Ich habe das sichere Gefühl, dass es einen besseren Weg als Nachdenken gibt. Als ich noch ein kleines Katzenkind war, lag ich im Garten der Alten Villa oft stundenlang im Schatten der Apfelbäume. Der

Duft der reifen Äpfel, das Summen der Bienen, der sanfte Wind in meinen Schnurrhaaren – das waren wunderbare Momente. Es waren Momente, in denen ich ganz tief in mir gespürt habe, dass alles so, wie es ist, vollkommen ist. Und das konnte ich nur spüren, weil mein Denken zur Ruhe gekommen war. Ich war total gedankenverloren. Ist das nicht ein schönes Wort: gedankenverloren?«

»Nun ja – du meinst, es täte uns gut, weniger zu denken? Ich glaube, das stimmt. Wenn ich an einem Bild sitze, bin ich auch meist völlig gedankenverloren, und dabei verliere ich nicht nur das Zeitgefühl, sondern zum Glück auch viele unnötige Gedanken und mit ihnen meine Sorgen und Ängste.«

»Genau das meine ich«, sagte Maya. »Und ich spüre, dass ich jetzt etwas tun muss, was dir vielleicht ein bisschen seltsam vorkommen wird.«

Eugen lachte. »Du meinst etwas, was noch seltsamer ist als ein alter Maler, der mit einer Katze philosophiert?«

Maya blinzelte ihm zu. »Mal sehen. Ich brauche jetzt jedenfalls eine Weile vollkommene Ruhe und Abgeschiedenheit. Ich denke, du kommst ohnehin ganz gut ohne meine Unterhaltung aus, stimmt's?«

Eugen lächelte und sah sie neugierig an.

Maya putzte sich eine Weile das Fell, dann sagte sie: »Ich werde mich auf der Dachterrasse in deinen kleinen Wintergarten begeben und dort still unter dem Feigenbaum sitzen. Bitte sorge dich nicht, wenn es eine Weile dauert – sobald die Zeit gekommen ist, komm ich wieder zurück ins Atelier.«

Eugen zuckte nur mit den Schultern. »Ganz wie du möchtest, Maya. Ich stelle dir vorsichtshalber ein Schälchen Wasser hin und geh dir ansonsten nicht auf die Nerven. Heiliges Ehrenwort. Aber wenn ich fragen darf: Was machst du da solange?«

»Ich werde einfach nur sitzen. Den Körper vollkommen zur Ruhe bringen. Das Denken vollkommen zur Ruhe kommen lassen. Ruhe ist zwar nur der erste Schritt, aber ich glaube, sie ist ein sehr wichtiger Schritt, um Klarheit zu finden. Und wenn ich erst tiefe Ruhe gefunden habe, werde ich in meinem Herzen nach dem suchen, was ich schon so lange gesucht und in der Welt bisher nicht gefunden habe – vielleicht deshalb, weil man es da draußen auch gar nicht finden kann.« Maya blickte aus dem Fenster und beobachtete Schäfchenwolken auf ihrer trägen Wanderschaft. Dann fuhr sie fort: »Wenn ich erst mal einen Weg finde, um die Last des Lebens und allen Kummer in mir zu überwinden, dann wird es mir auch gelingen, andere von ihrer Last, von ihrem Kummer zu befreien.«

Eugen sah sie mit großen Augen an. Was für eine Katze Maya doch war! Er nickte nur, streichelte seine schlaue Freundin noch einmal und sah ihr dann dabei zu, wie sie durch die Balkontür in den Wintergarten spazierte, sich unter den alten Feigenbaum setzte und die Augen schloss.

Lange saß Maya dort in der Stille. Am siebten Tag aber erhob sie sich, streckte sich durch und kam zu Eugen zurück. Ihre smaragdgrünen Augen funkelten wie das Meer. Sie strahlte einen tiefen Frieden und eine Klarheit aus, die nicht von dieser Welt waren, und ein Blick genügte Eugen, um zu erkennen, dass Maya ihren Weg nu endgültig gefunden hatte.

AUS EUGENS TAGEBUCH:

Seit Maya bei mir ist, habe ich so viel von ihr gelernt! Was für eine außergewöhnliche Katze ist mir da in die Hände oder genau genommen auf den Balkon gefallen! Eine ganze Woche lang hat sie sich praktisch gar nicht sehen lassen und saß die ganze Zeit vollkommen unbeweglich unter dem Feigenbaum im Wintergärtchen. Und als sie dann zurückkam, war sie wie verwandelt. Ich weiß zwar nicht so genau, was da passiert ist, aber irgendwie muss sie wohl eine Art Erleuchtung gehabt haben. Nachdem sie wieder gesprochen hat, hat sie mir einige interessante Dinge verraten. Und bevor ich die jetzt vergesse, muss ich sie unbedingt kurz aufschreiben:

Mayas Erkenntnisse:

1. ***Wir können nicht leben, ohne zu begehren.*** *Unsere Begierden zeigen uns, was wir brauchen – zum Beispiel Nahrung, ohne die wir nicht überleben könnten. Doch leider begehren wir auch viele Dinge, die wir nicht brauchen, auch wenn wir oft glauben, dass wir sie ganz dringend brauchen. Und hier entstehen die meisten Probleme. All unser Wünschen und Wollen, unser Durst nach immer mehr ist die Wurzel unseres Unglücks und unserer Unzufriedenheit.*
2. ***Ausnahmslos jeder von uns kann Glück, Heiterkeit und Zufriedenheit finden, wenn er lernt loszulassen.*** *Selbst wenn alle unsere Wünsche in Erfüllung gehen würden, hieße das noch lange nicht, dass wir frei wären. Und umgekehrt können wir uns auch nicht dadurch befreien, dass wir sämtliche Begierden abtöten, indem wir uns jede Freude verwehren. Der Weg, der zu vollkommener Freiheit führt, liegt nicht in den Extremen – weder im Überfluss noch im Mangel. Der wahre Weg ist der Weg der Mitte.*
3. ***Es gibt drei Gifte, die die Seele verdunkeln und zu Leiden führen:*** *Das erste ist die Gier – der Wunsch nach immer mehr. Das zweite Gift ist der Hass – der ein Ausdruck der Angst ist und viel Gewalt in die Welt bringt. Das dritte ist die Unwissenheit – die Unfähigkeit zu erkennen, wie Gier und Hass entstehen. Unwissenheit führt dazu, dass wir das Unwesentliche mit dem Wesentlichen verwechseln, und sie verhindert, dass wir lernen, mit dem Herzen zu sehen.*
4. ***Es gibt vier starke Gegengifte:*** *Mitgefühl, Achtsamkeit, Gelassenheit und Freude. Diese vier befreien von Gier, Hass, Unruhe und Traurigkeit.*

Nun also hatte Maya ihr Ziel erreicht; sie hatte ihre Sehnsucht gestillt. Nicht in der Welt, wo sie so viel erlebt und so vielen falschen Versprechungen geglaubt hatte, sondern in der Stille, unter dem Feigenbaum, hatte sie Frieden gefunden. Sieben Tage hatte die Reise in ihr Inneres gedauert – in diesen sieben Tagen hatte sie die Wurzeln des Leidens erforscht, hatte vom Dunkel ins Licht, von der Verwirrung zur Klarheit gefunden. Sie war erwacht. Nun wusste sie, was ihr Weg war. Dies war nicht das Ende ihrer Reise, sondern erst der Beginn. Denn von nun an würde sie allen Wesen helfen, denen sie begegnete. Sie würde ihnen den Weg aufzeigen, der in die Freiheit führte. Von nun an wollte sie nur noch eines: eine Lehrerin des Glücks sein.

Neun Leben, so heißt es, hat die Katze. In ihrer Meditation war Maya der Neun mehrmals begegnet. Und schließlich hatte sie neun Geheimnisse entdeckt, die zu Glück, Freiheit und vollkommener Zufriedenheit führen. Sie wusste, dass sie allen Wesen, die bereit dazu waren, diese neun Geheimnisse lehren würde:

- *Das Geheimnis der Ruhe, aus der die wahre Kraft geboren wird.*

- *Das Geheimnis der Achtsamkeit, die den Zugang zum Wunder der Gegenwart ermöglicht.*

- *Das Geheimnis der inneren Klarheit, durch die die Gedanken und Gefühle hell, offen und weit werden.*

- *Das Geheimnis des Gleichmuts, der auch im stärksten Orkan unerschütterliche Stabilität verleiht.*

- *Das Geheimnis des Mitgefühls, das das Herz öffnet und alle Wesen miteinander verbindet.*

- *Das Geheimnis der Freundschaft, die eine tiefe Verbundenheit zu Seelenverwandten schafft.*

- *Das Geheimnis der Lebensenergie, die Leichtigkeit, Gesundheit und Kraft verleiht.*

- *Das Geheimnis, im Fluss zu bleiben; wodurch es möglich wird, alles Beschwerende loszulassen und das Gesetz der Wandlung zu erkennen.*

- *Das Geheimnis der Freude, die den Weg zu innerer Fülle und Heiterkeit weist.*

Nachdem Maya aus dem Reich der Stille und Weite in die bunte, verwirrende, leidgeprüfte und doch so unendlich schöne Welt zurückgekommen war, dachte sie darüber nach, wer wohl der Erste sein würde, der bereit war, sich für die neun Geheimnisse des weisen Lebens zu öffnen. Und als sie sich im Atelier umblickte, hatte sie ihre Wahl schnell getroffen: Ihr erster Schüler würde Eugen, der Maler, sein.

Die Lehren der Buddha-Katze

1

Das Geheimnis der Ruhe

Nachdem Maya den Weg gefunden hatte, der zu endgültiger Zufriedenheit, vollkommener Seelenruhe und grenzenloser Freiheit führt, horchte sie noch lange in ihr Herz hinein. Tief in ihrem Herzen hatte sie diesen kostbaren Pfad entdeckt, der zur Überwindung des Leidens führt – ausschließlich auf ihr Herz würde sie in Zukunft hören. Und das Erste, was ihr Herz ihr zuflüsterte, war, dass es von nun ab darum ginge, jenen zu helfen, die in Not waren. Die Wahrheiten, die sie entdeckt hatte, waren zu wichtig, als dass sie sie für sich behalten durfte. Schnell war der Entschluss gefasst, ihre Reise anzutreten – doch nur langsam ließ er sich in die Tat umsetzen. Viele Tiere hatten Angst vor Maya; vor allem die kleinen: Vögel, Eichhörnchen – und Mäuse erst recht. Hunde weigerten sich beharrlich, Ratschläge ausgerechnet von einer Katze anzunehmen. Katzen verbrachten ihre Zeit lieber mit Faulenzen oder auf der Mäusejagd, als über so schwierige Dinge wie die Unzulänglichkeit des Seins nachzudenken. Und die meisten Menschen – nun ja, die konnten Tiere ohnehin nicht verstehen.

Und doch: Langsam wuchs die Zahl von Mayas Schülern. Einer der ersten, der bereit war, ihr wirklich zuzuhören, war Charlie – ausgerechnet jener Kater, der sie noch vor Kurzem unbarmherzig über die Dächer gejagt hatte. Der Orkan hatte ihn vom Dach gefegt, doch er hatte überlebt. Nur hinkte er seither, denn er hatte sich beim Sturz die rechte Hinterpfote gebrochen. Als er Maya begegnete, standen sich die beiden Katzen zunächst wie erstarrt gegenüber. Keine von beiden hatte erwartet, je wieder auf die andere zu treffen. Maya, die gelernt hatte, mit dem Herzen zu sehen, erkannte gleich, dass Charlie Schmerzen hatte, und fühlte mit ihm mit, und da sie keinen Hass in seinen Augen sah, ging sie vorsichtig auf ihn zu und setzte sich an seine Seite. Nachdem die beiden eine Weile geschwiegen hatten, begann Maya, Charlie von den vier großen Wahrheiten zu erzählen. Er hörte aufmerksam zu. Und so wurde er ihr erster Schüler unter den Tieren.

Mayas außergewöhnliche innere Stärke, ihre Heiterkeit und ihr Mitgefühl sprachen sich schnell herum. Schon bald kamen ein Bernhardiner und ein Mops hinzu, schließlich eine Großfamilie von Eichhörnchen, ein paar Straßenkatzen und ein Amselpärchen. Regelmäßig lehrte Maya, wie Ängste, Ärger, Traurigkeit und Verwirrung überwunden werden konnten, indem man Mitgefühl, Achtsamkeit und Gelassenheit in sich weckte.

Mehr Zeit verbrachte sie allerdings damit, Tieren, die sie um Rat fragten, zu helfen – und auch deren Zahl wuchs beständig. Eines Morgens begegnete ihr im Hof eine Maus, die hektisch hin und her rannte. Dass sie von einer Katze beobachtet wurde, bemerkte sie vor lauter Aufregung gar nicht. Erst als sie beinahe in Maya hineingelaufen wäre, erkannte sie die vermeintliche Gefahr. Die Maus erstarrte und sah Maya wie hypnotisiert an.

»Hallo, Maus«, sagte Maya mit sanfter Stimme. »Jetzt schau nicht so bestürzt. Du brauchst keine Angst vor mir zu haben. Ich werde dich schon nicht fressen. Ich bin Maya. Manche nennen mich die Buddha-Katze.«

Die Maus schluckte und piepste schließlich: »Die Buddha-Katze? Aha. Ich heiße Millie. Aber weißt du was? Friss mich ruhig. Ich mag sowieso nicht mehr weiterleben.«

Maya sah Millie teilnahmsvoll an. »Ich habe das Gefühl, dass dich etwas plagt ...«

»So ziemlich alles«, antwortete die Maus und ihre Schnurrhaare zitterten vor Aufregung. Und dann erzählte sie Maya, wie unzufrieden sie mit ihrem Leben war.

Maya, die sich inzwischen ausgestreckt hatte, legte ihren Kopf zwischen die Pfoten und sah wohlwollend in Millies Knopfaugen. »Ich bin mir sicher, dass du einen besseren Weg zum Glück finden kannst, als gefressen zu werden.«

Millie schien sich ein wenig zu entspannen. Sie sah Maya an und sagte: »Ja, vielleicht hast du recht. Und du willst mich also wirklich nicht fressen?«

Maya lächelte. »Nein, Millie, ganz bestimmt nicht.«

Die Maus löste sich aus ihrer Erstarrung und trippelte näher zu Maya. »Maya, was soll ich denn nur machen? Wie soll es weitergehen? Ich muss meine Kornspeicher für den Winter füllen, genug Nahrung für meine Kinder herbeischaffen, meine vielen Verwandten wollen besucht werden ... Bei alledem komme ich überhaupt nicht mehr zur Ruhe. Nie! Und dauernd muss ich aufpassen und um mein Leben bangen. Schließlich sind nicht alle Katzen so freundlich wie du. Für die meisten bin ich nur eine Mahlzeit oder ein Spielzeug!«

Maya nickte. »Ich verstehe dich gut, Millie. Und ich fürchte, dass du mit den Katzen leider recht hast. Das ist das Rad des Lebens: Mäuse fürchten Katzen, Katzen fürchten Hunde, Hunde fürchten Menschen und Menschen fürchten sich vor so ziemlich allem.« Sie zwinkerte Millie zu. »Sogar vor Mäusen.«

Darüber musste Millie lachen. »Ja, das stimmt! Gestern war ich im Keller, wo ich oft Nahrung hole. Da kam eine Frau und begann laut zu kreischen, kaum dass sie das Licht angemacht und mich gesehen hat. Sie ließ ihren Korb fallen und stürzte die Treppe hoch, noch bevor ich vor ihr weglaufen konnte. Erst habe ich mich umgesehen, ob vielleicht ein Gespenst hinter mir sitzt. Aber nein, sie hat sich wohl tatsächlich vor mir gefürchtet. Und das Beste war: In dem Korb war ein Sack voll Reis und ein großes Stück Käse!« Ihre Augen leuchteten, als sie von ihrem Abenteuer erzählte.

Maya lächelte. »Du hast gesagt, dass du so viele Dinge zu erledigen hast. Und wenn du siehst, wie viel vor dir liegt, glaubst du, dass du es nicht schaffen kannst.«

Millie nickte eifrig. »Ja, genau! Ich klettere eigentlich ziemlich gut. Aber dieser Berg von Dingen, die erledigt werden müssen, der ist so riesengroß und steil, dass ich den Mut verliere. Aber irgendwie muss ich ja immer weitermachen ...«

Maya legte den Kopf schräg. »Und deshalb willst du lieber gefressen werden, als so weiterzuleben?«

Millie nickte. »Ja – einerseits.« Sie zögerte und senkte den Blick. »Aber andererseits ist Leben ja eigentlich ganz schön«, sagte sie leise. Ich will mich auch nicht davor drücken, meine Familie zu ernähren. Und nicht mal davor, meine anstrengenden Verwandten zu treffen – wenn das Ganze nur nicht so furchtbar kraftraubend wäre ...«

Maya schmunzelte. »Das freut mich zu hören, dass du zumindest schon mal darauf verzichtest, von mir gefressen zu werden. Vielleicht kann ich dir sogar ein wenig helfen und dir zeigen, wie du die Dinge, die du willst, mit weniger Stress und Angst tun kannst.«

Hoffnungsvoll blickte Millie zu Maya auf. Doch der Zweifel in ihrer Stimme war nicht zu überhören, als sie sagte: »Ich weiß nicht, wie du das schaffen willst. Schließlich muss ich ...«

»Halt!«, sagte Maya. »Du hast mir doch gerade erzählt, dass du leben, deine Familie ernähren und deine Verwandten besuchen *willst.*«

Millie blickte verwirrt drein und kratzte sich mit einem Pfötchen am Ohr. »Na ja, stimmt schon. Im Grunde *muss* ich das ja gar nicht tun, aber ich *will* es.« Ein Hoffnungsschimmer leuchtete in ihren Augen auf und sie setzte sich gespannt auf ihre Hinterpfötchen. »Ich glaube, du hast tatsächlich recht. Ich muss das eigentlich alles gar nicht machen. Und es fühlt sich tatsächlich ein wenig besser an, zu wissen, dass ich es letztlich tun *will.* Hm – aber an der Hektik und dem Stress ändert das wahrscheinlich nichts.«

»Leider nicht«, sagte Maya. »Erkennen ist sehr hilfreich, doch um dich von Stress und Unruhe zu befreien, genügt es tatsächlich noch nicht. Dafür gibt es aber andere Wege, die dir helfen können.«

»Und welche?«, wollte Millie wissen.

»Ich kann dir zeigen, wie du Kraft in der Ruhe findest«, antwortete Maya.

AUS EUGENS TAGEBUCH:

Neulich hat Maya mir etwas über Ruhe und Hektik verraten. Da musste ich noch lange drüber nachdenken. Nun bin ich selbst zwar eher gelassen, doch wenn ich meinen Studenten an der Akademie oder meinen Freunden so zuhöre, scheint es wirklich ein riesiges Problem zu sein, dass unsere Zeit so hektisch ist. In der Zeitung habe ich neulich gelesen, dass sich zwei Drittel aller Menschen inzwischen so gestresst fühlen, dass sie kaum noch damit zurechtkommen und oft sogar krank werden.

Ich frage mich oft, wann unser Leben eigentlich so hektisch geworden ist. Das ist doch seltsam. Unsere Großeltern waren schließlich nicht so gestresst – und das, obwohl sie mehr zu tun hatten und die Zeiten doch viel schwerer waren. Wie kann es sein, dass die Menschen heute mehr Stress empfinden als früher? Als ich noch ein Kind war, mussten wir auch samstags in die Schule gehen. Eine Vierzigstundenwoche war für die Leute ganz normal. Heute arbeitet kaum noch jemand vierzig Stunden in der Woche. Und trotzdem – ich glaube, dass wahnsinnig viel Unruhe dazugekommen ist. Die meisten glauben ja zum Beispiel, fünfmal am Tag die Nachrichten lesen zu müssen und haben ständig ihre Smartphones und Computer um sich, die sie bedienen müssen.

»Bedienen« ist genau das richtige Wort! Ich habe oft den Eindruck, dass viele Menschen die Diener ihrer vielen Geräte sind. Dabei sollten die Geräte doch den Menschen dienen und nicht umgekehrt. Das geht schon mit den Uhren los. Die bestimmen, wann man schlafen gehen, wann man aufstehen oder wann man essen soll. Und als ob das nicht schon verrückt genug wäre, kommen jetzt auch

noch die Smartphones dazu, die alle in den Irrsinn treiben. Ich sehe das oft bei meinen Studenten: Die sind manchmal richtig verwachsen mit ihrem Teil. Ständig piept was, weil wieder irgendein Freund unbedingt erzählen will, was er heute gegessen hat, ob es geschmeckt hat, wie es ihm gerade geht, wo er gerade ist, was er nachher macht ... Ist das wirklich so interessant?

Deshalb finde ich es schön zu sehen, dass dieses Herumgehampel mit den Smartphones völlig aufhört, sobald sie eine Aufgabe haben, die ihnen Freude macht. Keiner schaut zwischendurch auf sein Handy, wenn er gerade an einer Zeichnung, einem Bild oder einer Skulptur sitzt. Dann nervt es alle eher, wenn das Telefon piept, vibriert oder klingelt. Die meisten schalten es inzwischen ganz ab, wenn sie arbeiten. Zumindest die Schlauen.

So nervig die Dauerberieselung durch Smartphones ist – manchmal denke ich, dass sie nur Ausdruck einer Zeitkrankheit ist. Die äußert sich darin, dass jede Minute freie Zeit um jeden Preis mit irgendeinem auch noch so sinnfreien Tun ausgefüllt werden muss. Als ob es sonst »vergeudete« Zeit wäre. »Ui, jetzt habe ich eine Stunde nichts zu tun – da kann ich ja noch schnell dies und das erledigen oder rasch im Internet was nachschauen.« Die Zeitkrankheit ist im wahrsten Sinne eine »Zeit-Krankheit«: Die meisten Leute denken, sie hätten keine Zeit, weil sie die Zeit, die sie tatsächlich hätten, damit verschwenden, immer irgendwas zu tun. Ich bin sicher, dass es besser wäre, wenn sie stattdessen einfach mal eine Weile gar nichts täten.

Meiner Erfahrung nach ist es so: In der Ruhe entstehen die besten Ideen. Und zwar gerade dann, wenn man nichts tut. Auch nicht nachdenken. Die Ideen kommen dann von selbst.

So, genug geschrieben und nachgedacht für heute. Jetzt lass ich mal in Ruhe neue Ideen kommen.

»Kraft in der Ruhe finden?«, piepste Millie. »Ja, wenn ich Zeit hätte, mich auszuruhen! Aber das ist es ja gerade. Ich habe einfach keine! Ich bin dauernd beschäftigt und komme nicht zu Ruhe.«

Sie trippelte nervös mit den Pfoten. »Und eigentlich habe ich auch ganz und gar keine Zeit, mich lange mit einer Katze zu unterhalten. Entschuldige, das ist jetzt echt nicht persönlich gemeint, aber ...«

Maya schmunzelte. »Keine Sorge, ich verstehe dich schon. Du glaubst, dass du deswegen nicht zur Ruhe kommen kannst, weil Ruhe dir deine Zeit rauben würde. Wie wär's, wenn du es einfach mal ausprobierst? Dann kannst du sehen, ob dir Ruhe nicht viel mehr Kraft gibt, sodass du all die Dinge, die dich rastlos machen, in Zukunft leichter schaffen kannst.«

Millie sah Maya interessiert, aber auch etwas skeptisch an. »Das hört sich nicht schlecht an. Aber – okay, was schlägst du mir denn vor?«

»Ein einfacher Weg, zur Ruhe zu finden, besteht darin, erst einmal den Atem zur Ruhe zu bringen. Ich sehe, dass du ziemlich flach und schnell atmest. Natürlich bist du eine Maus, und das sollst du ja auch bleiben. Aber versuch doch trotzdem mal, ein bisschen mehr wie eine Katze zu atmen.«

Und so wurde Millie von Maya in der Kunst unterwiesen, mit dem Ausatmen loszulassen.

MEDITATION
AUSATMEN UND LOSLASSEN

Es klingt zwar wie ein Widerspruch, aber manchmal sollte es mit dem Entschleunigen schnell gehen. Jeden Tag gibt es Situationen, in denen es sehr heilsam wäre, möglichst schnell zur Ruhe zu kommen, in denen wir aber gar nicht die Möglichkeiten haben, uns eine längere Auszeit zu nehmen oder uns auf ein Meditationskissen zu setzen.

Zwei Wege führen besonders schnell in die Entspannung hinein und schenken innere Ruhe. Der erste besteht darin, tief zu atmen, der zweite darin, Verspannungen in unserer Muskulatur zu lösen. In dieser Übung werden beide Methoden miteinander verbunden. Wenn du gestresst bist, wenn dir alles zu viel wird oder du mit belastenden Emotionen oder negativen Gedanken zu kämpfen hast, halte zunächst kurz inne.

- Schritt eins: Atme tief durch die Nase ein – zähle dabei innerlich langsam bis vier. Achte darauf, dass die Luft deine Lungen vollständig fühlt.

- Schritt zwei: Halte den Atem an, spanne alle Muskeln möglichst fest an und zähle innerlich bis vier.

- Schritt drei: Lass jetzt mit einer tiefen Ausatmung alle Spannungen wieder los und zähle dabei bis acht.

Wiederhole diese Abfolge dreimal und versuche, bei jedem Mal noch etwas mehr loszulassen, noch ein wenig tiefer auszuatmen und dich noch bewusster zu entspannen.

Als Maya ein paar Tage später Millie begegnete, war die Maus offensichtlich in deutlich besserer Stimmung als zuvor.

»Hallo, Millie«, rief Maya ihr zu. »Ich sehe, dass du nicht mehr so gestresst wirkst. Das freut mich!«

»Ah, hallo, Maya! Ja, stimmt, deine Übung war klasse. Ich bin immer noch ganz verblüfft, wie gut sie mir tut. Ich fühle mich tatsächlich schon viel entspannter. Ich wusste gar nicht, wie schön es ist, so viel Ruhe in sich zu spüren. Davon könnte ich ruhig noch mehr gebrauchen.« Millie grinste Maya an. »Hast du vielleicht eine Idee, ob es noch etwas gibt, das ich probieren könnte?«

Maya überlegte ein wenig, dann sagte sie: »Es gibt da schon noch ein paar Dinge, die dir weiterhelfen könnten. Doch hast du überhaupt Zeit dafür?« Sie zwinkerte Millie zu.

Millie tat, als ob sie beleidigt sei. Dann musste sie doch lachen und sagte: »Du hast mich erwischt. Bisher dachte ich immer, dass es mir an Zeit fehlt. Aber dann kam so eine neunmalkluge Katze daher und hat mich eines Besseren belehrt.« Diesmal war es Millie, die frech zwinkerte.

Dann wurde sie wieder ernst. »Ich habe zwar wirklich viel zu tun – doch wenn du noch eine Übung kennst, die mir hilft, Ruhe zu finden, werde ich mir gern die Zeit dafür nehmen!«

»Mal sehen – also, es gibt tatsächlich noch eine Übung, die dir mehr Selbstvertrauen und innere Ruhe schenken könnte. Sie ist ganz einfach, und deshalb wird sie dir womöglich ziemlich schwerfallen.« Maya grinste, als sie sah, wie verwirrt Millie guckte.

»Ist das ein Rätsel?«, fragte Millie. »Einfach und schwer? Ich komm nicht drauf.«

»Nein, es ist kein Rätsel. Pass auf, ich erklär's dir: Im Grunde musst du nur still dasitzen. Das ist das Einfache an dieser Übung.«

»Wie bitte? Einfach nur dasitzen? Und mit so etwas soll ich meine Zeit verbringen? Das ist mir doch etwas zu simpel.«

»Stimmt. Und genau das ist das Schwere daran. Weil es so einfach ist, ist für viele nicht leicht, die Übung ernst zu nehmen.«

Millie sah Maya tief in die Augen, um zu sehen, ob sie es wirklich ernst meinte. Dann sagte sie: »Also gut, Maya, ich vertraue dir.«

Und so begann Maya, der Maus Millie beizubringen, still wie ein Berg zu sitzen.

MEDITATION
STILL WIE EIN BERG

Diese Meditation hilft dir, durch äußere Bewegungslosigkeit innere Ruhe zu entwickeln und mehr Selbstvertrauen zu gewinnen. Führe sie im Sitzen durch. Achte auf eine würdevolle, aufrechte Haltung und entspanne deinen Körper so gut wie möglich. Schließe die Augen und lass den Atem allmählich ruhiger werden.

- Bleibe während der Meditation vollkommen reglos – ganz gleich, ob du nur kurz oder für lange Zeit sitzt. Wenn sich eine Fliege auf deine Nase setzt, lass sie sitzen. Wenn es dich am Rücken juckt, lass es jucken. Die Fliege wird irgendwann verschwinden. Das Jucken wird irgendwann aufhören.

- Sobald du vollkommen still sitzt und dich kein Haarbreit mehr bewegst, lenkst du deine Achtsamkeit auf das Spüren. Spüre alle Teile deines Körpers, vom Kopf bis zu den Füßen, indem du ihnen Schritt für Schritt deine Aufmerksamkeit schenkst. Wandere einmal kurz durch deinen Körper und kontrolliere deine Haltung. Wo immer du Anspannungen oder Blockaden bemerkst, atme tief aus und versuche, ein wenig loszulassen.

- Richte deine Achtsamkeit jetzt auf den Boden unter dir. Werde dir des Gewichts deines Körpers bewusst: Du musst nichts festhalten, denn der Boden trägt dich.

- Sobald du wach, entspannt und vollkommen ruhig sitzt, nimmst du dir etwas Zeit, um dir einen Berg vorzustellen – nicht irgendeinen, sondern einen wunderschönen! Hole dir deinen Lieblingsberg vor dein inneres Auge. Achte auf den Gipfel. Liegt Schnee darauf? Wächst Wald auf den unteren Hängen? Wie hoch ist der Berg? Wie massiv? Gibt es verschiedene Plateaus?

- Werde nun selbst zu diesem Berg. Stell dir deinen Körper als Berg vor. Lass zu, dass er und der Berg in deiner Vorstellung miteinander verschmelzen. Verbinde dich innerlich mit der Kraft deines Berges, den kein Sturm erschüttern kann.

- Verweile in der Stärke und Unerschütterlichkeit, die dein Berg dir schenkt. Spüre deinen Körper und deinen Atem und lass Atem und Körper immer mehr zur Ruhe kommen.

Millie tat, was Maya ihr geraten hatte – und zu ihrem großen Erstaunen veränderte sich etwas. Genau genommen war sie selbst es, die sich veränderte. Und das auf sehr angenehme Art und Weise: Obwohl die Maus nun jeden Tag einige Zeit mit Mayas Meditation verbrachte, kam es ihr vor, als hätte sie jetzt mehr Zeit für ihre Aufgaben als je zuvor.

Maya lächelte, als Millie ihr davon berichtete. »Tja, so ist das mit der Zeit. Die Zeit, die die Uhren der Menschen messen, ist eben nicht die wirkliche Zeit.«

»Das verstehe ich nicht«, sagte Millie. »Ich bin ja nur eine Maus und keine Philosophin.«

Nun lachte Maya aus vollem Herzen: »Ja, natürlich. Worte sind eben nur Worte. Doch du spürst es ja: Obwohl du zu all dem, was du bisher in aller Hektik und Aufregung getan hast, jetzt sogar noch etwas Zusätzliches tust, hast du trotzdem mehr Zeit. Nicht nur für deine Aufgaben, sondern auch für dich selbst.«

»Ja«, sagte Millie. »Das ist wirklich ein kleines Wunder. Und ich bin dir unendlich dankbar, dass du mir dieses Wunder gezeigt hast.« Sie sah Maya an und schien ein wenig unsicher. »Das ist seltsam – je mehr Ruhe ich erfahre, desto mehr Lust bekomme ich, noch mehr in die Ruhe zu finden. Ist es unverschämt, wenn ich dich daher frage, ob du noch eine Übung für mich hast?«

Maya musste grinsen. »Aber nein!«, rief sie. »Ich finde es sogar ganz wunderbar, dass du mehr lernen möchtest. Ist der erste Schritt getan, wäre es schade, stehen zu bleiben. Wenn du möchtest, kannst du gerne zu meinen Lehrreden kommen, bei denen ich allen, die sich dafür interessieren, etwas über das Geheimnis des Glücks verrate. Du darfst nur nicht erschrecken. Da kommen viele verschiedene Tiere – Katzen Hunde, Eichhörnchen, Enten – und sogar dann und wann ein Mensch.«

Millie sah Maya erstaunt an. »Ein Mensch? Oje. Ich weiß nicht, ob ich mich traue …«

»Sei unbesorgt: Wer auch immer zu mir kommt, ist ein Suchender, und Suchende tragen bereits Frieden in ihrem Herzen. Niemand wird dir etwas zuleide tun, du brauchst also wirklich keine Angst zu haben. Überleg es dir einfach. Aber gerade eben hast du mich ja gefragt, ob ich vielleicht noch eine weitere Übung für dich habe. Und die Antwort ist: Klar! – Und weißt du was? Sie ist sogar noch einfacher als das Stillsitzen.«

Und so unterwies Maya, die Buddha-Katze, Millie, die Maus, in der Kunst, sich bei allem viel, viel Zeit zu nehmen.

MEDITATION
NIMM DIR VIEL ZEIT

Diese Übung ist sehr einfach. Lass dir mehr Zeit. Ganz gleich, was du tust: Tue es langsam. Bewege deinen Körper langsamer, atme langsamer und tiefer.

Eile entsteht immer dann in deinem Geist, wenn du nicht im Jetzt bist. Eilen deine Gedanken voraus, so gerätst du in Eile. Verlangsame dein Leben, wann immer du Eile oder Hektik spürst.

Wenn du aufstehst ...
Wenn du dich wäschst ...
Wenn du gehst ...
Wenn du deine Freunde triffst ...
Wenn du etwas isst ...
Wenn du etwas trinkst ...
Wenn du mit deiner Katze redest ...
... nimm dir Zeit!
Bleibe achtsam und bewusst.
Bringe dein Handeln zur Ruhe.
Bringe dein Denken zur Ruhe.

AUS EUGENS TAGEBUCH:
Gestern hat Maya über die vier Ängste gesprochen, die uns unsere innere Ruhe rauben. Je länger ich drüber nachdenke, desto interessanter finde ich ihre Einsichten.

Die erste Angst ist die Angst vor der Leere. *Erst wusste ich nicht so genau, was sie damit meinte, aber dann fielen mir immer mehr Situationen ein, wo ich diese Angst selbst erfahren habe. Zum Beispiel male ich oft dann, wenn mir irgendwie langweilig ist. Das ist zwar besser als vieles andere, womit man sich die Zeit vertreiben könnte, aber wenn ich's mir recht überlege, greife ich oft nur deshalb zum Pinsel, weil ich das Gefühl innerer Leere nicht besonders gut aushalte.*

Auf Reisen habe ich immer meinen Zeichenblock dabei. Ich erinnere mich noch, dass ich einmal meinen Koffer verloren hatte – und damit alles, was ich zum Zeichnen brauchte. Ich begann wie ein Süchtiger, das Hotelzimmer nach Papier und Stiften abzusuchen, fand aber nur einen zerfledderten Notizblock mit dem Hotellogo und einen Kugelschreiber. Der sah schick aus, schrieb aber nicht. Es war Sonntag spät am Abend und ich konnte nichts einkaufen. Ich weiß noch genau, wie verzweifelt ich damals war.

Maya meinte, dass wir dem Gefühl der Leere, Langeweile oder Sinnlosigkeit für eine Weile zu entkommen versuchen, indem wir ir-

gendetwas tun, egal was. Die meisten Menschen haben vor Stille und Nichtstun gewaltige Angst. Dabei wäre es ein riesiger Schritt, diese Angst mal loszulassen. Denn nur wenn wir still werden, können wir uns selbst wirklich kennenlernen. Das ist zwar anfangs nicht immer angenehm, denn so sehen wir halt auch unsere dunklen Seiten und Schwächen. Aber vor uns selbst können wir ja sowieso nicht weglaufen. Wir nehmen uns selbst immer mit. Maya hat mir gezeigt, dass sich der Mut, der Leere gegenüberzutreten, absolut lohnt. Wenn wir uns das trauen, entdecken wir hinter der Leere eine ungeheure Fülle. Die Leere ist kein Abgrund, sie ist lichte Weite und unendlicher Raum.

Die zweite Angst ist die Angst, Zeit zu verlieren. *Als ich Maya zum ersten Mal erzählt habe, dass ich vor allem in meiner chaotischen Jugend viel Zeit verloren habe, grinste sie mich nur herausfordernd an und meinte: »Aber Eugen! Zeit kann man doch nicht verlieren. Vielleicht kannst du deine Uhr verlieren, aber bestimmt nicht die Zeit. Die vergeht einfach. Das tut sie, ganz egal, was du treibst!«*

Natürlich kamen mir gleich einige Wenn und Abers in den Sinn. Doch Maya lächelte nur. Und langsam verstand ich: Zeit ist ein Fluss, in dem wir mit unserem Lebensschiff treiben. Vielleicht können wir einige Felsen achtsam umschiffen. Wir können aufpassen, dass wir nicht kentern. Doch was wir auch tun: Der Fluss fließt immer weiter dahin. Genau wie die Zeit.

Menschen, die Angst haben, Zeit zu verlieren, sind einfach ungeduldig. Nichts kann ihnen schnell genug gehen. Kein Wunder, wenn ich mir so die Vorbilder unserer Gesellschaft ansehe: Je mehr jemand hektisch herumhantiert, je mehr er »alles im Griff« hat, je unruhiger er ist und je drängender er zur Eile antreibt, desto mehr wird er für seinen Tatendrang und seine Führungsqualitäten gelobt. Hauptsache, schnell – schnelle, unüberlegte Entscheidungen, schnelle Erfolge, schneller Profit. Die Konsequenzen und Folgen dieses Tatendranges schienen bisher keinen zu interessieren. Doch langsam werden sie leider für uns alle offensichtlich …

Ungeduld ist eine Angststörung. Sie ist nichts anderes als die Angst, Zeit zu verlieren. Doch gegen die Krankheit der Ungeduld gibt es einfache Heilmittel: Ruhe und Langsamkeit.

Die dritte Angst ist die Angst, etwas zu verpassen. *Was gibt es nicht alles, was wir nicht erfahren, wissen, genießen, erleben können! Früher hat mich das wahnsinnig gemacht. Und ich finde noch immer, dass es an sich gut ist, viel zu erfahren und sein Leben zu genießen – nur eben nicht aus einer Angst heraus, sondern aus der Freiheit. Maya hat dazu neulich gesagt: »Wie sinnlos ist doch die Angst, etwas zu verpassen! Unser Leben währt kürzer als ein Wimpernschlag des Universums. Es ist auf einen Punkt begrenzt, der viel kleiner ist als ein Staubkorn im Universum. Unendlich sind die Dinge, die wir nicht erfahren, nicht erleben. Wie albern, sich über das, was du nicht erlebst, zu sorgen, anstatt den Moment, den du erlebst, ganz zu leben!«*

Ich denke, dass die Angst, etwas zu verpassen, mit einem Denkfehler zusammenhängt, den ich bei vielen beobachte. Dieser Denkfehler besteht darin, zu glauben, dass das Glück nur im Außen zu finden sei. Wer diesem Irrtum aufsitzt, wird wohl oder übel bis ans Ende seiner Tage hektisch allem hinterherjagen müssen, um bloß nichts zu versäumen. Doch das Einzige, was es wert ist, gefunden zu werden, wird man dabei leider versäumen: sich selbst und den gegenwärtigen Augenblick.

Die vierte Angst ist die Angst vor der Bedeutungslosigkeit. *Jeder will irgendwie von Bedeutung sein. Das kenne ich gut. Ich kenne auch keinen Kollegen, dem das nicht wichtig wäre. Wer will schon bedeutungslos sein? Jeder möchte das Gefühl haben, wichtig zu sein und sich von der Masse abzuheben. Da ich natürlich immer in Bildern denke, sehe ich es geradezu vor Augen, wie alle versuchen, sich von der Masse abzuheben – und genau dadurch immer Teil der Masse sind.*

Es ist fast zum Lachen. All diese Hektik und Betriebsamkeit, nur um sich anerkannt zu fühlen.

Maya sagte dazu: »Du bist einzigartig im ganzen Universum. Dich gibt es in all den Milliarden Jahren und in der Unendlichkeit des Universums nur ein einziges Mal. Denk daran, dass alles, was seit

Anbeginn des Universums geschah, dazu führte, dass du jetzt hier bist. Wie kannst du da glauben, dass du bedeutungslos wärst?«

Als Maya Millie das nächste Mal traf, konnte sie erneut eine große Veränderung erkennen: Millies Augen strahlten und sie wirkte zufrieden und kraftvoll.

»Hallo, Maya!«, rief sie. »Seit ich mir viel Zeit nehme, habe ich sooo viel mehr Zeit! – So viel Zeit, dass ich sogar Zeit für eine weitere deiner Übungen hätte.« Sie zwinkerte Maya zu.

»Das ist schön«, entgegnete Maya. »Dann will ich dich auch nicht enttäuschen. Bei der nächsten Übung wirst du noch mehr ausruhen, nichts tun und dich entspannen. Ich hoffe, dass das für ein nervöses Mäuschen nicht zu viel der Entspannung ist. Nicht, dass du dich noch in eine Schildkröte verwandelst.«

Millie lachte. »Ach was. Ich bin doch schon gar nicht mehr so nervös! Immerhin habe ich bereits von dir gelernt, Ruhe im Atmen zu finden, still wie ein Berg zu sitzen und mir viel, viel Zeit zu nehmen.«

»Stimmt. Und das hast du ganz schön schnell gelernt, finde ich. – Ach, übrigens: In zwei Tagen werde ich eine Lehrrede halten. Dort bei der alten Kastanie. Und ich glaube, es würde dir guttun, wenn du kommst.«

»Ich weiß immer noch nicht, ob ich mich zu so etwas hintraue«, sagte Millie schüchtern.

Maya sah sie mit freundlichen Augen an. »Wie du willst. Du kommst einfach, wenn du dich bereit fühlst. Nun aber verrate ich dir noch eine kleine Übung, die dir zeigt, wie gut es tut, richtig zur Ruhe zu kommen und sich tief zu entspannen.«

MEDITATION
AUSRUHEN, NICHTS TUN, ENTSPANNEN

Nur wenn der Körper entspannt ist, können auch die Gedanken und Gefühle zur Ruhe kommen. Doch nur noch wenige beherrschen die Kunst, sich tief zu entspannen. Katzen können das natürlich jederzeit und überall – und im Grunde ist es auch gar nicht so schwer; viele von uns entspannen sich aber nie wirklich. Auch wenn ihr Körper weitgehend untätig ist, heißt das leider noch nicht, dass ihr Kopf ebenso zur Ruhe kommt. Oft ist sogar eher das Gegenteil der Fall; weshalb so viele darüber klagen, dass sie es einfach nicht schaffen, wirklich einmal abzuschalten.

Wenn du dein Leben nicht im Erledigungsmodus verbringen willst, musst du dich ab und zu bewusst entspannen. Einige Minuten genügen bereits. Aber wie bei allem, was man üben muss, gilt auch für die Entspannung: Je öfter du es machst, desto besser.

SCHRITT 1: HÖRE AUF, IRGENDETWAS ZU TUN UND RUHE DICH AUS

Es gibt immer wieder mal die Gelegenheit, nichts zu tun. Wirklich gar nichts. Wo du auch gerade bist, was du auch gerade tust: Sag innerlich einfach Stopp und höre mit jeglicher Aktivität auf. Auch wenn dein Kopf dir sagt, dass du jetzt unbedingt etwas erledigen, noch hierhin oder dorthin laufen oder dringend etwas nachschauen musst: Hör nicht auf ihn! Folge nicht den Einflüsterungen deines Geistes. In dem Augenblick, in dem du aufhörst, ständig irgendetwas zu tun, öffnet sich das Tor zum Sein. Gib dir die Erlaubnis, dich bewusst auszuruhen.

SCHRITT 2: LENKE DEINE AUFMERKSAMKEIT AUF DEINEN KÖRPER

Wenn du dich entspannen willst, dann beginne mit dem Körper. Es ist viel leichter, den Körper zu entspannen, als die Gedanken direkt zur Ruhe zu bringen. Außerdem kommen sie ganz von selbst zur Ruhe, wenn dein Körper sich entspannt.

Um den Körper entspannen zu können, musst du ihn zunächst mal spüren. Nimm Kontakt zu ihm auf. Hier und jetzt. Wie fühlt sich dein Körper an? Ist er schwer oder leicht, locker oder fest, warm oder kalt? Wie ist deine Körperhaltung gerade? Spüre die Haltung, ohne etwas zu verändern. Dein Körper ist immer in der Gegenwart, er ist immer lebendig; und indem du dich ihm mitfühlend und freundlich zuwendest, kannst du dich mit deiner eigenen Lebendigkeit verbinden.

SCHRITT 3: ENTSPANNE DEINE MUSKELN

Richte deine Achtsamkeit nun schrittweise auf verschiedene Körperbereiche. Wandere innerlich durch deinen Körper, ohne dich zu bewegen. Lenke deinen Fokus jeweils für die Dauer eines Atemzugs

- auf die Beine
- den Rücken
- die Arme
- den Kopf und das Gesicht
- auf Brust und Bauch

Spüre die unterschiedlichen Körperbereiche, indem du mit deiner Achtsamkeit wie mit einer Taschenlampe Stück für Stück in deinen Körper hineinstrahlst. Du musst gar nichts verändern – lass einfach alles so, wie es ist.

Beende die Übung, indem du dreimal tief und langsam durchatmest. Versuche nicht, irgendetwas zu erzwingen.

Schenke deinem Körper regelmäßig ein wenig Aufmerksamkeit und gib ihm Zeit, sein ursprüngliches Gleichgewicht wiederzuerlangen. Nichts tun – ausruhen –, den Körper spüren: Das ist alles – und es ist sehr wirkungsvoll.

Als Maya es sich gerade unter der alten Kastanie gemütlich gemacht hatte, durch deren Blätter noch die letzten warmen Sonnenstrahlen des Tages schienen, sah sie ein Mäuslein durch das Gras auf sie zutrippeln. »Hallo, Maya«, piepste es. »Ich danke dir für deine letzte Übung. Ich glaube, ich habe dein Geheimnis der Ruhe jetzt wirklich verstanden.«

»Hallo, Millie!«, grüßte Maya zurück. »Wie schön, dich zu sehen. Bist du nun doch gekommen, um dir meinen Vortrag anzuhören?«

»Ja«, sagte Millie. »Ich denke, ich traue mich. Du bist ja bei mir.«

»Sehr gut. Angst zu haben, wäre auch völlig unnötig, wie du gleich sehen wirst. Du bist die Erste heute. Auch das ist gut. Das ist anfangs einfacher, als erst dann zu kommen, wenn schon viele Tiere versammelt sind. Und nicht nur Tiere – ich hatte dich ja vorgewarnt: Ein Mensch kommt auch. Aber keine Sorge! Zu mir kommen nur sehr außergewöhnliche, freundliche Menschen.«

Millie setzte sich, und nach und nach kamen andere Tiere in den Hof und warteten darauf, dass Maya unter der alten Kastanie sitzend ihre Lehrrede begann.

LEHRREDE ÜBER DIE RUHE

Ihr Lieben!

Heute will ich euch von einem geheimen Schatz erzählen, durch den ihr den Weg zu vollkommener Freiheit und zu vollkommenem Glück finden könnt. Durch den rechten Gebrauch dieses kostbaren Schatzes kann jedes Leiden besiegt, können vielerlei Krankheiten geheilt und Ängste und Sorgen vertrieben werden.

Was ist dieser Schatz?

Es ist die Kraft der Ruhe – die Kraft der Entspannung, die zu innerer Ruhe führt. Es ist die Kraft der Stille, aus der alles entspringt, was lebt.

Sucht nicht im Außen danach. Macht äußere Ruhe nicht zur Bedingung, denn nur in eurem Körper, in eurem Herzen und tief in eurem eigenen Geist könnt ihr die Kraft der Ruhe finden.

Diesen Schatz zu entdecken, euch vollkommen zu entspannen, in dieser Ruhe zu verweilen und euch jederzeit mit ihr zu verbinden, schenkt euch tiefen Frieden.

Wie aber könnt ihr diese Ruhe entdecken und euch mit ihr verbinden?

Das Wichtigste ist, dass ihr euren Schatz nie vergessen dürft. Denn den Schatz der Ruhe zu vergessen hieße, euer Herz zu vergessen. Es hieße, vom Weg abzukommen, der in die Freiheit führt.

Ob ihr geht oder steht, liegt oder sitzt, ob auf stiller See oder mitten im Sturm, ob im Einerlei grauer Tage oder in Augenblicken, in denen alles zusammenbricht. Die Ruhe in euch ist jederzeit da, ihr müsst euch nur immer und immer wieder daran erinnern loszulassen.

Pflegt den Schatz der inneren Ruhe wie eine kostbare Blume. Befreit euch von jeglicher Hektik und Unruhe. Entscheidet euch immer wieder dafür, euch tief zu entspannen.

Achtet auf die Ruhe im Atem: Achtet darauf, ruhig einzuatmen, ruhig auszuatmen ... Nehmt euch Zeit, den Atem zu beobachten und ihn langsam zur Ruhe kommen zu lassen.

Achtet ferner auf die Ruhe im Körper: Haltet den Körper ruhig und lasst alle Unrast im Körper zur Ruhe kommen. Lasst alle unnötigen Anspannungen im Körper fallen.

Achtet dann auch darauf, euren Geist zur Ruhe kommen zu lassen – die Gedanken kommen und gehen zu lassen und auch die Gefühle kommen und gehen zu lassen.

Wo auch immer ihr hinwollt: Hört auf zu rennen, lasst euch mehr Zeit, bewahrt die kostbare Ruhe.

Kommt der Atem zur Ruhe, so entspannt sich dadurch der Körper.

Kommt der Körper zur Ruhe, so entspannt sich dadurch der Geist.

Lasst euch in jedem Augenblick von dieser Welle der Ruhe tragen; so wird kein Sturm euch je wieder erschüttern können. Und euer Geist wird in Klarheit und Heiterkeit geborgen sein.

2

Das Geheimnis der Achtsamkeit

Der junge Pianist Emmanuel Pauli galt als hochbegabt. Doch er konnte mehr als nur schön Klavier spielen; denn er hatte eine Fähigkeit, die nur wenige Menschen haben. Noch nie hatte er über diese Fähigkeit gesprochen. Er gehörte, ebenso wie Eugen, der Maler, zu den wenigen Menschen, die Tiere verstehen konnten. Und so war es ein großes Glück, dass er eines Tages Maya kennenlernte.

Emmanuel hatte schon von Maya gehört. Er hatte die Tiere belauscht, die in seinem kleinen verwilderten Garten ein und aus gingen. Sie sprachen immer häufiger von einer außergewöhnlichen weißen Katze, die respektvoll »Maya die Buddha-Katze« genannt wurde. Wobei Emmanuel seine Fähigkeit nie zu erkennen gegeben hatte. Er sprach nie mit den Tieren; vor allem aus Scheu, für verschroben gehalten zu werden.

Eines Tages saß eine zierliche weiße Katze bei ihm auf der Fensterbank, hörte ihm beim Spielen zu und beobachtete ihn interessiert. »Aha«, dachte Emmanuel, nahm die Finger von den Tasten, wandte sich dem Kätzchen lächelnd zu und sagte: »Du bist Maya, stimmt's?«

Maya stutzte kurz, doch dann nickte sie. »Ja, die bin ich.« Sie sah den jungen Mann, der recht krumm auf seinem Klavierhocker saß, forschend an und sagte: »Ich muss zugeben, dass ich mich doch etwas wundere, dass du mich kennst. Ich kann mich nicht erinnern, dass wir uns schon mal getroffen haben. Noch mehr wundert mich aber, dass du mit mir sprechen kannst. Ich kenne nur einen anderen Menschen, der das kann.«

Emmanuel hob die Augenbrauen. Das hatte er nicht gedacht, dass es noch andere wie ihn gäbe. Dann sagte er nachdenklich: »Es ist schon ein glücklicher Zufall, dass du gerade zu mir kommst – genau jetzt zum richtigen Zeitpunkt. Weißt du, ich habe gehört, dass man dich die Buddha-Katze nennt und dass deine Ratschläge sehr gut sein sollen.«

Maya lächelte. »Ach ja, mit dem Zufall ist es so eine Sache. Man begegnet sich meist nicht umsonst. Aber wie auch immer – es hört sich so an, als hättest du etwas auf dem Herzen, über das du gern sprechen würdest.«

Emmanuel nickte. »Ja, stimmt.« Er überlegte ein wenig. »Also, äh, da ist etwas, mit dem ich mich schon eine ganze Weile herumschlage. Aber ich weiß nicht, ob du mir dabei helfen kannst.«

»Also, wenn's ums Klavierspielen geht, muss ich leider passen. Du siehst ja ...« Maya zeigte Emmanuel demonstrativ ihre kleinen Tatzen. »Aber ich denke mal, es geht um etwas anderes. Leg doch einfach mal los«, ermunterte sie ihn.

»Also, eigentlich läuft alles ganz gut. Ich werde oft für Konzerte gebucht und bin sogar im Gespräch für eine Professur am Konservatorium.« Wieder machte er eine Pause und dachte nach. »Das Problem ist nur, dass ich oft ziemlich zerstreut bin. Ich glaube, dass ich auch zu viel grüble. Ständig denke ich darüber nach, was wohl die Zukunft bringt, und ich vergleiche mich dauernd mit anderen Pianisten, vor allem mit denen, die besonders erfolgreich sind. Na ja, aber im Moment habe ich vor allem höllische Angst davor, dass meine Rückenschmerzen schlimmer werden, und manchmal fürchte ich, eine Sehnenscheidenentzündung zu bekommen.« Emmanuel legte die Stirn in Falten. »Eine Freundin von mir, die auch Pianistin ist, musste deshalb sogar ganz mit dem Klavierspielen aufhören. Der Gedanke daran macht mich fast verrückt. Was soll ich denn machen, wenn ich nicht mehr spielen kann? Ich will gar nicht an so was denken – doch je mehr ich das nicht will, desto schneller kreisen mir diese stressigen Gedanken im Kopf herum.«

Maya hatte aufmerksam zugehört. Als Emmanuel geendet hatte, rollte sie sich auf dem Fensterbrett zusammen, sah den jungen Pianisten freundlich an und sagte: »Was du brauchst, sind keine guten Tipps, Emmanuel. Das Einzige, was du wirklich brauchst, ist Achtsamkeit.«

AUS EUGENS TAGEBUCH:

In den letzten Jahren habe ich einiges über Achtsamkeit gehört und hatte auch schon mal ein Buch dazu in der Hand, denn als Maler interessiert mich dieses Thema natürlich. Zuerst dachte ich ja, dass das einfach eine neue Mode ist, die irgendwie etwas mit Yoga zu tun hat. Oder mit Buddhismus. Aber dann habe ich meine kleine Buddha-Katze ausgefragt.

Maya hat mir ausführlich erklärt, was hinter dem Geheimnis der Achtsamkeit steckt. Ich war recht überrascht, dass eine so simple Methode gleichzeitig so wichtig und tiefgreifend ist. Mal sehen, ob ich es noch einigermaßen zusammenbekomme. An sich klang das alles sehr einfach. Wenn ich mich recht erinnere, hat sie gesagt, dass Achtsamkeit eine geistige Haltung ist, die

- *sich auf den gegenwärtigen Moment bezieht,*
- *nicht wertend oder verurteilend ist,*
- *absichtsvoll und klar ist.*

Ich glaube, das war's schon so ziemlich. Aber auch wenn ich gemerkt habe, dass es sehr einfach ist, achtsam zu sein, ist es doch ganz schön schwer, eine achtsame Haltung zu bewahren. Als ich Maya gefragt habe, wie man das denn hinbekommt, meinte sie nur: »Übung, lieber Eugen, ist alles!«

Irgendwann wollte ich dann mehr erfahren und habe einiges gelesen. Inzwischen weiß ich, dass Achtsamkeit ursprünglich etwas war, was Buddha als Grundlage der Meditation gelehrt hat. Dass Achtsamkeit so eng mit dem Buddhismus zusammenhängt, wissen nicht viele, aber letztlich ist das auch nicht so wichtig, da jeder Mensch die Fähigkeit hat, achtsam zu leben – ganz egal, welche Religion er hat und ob er eher ein spiritueller Typ ist oder nicht.

Achtsamkeit ist nur deshalb so bekannt geworden, weil ein amerikanischer Medizinprofessor namens Jon Kabat-Zinn sich umfas-

send damit beschäftigt hat. Er hat die religiösen Bezüge beseitegelassen und wollte wissen, wie Achtsamkeit konkret dabei helfen kann, chronisch kranken Patienten das Leben zu erleichtern. Dazu hat er viele Forschungsprojekte ins Leben gerufen, in denen wissenschaftlich untersucht wurde, was Achtsamkeit alles bewirkt. Über die Ergebnisse waren dann sogar die Forscher erstaunt: Achtsamkeit wirkt sich auf die Stimmung, die Lebenszufriedenheit, die Kontrolle über die eigenen Emotionen und die Gesundheit (vor allem die psychische Gesundheit) positiv aus. Achtsamkeit hilft, besser mit Schmerzen zurechtzukommen und Depressionen zu überwinden und insgesamt entspannter zu leben.

Bei meinen ersten Versuchen, achtsamer zu sein, dachte ich noch, dass Achtsamkeit so etwas Ähnliches wie Konzentration sei. Tatsächlich ist sie jedoch fast das Gegenteil. Na ja, das ist vielleicht übertrieben – aber es geht dabei jedenfalls um etwas anderes: Wenn man sich konzentriert, richtet man seine Aufmerksamkeit auf eine Sache und engt das Bewusstsein für alles andere ein, was ganz schön anstrengend sein kann. Bei der Achtsamkeit ist es umgekehrt: Man hält nicht eine einzelne Sache im Bewusstsein fest, sondern öffnet sich für die ganze Fülle der Welt. Man beginnt damit, mehr und mehr wahrzunehmen, was im eigenen Leben eigentlich wirklich passiert. Statt ständig Gedankenkarussell zu fahren, fängt man an, sich wieder lebendig zu fühlen.

Inzwischen mache ich regelmäßig kleine Achtsamkeitsübungen. Ich merke, dass mir das beim Malen sehr guttut – meine Bilder sind ja nicht intellektuell, sondern kommen aus dem Herzen. Und eines habe ich schon gemerkt: Achtsamkeit macht es viel leichter, das, was mein Herz mir sagen will, auch zu hören.

»Achtsamkeit?«, fragte Emmanuel. »Ich versteh’s noch nicht ganz.«

»Also – wie setzt du dich zum Beispiel hin, wenn du zu üben beginnst?«

»Na ja, auf den Po natürlich.«

Maya sprang vom Fensterbrett auf Emmanuels Schoß und stupste ihn mit der Nase an. »Nicht auf *was* du sitzt, Emmanuel. *Wie* setzt du dich hin?«

Der Pianist war verwirrt. »Ich weiß ehrlich nicht, was du meinst, Maya. Wie soll ich mich schon hinsetzen? Ich rücke den Klavierschemel zurecht, dann stell ich mich vor das Klavier und setz mich hin. Ich wüsste auch nicht, wie ich das sonst machen sollte. Ich kann ja schlecht von hinten über den Schemel springen.«

Maya legte den Kopf auf die Seite. »Hmm – ich glaube, du weißt nicht wirklich, wie du dich hinsetzt.«

»Na hör mal! Ich werde mich doch wohl hinsetzen können. Immerhin sitze ich ja auch jetzt.«

»Klar – das sehe ich auch, aber was ich meine, ist, dass du nicht *genau* weißt, wie du dich dabei bewegst. Probier doch mal aus, wie es sich anfühlt, wenn du dich ganz bewusst hinsetzt und dabei auf deinen Körper achtest.«

Emmanuel sah Maya an und schüttelte verständnislos den Kopf. Doch er stand auf, um sich dann wieder hinzusetzen.

»Langsam«, sagte Maya. »Lass dir Zeit und spüre, wie du dich bewegst und wie sich dein Körper dabei anfühlt.«

»Hoppla«, sagte er. »Du hast recht. Es fühlt sich anders an, wenn ich genau spüre, was ich tue. Normalerweise lass ich mich ein bisschen fallen oder besser gesagt plumpsen. Bisher hab ich nicht groß drüber nachgedacht, wie ich mich hinsetze.«

»Um Nachdenken geht es auch gar nicht«, antwortete Maya. »Es ist ein Unterschied, ob du dich unbewusst oder achtsam bewegst. Und achtsam zu sein bedeutet, dass du auf eine entspannte Weise aufmerksam bist.«

»Lass mich das gleich noch mal versuchen«, sagte Emmanuel. Er stand auf und setzte sich wieder langsam hin. »Erstaunlich.«

»Und jetzt richte deine Achtsamkeit einmal darauf, wie du sitzt.« Sie lächelte Emmanuel an. »Auf dem Po, ich weiß.«

Emmanuel lachte.

»Beobachte nur achtsam, wie du sitzt, aber verändere erst mal nichts. Sieh nur hin. Sitze nicht nur auf deinem Po, *spüre* ihn auch.«

Emmanuel schloss die Augen und versuchte, sich genau zu beobachten. Dabei merkte er, dass er ein wenig schief saß. Er spürte, dass er die Schultern hochzog und dass sein Rücken nicht aufrecht, sondern ziemlich krumm war. Je länger er achtsam in sich hineinspürte, desto mehr fiel ihm auf, dass er noch nie bemerkt hatte, wie lebendig sein Körper war. Und ganz wie von selbst begann seine Haltung, sich allmählich zu verändern.

Als er die Augen wieder öffnete und sich umsah, war Maya verschwunden.

MEDITATION
ACHTSAM IM KÖRPER SEIN

Die Achtsamkeit auf den eigenen Körper zu lenken, ist für die meisten Menschen sehr ungewöhnlich. Zwar verbringen viele ihre Zeit damit, sich mit dem *Aussehen* ihres Körpers zu beschäftigen, aber das tut ihnen oft gar nicht gut. Nicht selten führt es zu Ablehnung: Die meisten finden ihren Körper zu dick, zu dünn oder zu klein, ihre Haut nicht schön genug oder ihre Nase zu groß.

Bei der Entwicklung der Körperachtsamkeit geht es um etwas ganz anderes als um Schönheitsideale; um etwas viel Wertvolleres: Nicht darum, gegen den eigenen Körper zu kämpfen, sondern darum, sich mit ihm zu verbinden. Und dabei steht nicht der äußerliche Körper im Mittelpunkt, die Achtsamkeit wird also nicht in Wahrheit nach außen gerichtet, sondern nach innen; genauer gesagt, auf die *Körperempfindungen.*

Es erfordert etwas Übung, ein Gespür für den eigenen Körper zu entwickeln. Und es erfordert noch viel mehr Übung, wirklich ganz im Körper anzukommen und sich in ihm zu Hause zu fühlen. Die Übung selbst ist allerdings sehr einfach:

- Setze dich aufrecht hin und schließe die Augen. Entspanne dein Gesicht, entspanne deine Schultern, die Hände und den Bauch. Sitze stabil, aber gelassen.

- Atme einige Male entspannt ein und aus, und richte deine Achtsamkeit dann der Reihe nach auf alle Körperteile: von den Füßen bis zum Kopf. Wandere auf diese Weise einmal achtsam durch den ganzen Körper. Nimm einfach nur die Körperteile wahr. Mache dir die Tatsache bewusst, dass du einen Körper hast. Du musst dabei nichts tun oder verändern.

- Versuche anschließend, den Körper als Ganzes wahrzunehmen: als ein lebendiges, atmendes Energiefeld.

- Lass jetzt jede absichtliche Ausrichtung deiner Achtsamkeit, jede Anstrengung los. Fokussiere dich nicht länger auf bestimmte Körperbereiche, sondern entspanne dich und verweile ruhig im Augenblick. Ab jetzt geht es nur noch darum, zu beobachten. Dein Körper lebt und es werden ständig bestimmte Körperempfindungen auftreten. Die Meditation besteht einfach darin, diese Empfindungen zu bemerken, wie zum Beispiel Jucken, Schmerzen, Kribbeln, Vibrationen, Kälte, Wärme, Schwere und so weiter.

- Beobachte, wie die unterschiedlichsten Körperempfindungen auftreten und wieder verschwinden. Manche bleiben länger, andere lösen sich schnell wieder auf. Einige sind deutlich zu spüren, andere sind sehr subtil. Manche sind angenehm, andere unangenehm oder eher neutral. Bleibe offen. Kommentiere die körperlichen Reize nicht, sondern bleibe gelassen und schaue achtsam zu, wie sich dein Körper von Augenblick zu Augenblick anfühlt.

Mit der Zeit wird es dir immer leichterfallen, dich in deinem Körper niederzulassen und dein Körperbewusstsein wird sich immer besser entwickeln.

Im Körper anzukommen heißt, im Hier und Jetzt anzukommen. Dein Körper ist immer in der Gegenwart; verbindest du dich achtsam mit ihm, so wird auch dein Geist in der Gegenwart verweilen. Und auf diese Weise entstehen Frieden und Gleichmut ganz von selbst.

Ein paar Tage später bekam Emmanuel wieder Besuch von Maya.

»Deine Übung war toll!«, begrüßte er sie. »Ich fühle mich viel lockerer und leichter, obwohl ich nur zwei oder drei Minuten achtsam sitze, bevor ich anfange, Klavier zu spielen. Vielen Dank!«

»Keine Ursache«, sagte Maya, die es sich auf einem flauschigen Sessel neben dem Flügel bequem gemacht hatte.

»Aber weißt du, was das Beste ist?«, rief Emmanuel begeistert. »Meine Rückenschmerzen quälen mich jetzt kaum noch. Ich glaube, dass ich sogar besser spiele als vorher. Gestern habe ich über drei Stunden an meinem Rachmaninoff-Konzert geübt – und ich kann dir sagen: Dieses Klavierkonzert ist eine echte Schinderei. Im Gegensatz zu sonst hat mein Rücken anschließend trotzdem kein bisschen wehgetan.«

Maya lächelte. »Das freut mich sehr. Vielleicht kann ich dir etwas zeigen, das dir noch mehr hilft.«

»Ja, bitte!«, rief Emmanuel.

»Dass du deinen Körper jetzt schon viel besser spürst, ist wunderbar. Aber probier das jetzt noch mal ganz bewusst mit deinen Bewegungen aus. Weißt du noch, wie ich dich gefragt habe, *wie* du dich genau hinsetzt? Du kannst deine Achtsamkeit jederzeit auf deine Körperhaltung lenken, aber du kannst sie auch auf deine Bewegungen lenken und jede noch so kleine Veränderung deiner Haltung wahrnehmen – zum Beispiel, wenn du vom Stehen ins Sitzen kommst. Beobachte noch einmal, wie du das genau machst und wie es sich anfühlt.«

MEDITATION
BEWEGE DICH ACHTSAM UND ELEGANT

Sich geschmeidig und elegant zu bewegen, fällt manchen leicht, anderen eher schwer. Doch es ist immer möglich, sich ein wenig bewusster und achtsamer zu bewegen.

Wann immer du dich bewegst: Lenke deine ganze Aufmerksamkeit auf die *Bewegungen* deines Körpers.

- Wenn du gehst, gehe langsam und geschmeidig, so als wärst du eine Katze.
- Ob du dich hinsetzt oder aufstehst, ob du dich hinlegst oder aus dem Bett steigst, ob du den Körper beugst, drehst oder streckst: Sei dir jeder noch so kleinen Bewegung klar bewusst.
- Wenn du etwas mit den Händen tust, achte auf deine Hände. Wenn du läufst oder gehst, achte auf die Bewegung deiner Beine.

Was immer du tust, bleibe ganz im Tun, bleibe ganz im Körper. Lass dir Zeit. Bewege dich etwas langsamer als sonst. Während du dich sanft und ohne Eile bewegst, werden deine kreisenden Gedanken mehr und mehr zur Ruhe kommen.

»Hey, Maya«, sagte Emmanuel ein paar Tage später. »Das ist echt verrückt. Allein dadurch, dass ich mich dabei beobachte, wie ich mich bewege, verändern sich meine Bewegungen und werden irgendwie harmonischer und runder. – Aber ich merke auch, dass ich mich teilweise doch recht eckig und überhaupt nicht elegant bewege.« Er ließ den Kopf hängen. »Wenn ich es nur schaffen würde, mich immer so achtsam zu bewegen – zum Beispiel auch meine Hände und Finger noch bewusster zu bewegen –, könnte ich bestimmt noch besser Klavier spielen. Aber wie ich das schaffen soll, weiß ich leider nicht. Ich glaube, auf alles zu achten, ist einfach zu viel auf einmal!«

»Zerbrich dir nicht den Kopf darüber, mein Lieber. Du hast viele Jahre lang gelernt, dich auf eine bestimmte Art und Weise zu bewegen. Solche Gewohnheiten haben eine große Macht. Die kann man nicht auf die Schnelle ablegen wie einen alten Mantel.«

»Und was kann ich dann tun?«

»Lass dir Zeit. Mach es dir zu einer neuen Gewohnheit, immer wieder achtsam hinzusehen. Achtsamkeit löst alte Muster auf. Aber sei nicht ungeduldig. Ungeduld ist das größte Hindernis auf dem Weg.«

Emmanuel nickte. Da konnte er Maya nur zustimmen. Mit Ungeduld hätte er wohl nie Klavier lernen können. Warum war er also jetzt so ungeduldig?

Als hätte Maya seine Gedanken gelesen, sagte sie: »Du bist ungeduldig, weil du zu schnell Erfolge sehen willst. Du konzentrierst dich zu sehr auf das Ziel. Achtsamkeit ist aber kein Ziel, sondern ein Weg. Außerdem glaubst du vielleicht, dass das alles ja nichts Neues ist. Schließlich hast du dich schon dein Leben lang bewegt. Warum also noch einmal lernen, dich zu bewegen? Aber achtsam zu sein bedeutet nicht, etwas anders oder neu zu machen, sondern nur genau wahrzunehmen, was du machst, was du denkst, was du fühlst. Und dazu solltest du die Neugier in dir wecken. Sieh achtsam hin, so als hättest du dich noch nie bewegt. Gehe mit der Einstellung eines Anfängers an die Dinge ran. Glaube nicht, dass du alles schon weißt und kannst. Folge nicht deiner alten Routine.«

AUS EUGENS TAGEBUCH:

Seit mich Maya in der Kunst der Achtsamkeit unterrichtet hat, merke ich erst, wie viele Dinge ich automatisch mache. Es hat mich fast ein wenig erschreckt zu erkennen, dass ich oft ganze Tage wie ferngesteuert verbringe. Ich glaube, dass viele Menschen sich einfach nur von ihren Gewohnheiten beherrschen lassen – und oft sind es schlechte Gewohnheiten. Natürlich gibt es auch gute. Und außerdem sind Gewohnheiten an sich nicht immer schlecht, denn sie erleichtern viele Dinge im Leben. Dass ich nach dem Malen meine Pinsel sofort auswasche, das läuft zum Beispiel ganz automatisch ab, da muss ich gar nicht groß drüber nachdenken. Aber es gibt auch viele Momente, in denen Gewohnheiten mich blind machen. Gerade als Maler kann ich mir Blindheit aber nicht leisten, und inzwischen weiß ich, dass es meinen Bildern guttut, wenn ich achtsam hinsehe und achtsam male.

Aber noch etwas habe ich herausgefunden: Selbst banale Tätigkeiten, die sonst automatisch ablaufen, bekommen durch Achtsamkeit eine neue Qualität. Wenn ich achtsam meine Teetasse spüle und achtsam Tee koche, fällt es mir leichter, anschließend auch bewusst und entspannt Tee zu trinken. Und danach fällt es mir leichter, mich achtsam an meine Staffelei zu setzen. Und so kann eine achtsame Haltung schließlich den ganzen Tag verändern …

Wieder waren ein paar Tage vergangen. Emmanuel war ganz versunken in sein Klavierspiel. Er war gerade dabei, die Sonate Nr. 18 in D-Dur von Mozart zu üben; ein Stück, das vielleicht technisch nicht so schwierig war, dafür aber umso größere Ansprüche an die Interpretation stellte. Und so merkte er gar nicht, dass Maya sich ins Haus geschlichen und sich auf den Teppich unter den Gummibaum gelegt hatte. Sie lauschte ihm fasziniert.

Emmanuel war unzufrieden mit sich. Seine Bewegungen waren zwar flüssiger und eleganter geworden, doch eine bestimmte Stelle bekam er einfach nicht so hin, wie es ihm vorschwebte.

»Verflixt«, rief er und schlug auf die Tasten.

Maya sprang auf den Deckel des Flügels und von dort auf die Tastatur. Sie hüpfte wild auf den Tasten hin und her und erzeugte eine wahre Katzenmusik. Dann sah sie Emmanuel herausfordernd an. Der war durch Mayas plötzliches Auftauchen kurz erschrocken, musste dann aber doch lachen.

»Hallo, Maya!«, rief er. »Willst du jetzt Pianistin werden?« Emmanuel nahm Maya auf den Schoß und kraulte sie hinter den Ohren. »Du kommst gerade richtig«, sagte er und sein Lächeln verschwand. »Ich bin gerade ziemlich am Ende mit meinen Nerven. Hast du vielleicht noch einen guten Rat für mich?«

Maya sah Emmanuel tief in die Augen. »Du bist ja ganz aufgeregt. Aber das ist gut«, fügte sie hinzu und lächelte.

»Wie bitte? Du findest es gut, dass ich mich ärgere?«

»Jedes Gefühl ist ein gutes Gefühl, auch wenn es ein schlechtes Gefühl ist.«

Emmanuel sah Maya ungläubig an, doch die fuhr unbekümmert fort: »Deine Gefühle laden dich ein, ihnen deine Aufmerksamkeit zu schenken. Lausche doch jetzt mal achtsam in dich hinein. Was passiert gerade in dir?«

Emmanuel schloss fest die Augen und legte die Stirn in Falten. Er wirkte sehr konzentriert und sehr, sehr ernst. Schließlich öffnete er seine Augen wieder und sagte: »Es hört sich vielleicht blöd an, aber ich kann dir gar nicht sagen, was in mir los ist. Es ist totales Chaos. Meine Gedanken springen hin und her, dann taucht wieder eine Sorge auf, dann denke ich daran, dass ich als Kind nur den dritten Platz bei ›Jugend musiziert‹ gewonnen habe und die Jury völlig ungerecht war, dann bin ich nervös, weil nächste Woche ein großes Konzert ansteht …«

Maya nickte verständnisvoll. »Du hast zu viele Affen im Kopf.«

Emmanuel lachte. »Ja, das trifft es genau! Meine Gedanken springen wie eine ganze Horde wilder Affen in meinem Kopf umher, und es ist so ein Gewusel, dass ich gar nicht wirklich sehen kann, was geschieht.«

»Die Lösung heißt Achtsamkeit«, sagte Maya.

»Und wie bitte soll ich achtsam sein, wenn alles so wirr ist? Ich kann mich einfach nicht konzentrieren. Und wenn ich versuche, einen Gedanken oder ein Gefühl festzuhalten, kommen schon wieder andere, die sich in den Vordergrund drängen.«

Maya seufzte. »Du musst dich gar nicht konzentrieren. Noch einmal: Achtsam zu sein heißt nicht, sich zu konzentrieren, sondern sich für das, was auch immer gerade da ist, zu öffnen.«

»Wie? Ich dachte – ach, stimmt! Jetzt fällt es mir wieder ein. Aber wie soll ich denn meine Gedanken erkennen, wenn ich mich nicht auf sie konzentriere?«

»Sieh einfach hin – aber entspannt und freundlich«, sagte Maya, »und ohne Sorgenfalten. Dein Problem ist, dass du versuchst, Gedanken und Gefühle festzuhalten. Aber das ist sowieso unmöglich. Schau dir deine Gedanken und deine Gefühle *achtsam* an. Lass sie wie Wolken am Himmel ziehen – schau ihnen zu, ohne sie zu beurteilen, ohne sie zu bewerten. Sie kommen, du betrachtest sie und lässt sie ziehen oder sich auflösen. Du versuchst doch auch nicht, die Wolken festzuhalten.«

»Okay, ich probiere es noch mal«, sagte Emmanuel. Er schloss die Augen, entspannte sich und wurde ganz still. Langsam stahl sich ein Lächeln auf seine Lippen. Und ohne die Augen zu öffnen, sagte er: »Klar – es ist so einfach!«

Maya nickte. »Und nun nimm alle deine Gedanken und Gefühle liebevoll an. Sie gehören alle zu dir. Was auch immer ihr Inhalt ist: Sei für sie da. Du brauchst keine Angst vor deinen Gefühlen zu haben. Umarme sie alle bedingungslos.«

MEDITATION
UMARME DEINE GEFÜHLE BEDINGUNGSLOS

Wenn du wütend bist, dann *sei* auch wütend. Wenn dir langweilig ist, dann langweile dich mit ganzem Herzen. Und wenn du dich freust, dann tauche tief in die Freude ein. Lass nicht zu, dass sich Gedanken und Kommentare zwischen dich und deine Gefühle drängeln.

Leben heißt fühlen. Wenn du tot bist, hast du noch genug Zeit, nichts mehr zu fühlen. Aber jetzt ist nicht die Zeit, Gefühle zu unterdrücken. Wenn du halbherzig lebst: Was wird dann aus der anderen Hälfte deines Herzens? Um wirklich lebendig zu sein, brauchst du dein ganzes Herz.

Manchmal ist das sehr schwer, denn dein Verstand hat Angst vor deinen Gefühlen. Er will die Dinge kontrollieren und ahnt, dass sich Gefühle kaum kontrollieren lassen. Doch du kannst Denken durch Achtsamkeit ersetzen. Achtsamkeit hat nie Angst. »Da ist Angst, da ist Freude, Trauer, Unsicherheit oder Ärger – das ist in Ordnung. Ich lass es so sein.«

Analysiere nicht, woher das Gefühl kommt. Versuche nicht, Erklärungen dafür zu finden. »Ich bin wütend, *weil* meine Freundin sich nicht gemeldet hat.« »Ich habe Angst vor der Zukunft, *weil* ich eine Sendung über den Klimawandel gesehen habe.« Natürlich ist es nicht schön, wenn Freunde sich nicht rühren. Und es ist auch ganz und gar nicht schön, was derzeit mit der Erde und dem Klima geschieht. Aber Erklärungen führen dich nur in endlose Gedankenschleifen. Du musst dich für deine Gefühle nicht rechtfertigen. Beobachte einfach nur *das Gefühl an sich.*

Ob in der Meditation oder mitten im Leben: Gefühle kommen, Gefühle gehen. Sie sind der Atem deiner Seele. Und oft tauchen sie ohne jeden äußeren Anlass auf. Habe keine Angst davor, wütend zu sein. Schäm dich nicht dafür, neidisch zu sein. Ärgere dich nicht darüber, wenn du verwirrt bist oder dich ohnmächtig fühlst. Lache, wenn du lachen willst – und lache *laut*, wenn dir danach ist. Und wenn dir nach Weinen zumute ist, dann weine und halte nichts zurück. Wenn du deine Gefühle unterdrückst, schleichen sie sich nur an anderer Stelle wieder an.

Achtsam zu sein heißt, dass du erkennst, welches Gefühl du gerade erfährst. Zum Beispiel: »Aha, da ist Freude«, oder »Aha, da ist Unsicherheit«. Erkenne die Gefühle genau, indem du deine Achtsamkeit nach innen richtest. Verbinde dich mit ihnen. Kämpfe nicht gegen sie an; sie sind ein Teil von dir.

Ob Angst, Sehnsucht, Freude, Hass, Traurigkeit oder Wut: Was vorhanden ist, ist nun mal vorhanden. Umarme das Gefühl, sage innerlich Ja zu deiner Stimmung, zu deinem »inneren Wetter« – es ist okay und es darf da sein.

Achte außerdem darauf, wie die Gefühle und Stimmungen auftauchen, eine Weile bleiben und sich dann wieder auflösen. Die Gefühle freundlich zu beobachten heißt nicht, dich darin zu verstricken. Verwechsle deine Gefühle nicht mit dir selbst. Du erlebst Gefühle, aber du bist nicht mit ihnen identisch. Indem du das erkennst, bleibst du innerlich frei und unabhängig.

Emmanuel hatte sich mit Enthusiasmus Mayas Meditation gewidmet, und er fühlte, dass sich die Ketten, die seinen Geist schon viel zu lange in Fesseln gehalten hatten, nach und nach lösten. Ein breites Grinsen erschien auf seinem Gesicht. »Maya, du bist großartig«, rief er. »Ich glaube, ich habe es jetzt kapiert.«

Maya hatte es sich auf dem Deckel des Flügels bequem gemacht und schnurrte. »Ja, ich glaube, das hast du tatsächlich. Und dabei ist das nur der Anfang.«

»Was? Erst der Anfang?« Er sah Maya verwundert an. »Es gibt noch mehr?«

Maya lachte. »Ja, es gibt immer noch mehr. Das Leben ist Bewegung und Wachstum. Wenn du dich nicht mehr geistig bewegst und nicht mehr wächst, dann bist du tot. Und dann – wer weiß …«

Emmanuel sah seine kleine Freundin mit großen Augen an.

»Höre nie auf, dein Inneres zu erforschen, Emmanuel. Ich bin mir sicher, du wirst noch vieles entdecken. Manches davon wird dich tief berühren, anderes wird dich glücklich machen und einiges wird zweifellos sehr schwierig sein. Doch was immer du in dir entdeckst, wird dich wachsen und erblühen lassen. – Es wird nun Zeit für mich zu gehen, mein Lieber. Aber es wird nicht lange dauern, bis wir uns wiedersehen.«

Emmanuel war sprachlos und sah Maya nach, wie sie mit einem eleganten Sprung auf dem Fenstersims landete, dann auf dem schmalen Geländer balancierte, schließlich einen weiteren Sprung auf den Ast der Tanne machte und so verschwand.

Lange Zeit saß er nur da, blickte aus dem Fenster, sah die Wolken vorbeiziehen ... Was immer in seinem Geist auftauchte, um schließlich wieder zu verschwinden, nahm er aufmerksam wahr, ohne es zu bewerten oder festzuhalten. Dann atmete er tief durch und spielte Mozart, wie er ihn noch nie gespielt hatte.

AUS EUGENS TAGEBUCH:

Maya hat mir von einem Pianisten erzählt, den sie kennengelernt hat. Er scheint recht außergewöhnlich zu sein, denn ebenso wie ich kann er mit Tieren sprechen – und welcher Mensch kann das schon? Auf jeden Fall hab ich mir fest vorgenommen, ihn mal zu treffen. Sie hat mir ein bisschen über seine Probleme erzählt. Als Künstler konnte ich das alles gut nachvollziehen.

Eine Übung, die Maya ihm vorgeschlagen hat, fand ich besonders interessant: Dabei geht es darum, die eigenen Gefühle ohne Wenn und Aber anzunehmen. Ich hatte immer geglaubt, dass ich das sowieso tue – aber jetzt habe ich festgestellt, dass das auch ein wenig Selbsttäuschung und nicht besonders achtsam war. Denn ehrlich gesagt schiebe ich meine Gefühle oft beiseite – vor allem, wenn ich ärgerlich werde, das mag ich nämlich gar nicht.

Noch schlimmer ist es, wenn ich Angst habe. Als Künstler sollte man ja besser nicht zu viel Angst haben, denn auf ein geregeltes Einkommen kann man sich schon mal nicht verlassen. Ich hab mich bisher eigentlich für ziemlich angstfrei gehalten – aber jetzt bin ich mir da nicht mehr so sicher. Wenn ich ein wenig in mich hineinspüre, merke ich schnell, dass ich unterschwellig doch einige Ängste habe. Vor allem Zukunftsängste. Oder auch Angst davor, einsam zu sein. Langsam verstehe ich, dass ich die Ängste verdrängt und in ein Hinterzimmer meines Bewusstseins gesperrt habe. Aber sie sind deswegen natürlich immer noch da; auch wenn ich sie nicht bewusst wahrnehme.

Gestern habe ich es dann mal mit Mayas Übung versucht und meine Ängste aus dem Hinterzimmer herausgelassen. Das war ganz schön gruselig. Es war nicht leicht, aber schließlich habe ich mich ent-

spannt und meine ängstlichen Gefühle liebevoll angenommen und nicht als böse verurteilt. So wie Maya es mir geraten hat, habe ich sie ruhig angesehen und angenommen. Als ich meiner Angst ganz nahegekommen bin, musste ich plötzlich weinen – aber es war nicht schlimm, sondern eher wie eine innere Reinigung und hat sich gut angefühlt. Anschließend war ich wie befreit und habe sofort mit einem neuen Bild angefangen.

Wie angekündigt, kam Maya ein paar Tage später wieder bei Emmanuel vorbei. Er saß am Flügel – und plötzlich war sie da. Sofort stand er auf, hob sie sanft in die Höhe und schloss sie in die Arme. »Wie schön, dass du kommst. Du hast mir gezeigt, wie ich meine Gefühle umarme. Und ich habe sie umarmt – so wie dich gerade, siehst du? Ich kann dir gar nicht sagen, wie sehr mir das geholfen hat.«

»Aber …?«, sagte Maya und kuschelte sich in seine Arme. »Ich höre, dass du noch etwas auf dem Herzen hast.«

Emmanuel lachte auf. »Erwischt!«, sagte er. »Ich sehe meine Gedanken und Gefühle an und versuche, dabei eine achtsame Haltung zu bewahren – und dann kommen doch wieder Sorgen, Gedanken an die Vergangenheit oder Zukunft und ich ertappe mich dabei, wie ich Dinge innerlich kommentiere und bewerte.«

»Ach, mein Lieber, das ist ganz normal. Wie gesagt: Geduld ist wichtig. Übung ist alles.« Maya dachte kurz nach. »Aber vielleicht habe ich noch eine Übung für dich. Es gibt sehr viele Möglichkeiten, achtsamer zu werden. Den Körper, die Gedanken oder Gefühle zu beobachten ist sehr wertvoll, aber da du ja Musiker bist, liegt dir vielleicht etwas anderes: Versuche doch mal, deine Achtsamkeit auf das Hören zu richten und achtsam zu lauschen.«

MEDITATION
TIEFES LAUSCHEN

Das tiefe Lauschen kannst du überall praktizieren, auch mitten im Alltag – zum Beispiel im Zug, auf einer Parkbank, im Wald oder an einer befahrenen Straße. Bei dieser Übung geht es darum, dich für alle Geräusche zu öffnen, die du im gegenwärtigen Moment wahrnehmen kannst. Doch lausche nicht nur mit den Ohren, sondern auch mit deinem Geist und deinem Herzen. Während du still wirst und in die Welt hineinlauschst, kann sich dein Körper immer mehr entspannen und du wirst tiefe Ruhe erfahren.

Beim tiefen Lauschen öffnest du dich für *alle* Geräusche; ganz gleich, ob du sie normalerweise als angenehm empfindest, so wie das Zwitschern der Vögel in den Bäumen, oder unangenehm, so wie die Handwerksarbeiten in der Nachbarwohnung.

- Richte deine Achtsamkeit ganz auf das Hören. Lausche allen Klängen, die du in diesem Augenblick wahrnehmen kannst. Versuche nicht, nach Geräuschen zu suchen, sondern bleibe entspannt und nimm einfach nur wahr, was es gerade zu hören gibt.

- Achte sowohl auf Geräusche, die aus der Nähe kommen, wie auch auf solche, die nur leise und von Weitem zu hören sind.

- Versuche nicht, die Klänge zu analysieren und denke auch nicht darüber nach, wer oder was das Geräusch verursacht hat – was für ein Vogel da singt oder was für ein Lied das ist, das du aus der Ferne hörst. Entspanne dich stattdessen in den Klang hinein. Bade in den Klängen, indem du ihnen lauschst.

- Wenn du möchtest, kannst du deine Achtsamkeit nun ein wenig verlagern: Lausche tief in dich selbst hinein. Kannst du den Klang wahrnehmen, der sich *hinter* all diesen Geräuschen verbirgt? Kannst du Kontakt zur Stille aufnehmen, die immer in dir anwesend ist, ganz gleich, welche Geräusche du gerade im Außen hörst?

Bis Emmanuel und Maya sich wiedersahen, sollte es eine ganze Weile dauern. Und in dieser Weile hatte sich so einiges verändert: Emmanuel war tatsächlich Professor am Konservatorium geworden.

» ... und ich glaube, das habe ich dir zu verdanken, Maya!«, beendete er seine Erzählung.

Maya schüttelte den Kopf. »Nein, mein Lieber, das hast du alles dir selbst zu verdanken. Ich habe dir nur die Richtung gezeigt – aber den Weg bist du selbst gegangen. Am Ende muss nämlich jeder seinen Weg selbst gehen.«

Emmanuel grinste. »Und so wie es aussieht, werde ich den Weg wohl noch ein ganzes Stückchen weitergehen!«

Maya lächelte geheimnisvoll und sagte: »Stimmt. Achtsamkeit ist zwar ein sehr großer, aber doch nur der erste Schritt ...«

LEHRREDE ÜBER
DIE ACHTSAMKEIT

Ihr Lieben!

Alle eure Schwierigkeiten, alle Nöte, alle Probleme entstehen in eurem eigenen Geist. Es ist der Geist, der eure Freude, euer Leiden, eure Welt erschafft. Und so, wie die Wurzel allen Leidens in eurem eigenen Geist liegt, so liegt auch der Weg zur Befreiung von euren sich ewig wiederholenden Gedanken und Gefühlen in eurem Geist – und einzig in ihm.

Um Freiheit zu erlangen, um inneren Frieden zu finden, braucht ihr einen offenen, wachen Geist. Weder im Schlaf noch im Halbschlaf, der der Zustand so vieler Menschen ist, könnt ihr je höchstes Glück erlangen. Solange eure Gedanken sich im Kreis drehen, in die Zukunft schweifen oder sich in Erinnerungen verlieren, werdet ihr keine Klarheit erreichen. Solange eure Gefühle und Stimmungen euch mit sich reißen und euer Sein beherrschen, werdet ihr weder wirkliche Ruhe noch Freude und Leichtigkeit erfahren. Um durchzudringen zum Wesentlichen, zur Wirklichkeit, um Erlösung zu finden, braucht es einen klaren Geist, einen achtsamen Geist.

Es gibt keinen Weg, der so klar, so hilfreich ist wie der Weg der Achtsamkeit. Wollt ihr euch von Sorgen und Ängsten befreien, wollt ihr Kummer und Leiden überwinden, wollt ihr zu vollkommener Freiheit, zu vollkommener Glückseligkeit finden, so müsst ihr den Weg der Achtsamkeit beschreiten – Stunde für Stunde, Tag für Tag.

Achtsamkeit ist der Pfad, der zum Erwachen führt. Aufzuwachen ist leicht, doch wach zu bleiben ist schwierig und wird nur durch Übung gelingen. Nur durch Geduld und Beharrlichkeit lässt sich Achtsamkeit kultivieren.

Doch worin besteht die Übung? Wie könnt ihr die heilende Kraft der Achtsamkeit wecken? Indem ihr euren Geist auf die

Gegenwart richtet. Seid ihr achtsam, bedeutet dies, dass ihr im Jetzt seid. Es bedeutet, mit ganzem Herzen in der Gegenwart zu sein. Seid ihr jedoch nur mit halbem Herzen im Augenblick, so verliert ihr den Augenblick ganz. Die Aufmerksamkeit im gegenwärtigen Moment zu sammeln: Darin besteht das Geheimnis der Achtsamkeit.

Wenn ihr geht, dann wisst klar und bewusst: »Ich gehe.« Wenn ihr steht oder sitzt, dann wisst klar und bewusst: »Ich stehe« oder »Ich sitze«. Worauf auch immer ihr eure Achtsamkeit richtet: Dort findet euer Leben statt; einzig dort könnt ihr präsent sein.

Achtsamkeit ist nichts Besonderes. Sie ist nicht schwierig und es bedarf keiner außergewöhnlichen Begabung. Jeder ist in der Lage, achtsam zu sein. Öffnet einfach euren Geist; befreit euch aus der Gewohnheit ständigen Denkens und nutzt eure Achtsamkeit, um euch zu sammeln. Sammelt ihr euer ganzes Bewusstsein in den Sinnen, so wird euer Affengeist schon bald zur Ruhe kommen. Unendlich sind die Möglichkeiten, bei Sinnen zu sein. Jeder kleine Augenblick lässt sich nutzen, um aufzuwachen. Vertraut auf eure unmittelbare Wahrnehmung und spielt mit ihr.

Richtet ihr die Achtsamkeit auf euren Körper, spürt ihr die Form, das Gewicht, die Spannung und Wärme eures Körpers, so könnt ihr (unabhängig davon, ob ihr liegt, sitzt, steht oder in Bewegung seid) Kontakt zu euren Wurzeln aufnehmen.

Richtet ihr die Achtsamkeit auf das Hören, auf die Geräusche, die von außen an euer Ohr dringen oder die in euch selbst entstehen, so könnt ihr euch von den Wellen des Klangs jederzeit in die Wirklichkeit des Seins tragen lassen.

Richtet ihr eure Achtsamkeit auf eure Gefühle, so werdet ihr erkennen, dass Gefühle und Stimmungen entstehen und vergehen und dass es keinen Grund dafür gibt, euch davon verwirren oder aus der Ruhe bringen zu lassen.

Richtet ihr die Achtsamkeit schließlich auf die Inhalte eurer Gedanken, ohne euch in die Geschichten zu verstricken, die euer

Kopf euch erzählt, so erkennt ihr, dass ihr viel mehr als nur eure Gedanken seid. Ihr erkennt, dass ihr euren Gedanken nicht zu glauben braucht, sondern sie loslassen könnt.

Wollt ihr aber inmitten aller Stürme des Lebens Ruhe finden, wollt ihr inmitten der täglichen Rastlosigkeit mit euch selbst verbunden bleiben, so lenkt eure Achtsamkeit auf euren Atem. Achtet während der ganzen Dauer des Einatmens auf das Einströmen des Atems, und achtet während der ganzen Dauer des Ausatmens auf das Ausströmen des Atems. Doch bleibt stets entspannt.

Achtsamkeit ergreift nicht. Sie ist sanftmütig und freundlich. Sie richtet nicht. Sie sieht, sie spürt, sie hört, sie beobachtet – wach und doch gelassen. Und auch wenn ihr die Zeit nicht anhalten könnt, so könnt ihr doch in der Zeit anhalten, wann immer ihr achtsam seid.

Wenn ihr wach seid, wenn ihr wahrhaft ihr selbst seid, werdet ihr erkennen, dass jeder Augenblick euch einen neuen Anfang schenkt. Durchschreitet ihr das Tor der Achtsamkeit, so wird offenbar, dass ihr nie mehr braucht als diesen einen Moment im Hier und Jetzt.

3

Das Geheimnis der inneren Klarheit

Kallamarandi, der Schmetterling, flatterte von Blüte zu Blüte, flatterte über die Dächer und Bäume. Er war der »Schönste im ganzen Weltgarten« – mit diesem Titel hatte ihn die Versammlung der Schmetterlinge geehrt. Eleganz und Schönheit – das war seine Welt. Darauf war er sehr stolz; doch irgendetwas stimmte nicht. Mit der Zeit war ihm diese Welt immer hohler und leerer vorgekommen. Manchmal half es, wenn er dicht über den See flog und sein farbenfreudiges Spiegelbild im Wasser bewunderte. Meistens half es allerdings nicht. Im Gegenteil: Von Tag zu Tag wurde Kallamarandi unzufriedener. Wo war nur die Leichtigkeit geblieben, die ihn durchs Leben getragen hatte, als er gerade aus seinem Kokon geschlüpft und noch ein kleines Schmetterlingskind gewesen war?

An einem Tag so trüb und düster wie seine eigene Stimmung, belauschte Kallamarandi zwei Raben, die voller Ehrfurcht über Maya die Buddha-Katze sprachen. Daraufhin beschloss er, Maya aufzusuchen und sie um Rat zu fragen.

Kallamarandi hatte in seinem Leben immer Glück gehabt – und auch diesmal war das Glück ihm hold, denn gleich am ersten Tag seiner Suche fand er Maya. Sie hatte sich unter einer alten Kastanie im Park eingerollt und strahlte Frieden und eine tiefe Ruhe aus. Respektvoll flatterte er näher und ließ sich vor Maya auf einer Blume nieder. Maya schlug die Augen auf und lächelte ihn freundlich an.

»Hallo, kleiner Schmetterling«, sagte sie.

»Hallo – ich bin Kallamarandi. Und du bist Maya, stimmt's?«

Maya sah den Schmetterling erstaunt an. »Wie kommst du darauf?«

»Ich kann gut raten«, antwortete er und grinste. »Und vor allem aber habe ich zwei Raben über dich reden hören und erfahren, dass du leidenden Wesen helfen kannst.«

Maya lächelte. »Es ist vielmehr so, dass ich zeige, wie jemand, der leidet, sich selbst vom Leiden befreien kann. Du selbst siehst auf den ersten Blick aber ganz lebensfroh aus mit deinen vielen Farben. Bist du denn ein leidendes Wesen?«

Wäre Kallamarandi ein Mensch gewesen, so wäre er wohl rot geworden. »Na ja, so furchtbar leidend nun nicht gerade«, antwortete er. »Aber zufrieden bin ich eben auch nicht; und das, obwohl es mir eigentlich an nichts fehlt und ich in den Augen der anderen ein ganz besonderer Schmetterling bin.«

»Was wir in den Augen der anderen sind, sollten wir nicht allzu wichtig nehmen«, sagte Maya. »Aber was ist es denn, das dich so unzufrieden macht?«

»Ich weiß nicht ...« Kallamarandi flatterte ins Gras und setzte sich neben Maya. »Ich habe manchmal das Gefühl, dass ich nur eine Rolle spiele. Ich bin gar nicht wirklich ich selbst und versuche, es den anderen recht zu machen – verstehst du?«

Maya verstand ihn nur zu gut. Einstmals, bei den Heiligen Katzen, hatte auch sie versucht, fremden Erwartungen zu entsprechen.

»Ich war immer so stolz auf meine Schönheit und Eleganz«, fuhr Kallamarandi fort. »Die Versammlung der Schmetterlinge hat mir sogar einen Ehrentitel gegeben. Ich dachte, das wäre der Höhepunkt meines Lebens. Doch inzwischen erscheint mir das alles als völlig unwichtig, ja fast lächerlich.«

Maya nickte verständnisvoll. »Und für wen tust du, was du tust, wenn du deine Rolle spielst, Kallamarandi? Für die anderen oder für dich selbst?«

Der Schmetterling überlegte ein Weilchen. »Darüber habe ich noch gar nicht nachgedacht. Ich habe immer geglaubt, dass ich frei bin und tue, was ich will. Aber eigentlich weiß ich gar nicht, was ich selber will. Nur, dass es ein gutes Gefühl ist, wenn die anderen mich bewundern und lieben.«

»Liebst du dich denn selbst, kleiner bunter Schmetterling?«, fragte Maya.

Kallamarandi ließ die Fühler hängen. »Ich weiß nicht. Je länger ich drüber nachdenke, desto mehr zweifle ich daran, dass ich mich lieben kann. Ich habe ja noch nicht mal ein Ziel, für das es sich zu leben lohnt.«

»Du kennst deine Ziele nicht, weil du dich selbst nicht kennst. Würdest du dich selbst erkennen, mein Lieber, so könnte dich niemand mehr auf deinem Weg zum Glück aufhalten.«

Kallamarandi sah Maya verdutzt an. »Wie meinst du das? Ich denke durchaus, dass ich mich kenne!« Und trotzig fuhr er fort: »Willst du mir sagen, dass du besser als ich weißt, wer ich bin?«

»Natürlich nicht.« Maya schüttelte den Kopf. »Ich will dir nur sagen, dass du dich selbst viel besser kennen könntest als bisher. Frage dich doch mal, wer du bist.«

»Na, ich bin Kallamarandi!«

»Nicht, wie du heißt. Wer bist du?«

»Ein Schmetterling. Und zwar ein besonders schöner!«

»Nicht, wie du aussiehst. Wer bist du?«

»Langsam dämmerte es Kallamarandi, und er blickte sehr unglücklich drein. »Ich bin unzufrieden.«

Maya lächelte mitfühlend. »Unzufriedenheit ist nur ein vergängliches Gefühl, das du gerade hast. Aber wer bist du?«

Kallamarandi wirkte zunehmend verzweifelt. Allmählich verstand er, dass diese Frage bei Weitem nicht so einfach war, wie er gedacht hatte. Maya hatte recht: Er wusste zwar, wie er aussah, wie er hieß, was er fühlte und dachte – wer er aber wahrhaftig war, ganz tief in seinem Inneren, das wusste er nicht.

»Jetzt lass nicht gleich die Fühler hängen«, sagte Maya. »Das Einzige, was dir fehlt, ist ein wenig mehr Klarheit – und das ist nicht so schwer. Statt drüber nachzudenken, wie andere dich sehen, solltest du damit beginnen, selbst zu sehen.«

Kallamarandi sah Maya ungläubig an und zuckte mit den Flügeln.

»Ich glaube, es täte dir gut, einmal wirklich im Hier und Jetzt anzukommen. Schau genau hin. Hör zu. Fühle in dich hinein – und du wirst mehr Klarheit gewinnen.«

MEDITATION
DREI SCHRITTE INS HIER UND JETZT

Es gibt einen einfachen Weg, der zu tiefer Ruhe und großem Glück führt. Dieser Weg besteht darin, all das hinter dir zu lassen, was nicht »Jetzt« ist. Hier an diesem Ort, an dem du gerade bist und in diesem winzigen Augenblick, den du jetzt gerade erlebst, ist alles da: die ganze Fülle des Seins. Je mehr du den Dingen hinterherrennst, je härter du darum kämpfst, zu werden, was du deiner Meinung nach werden musst und zu erreichen, was du glaubst erreichen zu müssen, desto mehr verpasst du die Fülle, die nur im Jetzt liegt. Je weiter du dich aber von deiner Quelle entfernst, desto größer werden dein Durst und deine Unzufriedenheit.

Drei Schritte helfen dir, in jedem Augenblick wieder Kontakt mit der Gegenwart aufzunehmen:

1. Beobachte, was du gerade tust. Stelle dir die einfache Frage: »Was mache ich in diesem Augenblick?« Konzentriere dich auf das, was du gerade mit deinem Körper im Hier und Jetzt machst. Allein indem du diese Frage stellst, unterbrichst du den ewigen Strom deiner Gedanken. Die Frage ermöglicht es dir, jederzeit innezuhalten.

2. Antworte in einfachen, klaren Worten auf die oben gestellte Frage. Das ist ja nicht schwer:
»Ich wasche mich gerade.«
»Ich ruhe gerade aus.«
»…«

3. Richte deine ganze Aufmerksamkeit jetzt allein auf diese eine Sache, die du gerade tust. Du kannst deine Achtsamkeit verstärken, indem du dabei im Geist folgende einfache Formulierung verwendest:
»Solange ich mich wasche, widme ich mich ganz dem Waschen. Waschen ist mehr als genug.«
»Solange ich ausruhe, widme ich mich ganz dem Ausruhen. Ausruhen ist mehr als genug.«
»…«

Mach dir bewusst, dass du tatsächlich immer nur eine Sache auf einmal machen kannst. Fällt es dir schwer, bei dieser einen Sache zu bleiben, dann atme ruhig und sanft und bringe deine Achtsamkeit immer wieder geduldig zu der Tätigkeit zurück, die du gerade ausführst. »Gehen, gehen, gehen.« »Essen, essen, essen.« »Lauschen, lauschen, lauschen.«

Kallamarandi hatte genau zugehört, und nachdem er eine ganze Weile still neben Maya gesessen hatte, sah er sehr nachdenklich aus. »Seltsam. Oft bekomme ich zu hören, dass ich zu sehr in den Tag lebe und nicht ans Morgen denke. Aber jetzt habe ich erkannt, dass ich nie wirklich in den Tag gelebt, nie wirklich im Hier und Jetzt gewesen bin. Dass es sich schön anfühlt, ganz im Augenblick zu sein, das habe ich erst jetzt entdeckt.«

»Gegenwärtig zu sein und Ziele zu verfolgen widerspricht sich nicht. Du kannst das Jetzt genießen und trotzdem wissen, wohin du willst.«

Kallamarandi sah Maya verunsichert an. Woher sollte er wissen, wohin seine Reise ging? Ein Ziel hatte er nie gehabt. Er erinnerte sich an die vielen Dinge, die er erlebt hatte – welche Bedeutung hatten sie schon gehabt? Was wäre gewesen, wenn er ganz andere Wege eingeschlagen hätte? Und was sollte er überhaupt mit dem Rest seines kurzen Schmetterlingslebens anfangen?«

Maya sah, wie Kallamarandi sich quälte und lächelte ihn gütig an. »Ich glaube, du flatterst mit deinen Gefühlen und Gedanken viel zu sehr in der Vergangenheit, der Zukunft und in deiner Fantasie umher. Grüble nicht so lange, sondern finde lieber heraus, wer du wirklich bist und was du wirklich willst.«

»Genau das ist das Problem«, sagte Kallamarandi traurig. »Ich weiß eben nicht, wer ich bin und was ich will. Maya, kannst du mir vielleicht einen Rat geben?«

Maya hob den Kopf und sah dem Schmetterling tief in die Augen. Dann sagte sie: »Denke daran, dass alles vergänglich ist.«

»Na toll. Das ist jetzt keine große Hilfe«, sagte Kallamarandi und schlug nervös mit den Flügeln. »Außerdem ist das nicht gerade sensibel von dir – du lebst ja viel länger als ich und hast leicht reden.«

Maya schüttelte den Kopf. »Ein Leben ist ein Leben. Nicht die Dauer, sondern die Tiefe ist wesentlich. Dir bewusst zu sein, dass das Leben vergänglich ist, verleiht dir die Klarheit, die du brauchst, um herauszufinden, wie du du selbst sein und dein Leben leben kannst.«

»Es macht mir aber Angst, daran zu denken, dass alles endlich ist«, sagte Kallamarandi. Ihm war immer noch anzusehen, dass er innerlich mit sich kämpfte. Maya ließ ihn in Ruhe nachdenken. Und tatsächlich: Während er sich in ihrer Gegenwart mehr und mehr entspannte, hellte sich sein Gesicht langsam auf. »Wenn alles vergänglich ist, ist es dann nicht umso wichtiger, zu tun, was einem tatsächlich am Herzen liegt?«

Maya lächelte Kallamarandi an – und ohne dass es der Worte bedurfte, verstand er: Er verstand, dass es darum ging, das Wesentliche zu erkennen, statt planlos durch die Welt zu flattern. Und um das Wesentliche zu erkennen, musste er Klarheit darüber gewinnen, was seine tiefste Sehnsucht war. Und er musste den Mut aufbringen, ganz er selbst zu sein!

AUS EUGENS TAGEBUCH:

Dass man gut daran tut, authentisch zu sein, das wusste ich schon lange. Wenn du als Künstler nicht authentisch bist, wirst du auch nichts Vernünftiges zuwege bringen. Maya hat es mir oft gesagt: Wenn ich etwas nur tue, um die Erwartungen anderer zu erfüllen, dann sind es nicht <u>meine</u> Bilder, die ich male. Dann sind es die Bilder anderer und ich nur der Malroboter, der sie ausführt.

Aber Maya hat mir noch etwas anderes erklärt, und das war mir neu. Ziele zu haben ist okay, meinte sie, aber sehr viel wichtiger wäre es, seine Herzensziele zu erkennen und ihnen zu folgen. Intuitiv habe ich zwar verstanden, dass es da einen großen Unterschied gibt, aber vorsichtshalber habe ich Maya gebeten, mir das doch noch mal genauer zu erklären. Daraufhin hat sie mir verraten, dass es vier Punkte gibt, die für Herzensziele charakteristisch sind:

1. *Ein Herzensziel muss klar sein. Das heißt, dass es positiv formuliert ist und dass man es auch aus eigener Kraft erreichen kann. Zur Klarheit gehört aber auch ein fester Zeitrahmen – es reicht also nicht zu glauben, dass man sein Ziel »irgendwann schon mal« erreichen wird; sonst wird am Ende nichts draus.*
2. *Zu einem klaren Kurs gehört zudem, dass man genau weiß, wohin man steuert. Das heißt, dass man auch erkennen muss, wann man sein Herzensziel erreicht hat. Man braucht eine Vorstellung, ein inneres Bild, das einem den Zielzustand vor Augen führt.*
3. *Ein Herzensziel muss die eigenen Werte verwirklichen – sonst ist es wertlos. Und hier kommt die Sehnsucht ins*

Spiel: Denn das, wonach wir uns sehnen, zeigt uns unsere Werte besonders gut.

4. *Ein Herzensziel muss nicht zuletzt eine Veränderung im Leben bewirken; und diese Veränderung muss sich gut anfühlen und eine innere Entwicklung in Gang setzen. Ein Herzensziel zu erreichen, darf kein Endpunkt sein. Wir müssen von dort aus weitergehen können. Immer weiter in die Richtung, in die unser Herz uns führen will.*

Hat man diese vier Punkte geklärt, muss man sich nur noch fragen, warum man nicht schon längst auf dem Weg ist …

Maya traf Kallamarandi einige Zeit später wieder, als sie ihn im Park auf einem Lavendelstrauch sitzen sah – träumend und ganz in sich versunken. Der kleine Schmetterling bemerkte sie erst, als sie direkt vor ihm saß und leise miaute. Kurz flatterte er erschrocken auf, doch als er Maya erkannte, ließ er sich wieder auf dem Lavendel nieder.

»Ich glaube, ich muss mich bei dir bedanken, Maya«, sagte der Schmetterling. »Ich habe schon sehr viel mehr Klarheit über mein Lebensziel gewonnen.«

»Das freut mich, Kallamarandi!«, rief Maya und strahlte.

»Aber vielleicht kannst du mir noch ein wenig mehr beibringen?« Kallamarandi zögerte, doch dann fuhr er fort: »Es fühlt sich natürlich sehr gut an, zu wissen, dass ich ein wirkliches Ziel habe. Es gibt aber auch einen Nachteil: Wenn ich an die Kürze des Lebens denke und daran, dass mir vielleicht gar nicht mehr viel Zeit bleibt, meinen Weg zu gehen, bekomme ich Angst und fühle mich sehr bedrückt.«

»Oh, das ist allerdings nicht so schön. Was meinst du – woran könnte das liegen?«, fragte Maya mitfühlend.

»Ach, das weiß ich auch nicht. Früher lebte ich einfach vor mich hin und widmete mich meiner Eitelkeit. Das tue ich jetzt zum Glück nicht mehr. Aber dafür tauchen alle möglichen Sorgen auf.«

»Tja mein Lieber, ich fürchte, dass dein Geist dich zum Narren hält.« Maya schmunzelte, woraufhin Kallamarandi sie fragend ansah.

»Bis vor Kurzem warst du mit deiner Eitelkeit beschäftigt und hast dich oft an das geklammert, was andere über dich denken«, fuhr Maya fort. »Jetzt, wo du all das losgelassen hast, ist eine Leere entstanden, die du nun unbewusst zu füllen versuchst. Und am einfachsten füllt man seinen Geist mit Sorgen – die stehen ja immer bereit.«

»Machst du dich über mich lustig?«

»Nein, Kallamarandi, nicht über dich, sondern über die Tricks, die unser Geist immer und immer wieder hervorzaubert, nur um die Stille zu vermeiden. Aber du möchtest jetzt sicher wissen, wie du deine Ängste, Sorgen und den Trübsinn wieder loswirst.«

»Genau!« Der Schmetterling schlug aufgeregt mit den Flügeln. »Ich will keine Angst und keine Sorgen mehr haben. Und trübsinnig will ich auch nicht mehr sein.«

»Bist du sicher, mein Lieber? Du willst nie wieder Angst haben? Nie mehr traurig sein? Was glaubst du wohl – wärst du dann noch du selbst, wenn du gar keine Gefühle mehr hättest?«

»Nein, nein – Gefühle sind schon okay. Aber ich möchte eben nur schöne haben!«

»Ach, mein kleiner Kallamarandi, was wäre das für ein ödes Dasein, wenn die Sonne nie mehr untergehen und der Frühling ewig währen würde – so ist die Welt nicht beschaffen.«

Kallamarandi ließ Flügel und Fühler hängen und Maya musste sich ein Schmunzeln verkneifen.

»Klingt das für dich wie eine schlechte Nachricht?« Maya musste die Antwort nicht abwarten – ein einziger Blick genügte ihr als Bestätigung. »Aber weißt du, es gibt auch eine gute Nachricht«, fuhr sie fort. »Die Welt ist nämlich andererseits auch nicht so beschaffen, dass die Sonne niemals scheint oder der Winter ewig währt.«

Kallamarandi wackelte verwirrt mit seinen Fühlern. »Du meinst, dass es immer sowohl das Schöne als auch das Unschöne gibt? Und dass man gar nichts machen kann, als Traurigkeit, Angst und Sorgen tapfer zu ertragen?«

Maya lachte. »O nein, mein Lieber. Es stimmt zwar schon: Es kann keinen Schatten geben ohne Licht. Aber wieso tapfer ertragen?« Maya sah den Schmetterling freundlich an, woraufhin seine Fühler langsam wieder zur Ruhe kamen.

»Du musst nichts ertragen, denn die dunklen Seiten des Lebens sind nicht da, um dich zu quälen. Sie helfen dir, deinen Weg zu finden, denn nur wenn du durch die Dunkelheit gehst, kannst du zum Licht finden.«

»Und wie macht man das – durch die Dunkelheit gehen? Was kann ich tun, wenn sich dunkle Gefühle wie Angst oder Verzweiflung über meine Seele legen?«, wollte Kallamarandi wissen.

»Das kommt drauf an. Es gibt nicht die eine Lösung, durch die du allen Herausforderungen begegnen kannst. Aber es gibt drei Wege – Beobachten, Loslassen und Nähren –, und einer davon ist immer der richtige«, sagte Maya. Und nachdem Kallamarandi immer noch recht hilflos wirkte, fügte sie hinzu: »Das Richtige zur rechten Zeit …«

MEDITATION
DAS RICHTIGE ZUR RECHTEN ZEIT

Es gibt viele Methoden, die dir dabei helfen, den Geist von Trübsinn, Angst und Sorge zu befreien. Doch ob in der Meditation oder mitten im Getriebe des Tages: Nicht jede Methode eignet sich für jede Gelegenheit. Auf dem Weg zum Glück gilt es, zur rechten Zeit die richtigen Abzweigungen zu nehmen, um dein Ziel zu erreichen. Drei Wege führen in die innere Freiheit: »Achtsam beobachten«, »das Negative loslassen« und »das Positive nähren«. Wähle weise, welcher Weg zu welchen Zeiten der richtige ist, so wirst du dein Ziel sicher erreichen.

- ACHTSAMES BEOBACHTEN: Oft ist es das Beste, den Dingen ihren Lauf zu lassen, ohne einzugreifen. Bleibe dazu mit deiner Aufmerksamkeit ganz bei deiner jeweiligen Wahrnehmung. Beobachte, was du sehen, hören, spüren, schmecken oder riechen kannst. Beobachte die Tätigkeit deiner Sinne achtsam, ohne aber an den einzelnen Eindrücken festzuhalten. Bewahre einen offenen Geist, lass alle Erfahrungen kommen und gehen, ohne dich darin zu verstricken. Solange du deinen Geist vollständig darauf richtest, aufmerksamer Zeuge all dessen zu bleiben, was du wahrnimmst, können dich negative Gedanken und Gefühle nicht fesseln und du wirst innerlich frei bleiben.

- DAS NEGATIVE LOSLASSEN: Zu manchen Zeiten kreisen quälende Gedanken durch unseren Kopf und belastende Gefühle beschweren unser Herz. Erkennst du, dass düstere Gedanken oder Gefühle dich fesseln, so entziehe ihnen bewusst deine Energie. Gib ihnen keine Nahrung. Sage innerlich: »Jetzt nicht! Später.« Sobald sie in dir auftauchen. Gib ihnen keinen Raum, sich zu entfalten. Ärger, Wut, Zweifel oder Traurigkeit werden gelegentlich natürlicherweise auftauchen, und wenn das passiert, dann erkenne es und lasse dich davon nicht beunruhigen. Ganz gleich, welches Drama dir dein Kopf erzählt: Verfange dich nicht darin. Hindere deinen Geist bewusst daran, tiefer in die Dunkelheit einzutauchen. Erlaube es deiner Vorstellung nicht, die negativen Energien in dir zu verstärken, sondern lächle und entziehe dich. Auf diese Weise werden sich die unerwünschten Gäste schon bald wieder verabschieden.

- **DAS POSITIVE NÄHREN:** Wann immer du heitere, angenehme oder aufbauende Gedanken oder Gefühle bemerkst, nimm sie dankbar an. Gib ihnen viel Raum, sich in deinem Geist zu entfalten. Kräfte wie Mitgefühl, Freude, Gelassenheit, Heiterkeit oder Klarheit sind Boten des Glücks. Sie helfen dir, deinen Weg in die Freiheit zu finden. Empfange sie mit offenen Armen. Richte deinen Geist auf das Schöne und Wertvolle aus. Jederzeit kannst du wählen. Wähle gut. Werde zum Gestalter deines Geistes; denn dein Geist ist es, der deine Welt erschafft.

Tief waren Mayas Worte in Kallamarandis Geist eingedrungen, und während der Schmetterling der Buddha-Katze aufmerksam zuhörte, lösten sich seine Ängste, seine Sorgen und seine Traurigkeit nach und nach im Duft des Lavendels auf. Schließlich lächelte er. »Maya, du bist wunderbar! Nie hätte ich ohne dich von diesen drei Wegen erfahren. Beobachten, Loslassen, Nähren – so einfach und doch so hilfreich ...« Und beschwingt flatterte er davon.

Maya sah ihm nach und dachte, wie wunderbar es doch sein musste, fliegen zu können. Sie erfreute sich an dem Gefühl, wie es wohl wäre, frei und ungebunden durch die Luft zu flattern. Und als sie ein kleines Bedauern darüber bemerkte, dass sie diese Fähigkeit nicht hatte, beobachtete sie dieses Bedauern kurz achtsam, blieb gelassen und ließ es wieder ziehen, sodass nur die Freude blieb.

Maya streckte sich im Gras aus. Insekten schwirrten durch die Luft, und mitten durch das leise Summen wehte ihr der milde Duft der Blumen in die Nase. Maya tauchte tief in diesen Augenblick ein. – Schließlich öffnete sie die Augen, putzte sich und machte sich auf den Weg zu Eugen, dem Maler.

AUS EUGENS TAGEBUCH:

Kürzlich ist mir klar geworden, wie laut es in meinem Kopf wird, wenn weder Musikberieselung noch Verkehrslärm oder das Geplapper aus dem Fernseher zu hören sind. Je stiller es außen wird, desto lauter und aufdringlicher scheinen meine Gedanken zu werden – zum Beispiel nachts, wenn ich im Bett liege.

Als ich Maya davon erzählt habe, hat sie mir geraten, mir diesen inneren Lärm doch mal genauer anzusehen. Da hab ich leider schnell feststellen müssen, dass das gar nicht so leicht ist. So viele Gedanken, so viel Chaos – das Feuerwerk im Kopf ist einfach zu verwirrend.

»Das geht nicht. Das ist mir alles viel zu bunt«, habe ich zu ihr gesagt, aber sie hat nur müde den Kopf gehoben und gelächelt. »Zu bunt? Ach was! Versuch doch mal, nicht auf das ganze Feuerwerk zu schauen, sondern konzentriere dich auf die einzelnen Farben.«

Ich muss wohl etwas dumm geschaut haben, denn sie hat mir dann genauer erklärt, was sie meint: »Steck deine Gedanken und Gefühle und Bilder in Schubladen.«

Etwas in Schubladen stecken – das klang erst mal gar nicht nach Maya. Klar, meine Pinsel und Farben lege ich in Schubladen, aber wie soll das mit Gedanken und Gefühlen gehen? Ich war recht skeptisch.

»Wenn du dich in die Geschichten verstrickst, die dein Kopf dir erzählt«, erklärte mir Maya, »wirst du dich immer mit deinen Gedanken verwechseln.«

Und dann hat sie mir eine einfache Methode verraten, um mehr Klarheit in meinen Geist zu bringen und zu erkennen, dass ich nicht mit meinen Gedanken identisch bin. Diese Methode besteht darin, eine bestimmte Zeit lang alles, was erscheint, zu benennen – also quasi in eine Schublade mit einem festen Namen zu stecken.

Für den Anfang gibt es nur zwei Schubladen: »Gedanken« heißt die eine und »Alles andere« die zweite. Ob ich an etwas denke – zum Beispiel daran, was ich heute Abend essen werde – oder ob ich einen Vogel vorbeifliegen sehe oder Schmerzen im Rücken spüre: Das sind ja eigentlich ganz unterschiedliche Dinge. Von daher war es eine wichtige Erkenntnis, dass man Gedanken ebenso wahrnehmen kann wie Vögel oder Rückenschmerzen. Maya hat es mir ermöglicht, meine Gedanken wahrzunehmen, ohne mich in ihnen zu verlieren.

Nachdem ich die Schubladenmethode faszinierend fand, hat Maya mich überredet, auch noch die Variante für Fortgeschrittene auszuprobieren, um im Kopf aufzuräumen. Bei dieser Praxis gibt man der inneren Kommode mehr Schubladen – beispielsweise »Vergangenheit«, »Zukunft«, »Innere Bilder«, »Selbstgespräche«, »Tagträume« –, und wenn das nicht reicht, kann man noch viel mehr Kategorien finden.

Wenn ich auf dem Sofa liege und mich zum Beispiel dabei ertappe, wie ich mich selbst kritisiere, steck ich den Gedanken in die Schublade »Selbstgespräche«. Erkenne ich, dass ich mich an meine letzte Exkursion erinnere, öffne ich die Schublade »Vergangenheit«; oder ich wähle die Schublade »Innere Bilder«, sobald ich erkenne, dass ich mich in Tagträumen verloren habe. Für den Anfang reicht es aber, drei Kategorien zu wählen, in die praktisch alle unsere Gedanken hineinpassen: »Vergangenheit«, »Zukunft« und »Unsinn«.

Ich habe wirklich Gefallen an dieser Form des »Schubladendenkens« gefunden. Natürlich kann und sollte man das nicht dauernd machen. Aber sich zwischendurch mal ein paar Minuten Zeit zu nehmen, um seinen Gedankenmustern auf die Schliche zu kommen und sich von dem Stress, der ja fast immer im Kopf entsteht, zu befreien, das lohnt sich auf jeden Fall, finde ich.

Maya lag auf dem Dach über Eugens Wohnung, ließ sich von der Sonne wärmen und meditierte. Als sie zwei muntere kleine Stimmchen über sich vernahm, öffnete sie die Augen. Kallamarandi flatterte über den Dächern – und er hatte jemanden mitgebracht.

»Hallo, Maya!«, rief Kallamarandi. »Schau mal, ich habe eine Freundin mitgebracht. Ich habe ihr ein bisschen von dir erzählt und da wollte sie dich unbedingt kennenlernen.«

»Du bist also die berühmte Buddha-Katze?«, sagte das zitronengelbe Schmetterlingsmädchen schüchtern. »Kallamarandi ist wie verwandelt, seit er dich kennengelernt hat. Deshalb wollte ich so gerne sehen, wer dieses Wunder vollbracht hat.«

Maya lächelte sie freundlich an. »Ach wo, ich kann gar keine Wunder vollbringen. Wenn jemand etwas vollbracht hat, dann ist es Kallamarandi selbst. Und *so* groß ist das Wunder auch wieder nicht – wenn man erst weiß, wie man Klarheit in seine Gedanken bringt, ergibt sich oft alles wie von selbst.«

»Weißt du, Maya«, sagte Kallamarandi. »Ich wollte Millimalina erklären, was du mich gelehrt hast. Aber ich bring das nicht richtig hin. Mir fällt dies ein und dann wieder das und schließlich weiß ich nicht mehr, wie ich anfangen soll, obwohl ich mich wirklich bemühe.«

»Vielleicht musst du doch noch ein bisschen mehr Klarheit in deine Gedanken bringen«, sagte Maya augenzwinkernd. Und als sie sah, dass Kallamarandi beschämt zu Boden blickte, fügte sie schnell hinzu: »Aber, mein Lieber, keine Sorge – die Klarheit des Geistes kommt allmählich. Hab Geduld. Hör einfach auf, im trüben Wasser herumzurühren, und dein Geist wird ganz von selbst klar und friedvoll werden.«

Da zirpte Millimalina: »Liebe Maya, kann ich nicht auch das Wasser meines Geistes klären? Kallamarandi hat gesagt, dass es drei Wege gibt, um Klarheit und Ruhe zu finden: Beobachten, Loslassen und Nähren. Nun sehe und beobachte ich allerdings jeden Tag tausend Dinge und weiß gar nicht, was und wie ich loslassen und schon gar nicht, was ich nähren soll.«

Maya lachte. »Ja, es gibt in der Tat sehr, sehr viele Dinge in dieser Welt. Und da wir neugierig sind, wollen wir sie natürlich alle kennenlernen. Warum auch nicht? Das Dumme ist nur, dass wir nicht alles auf einmal tun können. Wenn du den Nektar aus einer Blüte saugen willst, flatterst du nicht zur nächsten Blüte, noch bevor du die erste gekostet hast, oder?«

»Ja, da hast du wohl recht. Aber manchmal kommt es mir vor,

als würde es Tausende von Blüten regnen. Noch bevor ich mich auf einer niederlassen kann, kommt schon wieder eine andere geflogen und wirft mich aus der Bahn. Während ich das eine tue, denke ich schon an das Nächste, und während mich ein Blumenduft auf der Wiese anlockt, überlege ich, ob es hinten im Blumenbeet nicht noch köstlicheren Nektar gäbe.«

Maya nickte. »Das geht wohl den meisten so, kleiner gelber Schmetterling. Willst du aber das Geheimnis der inneren Klarheit ergründen, dann solltest du lernen, zunächst mal nur das wahrzunehmen, was wirklich da ist.«

MEDITATION

DINGE, DIE WIRKLICH DA SIND

Diese kleine Meditation lässt sich gut mitten im Leben einbauen. Sie schult deine Achtsamkeit, schenkt dir mehr Klarheit und befreit dich zugleich von Unruhe und Sorgen.

- Ganz gleich, worüber du gerade nachdenkst oder was du gerade tust: Sage innerlich Stopp!

- Richte deine Achtsamkeit jetzt ganz auf das Sehen. Was kannst du in diesem Moment sehen, wenn du dich umschaust? Finde fünf Dinge, die du sehen kannst und zähle sie innerlich auf.

- Als Nächstes lenkst du deine Achtsamkeit auf das Hören. Was für Geräusche dringen gerade in diesem Moment an dein Ohr? Lausche ein wenig und finde drei Dinge, die du hören kannst.

- Nun richtest du deine Achtsamkeit kurz auf deinen Körper. Achte darauf, was du in diesem Augenblick alles spüren kannst. Finde fünf Körperempfindungen und zähle sie innerlich auf.

- Zum Abschluss richtest du deine Aufmerksamkeit auf deine Stimmung oder deinen Gemütszustand. Denke aber nicht lange nach und versuche nicht, die Gefühle möglichst genau zu benennen, sondern entscheide nur, ob dein Gefühl gerade angenehm, unangenehm oder eher neutral ist.

Am besten, du wiederholst den ganzen Zyklus ein paarmal.

Kallamarandi und Millimalina bedankten sich bei Maya und flatterten tanzend in der lauen Sommerabendluft davon. Maya sah ihnen verträumt nach und fühlte sich dabei ganz leicht und frei, fast wie ein Schmetterling.

AUS EUGENS TAGEBUCH:

Heute habe ich entdeckt, dass ich viel zu viel Zeit und Kraft damit verbringe, innerlich Nein zu sagen. Maya hat mir ja schon einige Übungen gezeigt – und jede davon war wirklich gut. Jedenfalls dann, wenn ich sie auch gemacht habe; wozu ich mich leider nicht so oft aufraffen konnte, wie ich es mir eigentlich vorgenommen hatte.

Immer wenn ich mal meditieren will, findet mein Kopf schnell tausend Gründe, warum es gerade nicht passt. Wenn es darum geht, Ausreden zu finden, ist er sehr einfallsreich: »Ich muss noch an dem neuen Bild arbeiten.« »Ich muss dringend meine Galeristin anrufen.« »Im Augenblick bin ich zu müde.« »Meine Knie tun weh und ich will mich jetzt nicht hinsetzen.« »Ich bin gerade nicht in der Laune, in meinen Geist einzutauchen.« »Vielleicht sollte ich erst mal drüber nachdenken, ob Meditation tatsächlich etwas für mich ist.« »Ich will erst dieses Buch zu Ende lesen.«

Und einiges davon klingt ja auch echt überzeugend! Als ich das Maya erzählt habe, hat sie sich ausgeschüttet vor Lachen. Ich war ein bisschen beleidigt und wollte wissen, was denn bitte so witzig ist. Darauf meinte sie, dass allein die Zeit, die ich gebraucht habe, um alle meine Gründe gegen die Meditation aufzuzählen, locker ausgereicht hätte, um eine kurze Meditation zu machen. Und das, sagte Maya, hätte mir sicher besser getan – was natürlich auch mir klar ist.

Alles könnte so einfach sein, wenn diese inneren Widerstände nicht wären. Wenn da nicht dauernd diese innere Stimme wäre – dieser innere Widerständler. Aber Maya hat mir einen kleinen Trick gezeigt, wie ich mit diesem Bremsklotz in mir am besten umgehe. Sie sagte, dass ich ihn einfach freundlich begrüßen soll, sobald er auftaucht. »Heiß ihn willkommen, nimm ihn in Gedanken in die Arme und bitte ihn dann, ein bisschen zu warten, bevor er sein Nein hinausposaunt.«

Ich fand es sehr erstaunlich und auch recht lustig, dass ich meinen inneren Widerständler dadurch tatsächlich dazu bringen kann zu helfen. Wenn ich kurzerhand loslege und ihn bitte, mit seinem Nein noch ein wenig zu warten, ist er kurz darauf oft wie weggezaubert – und das hat es mir viel leichter gemacht, ins Tun zu kommen.

LEHRREDE ÜBER
DIE INNERE KLARHEIT

Ihr Lieben!

In dichtem Nebel ist es schwer, den Weg nicht zu verlieren. Sobald aber die Sonne die Nebelschwaden auflöst, liegt das Ziel wieder klar vor Augen. So wie die Sonne Nebel und Dunkelheit vertreibt, so vertreibt die Kraft der inneren Klarheit jede Verwirrung und Dunkelheit in euch.

Um den Weg zu finden, der in die Freiheit und zu vollkommener Zufriedenheit führt, braucht ihr einen klaren, reinen Blick auf die Dinge, so wie sie sind. Ebenso wie vor den Geistesgiften Hass und Gier solltet ihr euch daher vor dem geistigen Gift der Täuschung hüten.

Woran aber merkt ihr, dass dieses Gift Besitz von euch ergriffen hat? Daran, dass ihr euren inneren Weg verloren habt. Wie im Trancezustand zu handeln, alten Gewohnheiten zu folgen, unachtsam zu sein und wenig Energie zu haben – all das sind Zeichen dafür, dass sich der Schleier der Illusion über euren Geist gelegt hat. In solchen Situationen verwechseln wir das Wesentliche mit dem Unwesentlichen. Statt unserem Herzen zu folgen, jagen wir äußeren Zielen nach, streben nach Ruhm, Anerkennung, Reichtum oder Macht. Und wir umgeben uns mit Menschen und Dingen, die uns auf unserem Weg in die Freiheit nicht helfen, sondern behindern.

Ohne Geistesklarheit können weder Glück noch innerer Frieden erreicht werden. Ein klarer, heiterer und offener Geist ermöglicht es euch zu erkennen, was wesentlich ist: »Wer bin ich in Wirklichkeit – jenseits meines Namens, meines Alters, Geschlechts oder der Rolle, die ich in der Welt spiele? Was will ich wirklich? Was ist meine Intention, meine eigentliche Absicht, die mich antreibt? Was ist es, wonach ich mich tief in meinem Herzen sehne und das mich auf den spirituellen Pfad geführt hat?«

Ist euer Geist klar und ungetrübt, so werdet ihr den Sinn erkennen. Ist euer Geist klar und ungetrübt, so werdet ihr zweifellos auf eure ganz eigene Weise dazu beitragen, mehr Schönheit, Frieden und Verbundenheit in die Welt zu tragen.

Der Weg, der zu geistiger Klarheit führt, ist der Weg der Einfachheit. Je komplizierter ihr die Dinge macht, desto unübersichtlicher wird euer Leben werden und desto wahrscheinlicher werdet ihr die Orientierung verlieren.

Das Wesentliche ist immer einfach.

Die Wahrheit ist immer naheliegend.

Sucht sie nicht in den »zehntausend Dingen«, nicht in den unendlichen Reizen der Welt. Klarheit lässt sich nicht durch Tun erreichen, sondern nur durch Lassen; nicht in der Suche nach dem Vielen, sondern nur in der Kultivierung des Einen.

Statt immer mehr Wissen anzusammeln, solltet ihr besser euren Geist sammeln. Durch Sammlung und offenes Gewahrsein lässt sich das Tor der Erkenntnis leicht öffnen. Offenes Gewahrsein bedeutet, zur Ruhe zu kommen und zu sehen, was ist, ohne es zu bewerten, zu interpretieren oder zu kommentieren.

Indem ihr eure Gedankengebilde nicht länger nährt, indem ihr dem Geist Zeit gebt, zur Ruhe zu kommen, indem ihr euch innerlich sammelt, ohne euch von Träumen oder Trägheit forttragen zu lassen, werdet ihr das Wunder der Stille erfahren. Nichts mehr haben oder werden zu wollen, die eigenen Meinungen und Ansichten loszulassen und tief in das reine Sein einzutauchen – das ist der Zustand des *Samadhi.* In diesem Zustand ist eure Sicht klar und eure Einsicht tief.

Möget ihr den Weg in die Stille finden.

Möget ihr frei sein von Verwirrung, Unsicherheit und Angst.

4

Das Geheimnis unerschütterlichen Gleichmuts

Maya hatte sich schon ganz früh aus dem Atelier geschlichen, um den Sonnenaufgang vom Dachgiebel aus zu genießen. Der Tag duftete nach Abenteuer und Freiheit, der Himmel war klar, und nur ein paar kleine Wölkchen zogen wie verlorene rosa Schäfchen über das tiefe Blau des Morgens, als die Sonne zögerlich über den Horizont blinzelte. Maya streckte und räkelte sich genüsslich. Sie schloss die Augen und ließ sich von der Morgensonne wärmen.

Ein so schöner Tag war eine gute Gelegenheit, sich mal wieder im Park umzusehen und ein paar Freunde zu treffen. Maya streckte sich noch einmal durch und wollte gerade los, als sie eine schüchterne Stimme vernahm, die aus dem großen Kastanienbaum im Hinterhof zu kommen schien.

»Äh – hallo du – Katze«, rief ein Stimmchen. »Bist du Maya, die Buddha-Katze?«

Sie blickte aufmerksam nach oben, doch das Blattwerk war zu dicht, um zu erkennen, wer da sprach.

»Ja, das bin ich«, antwortete sie ruhig.

Es raschelte ein wenig im Geäst, und Maya erblickte kurz einen buschigen Schweif.

»Äh, und stimmt es, dass du allen Tieren hilfst?«

Maya schmunzelte. »Allen? Das wäre ein bisschen viel. Aber wer zu mir kommt, dem höre ich auch zu – und wenn ich helfen kann, helfe ich gern. Möchtest du nicht ein wenig näher kommen? Es ist schöner, miteinander zu sprechen, wenn man sich sieht.«

Wieder raschelte es; diesmal etwas aufgeregter. Ein kleiner brauner Kopf mit Pinselöhrchen lugte hinter den Blättern hervor. »Ich habe ein wenig Angst.«

Maya legte den Kopf schräg und sah das Eichhörnchen an. »Angst zu haben ist nicht schön.«

»Ich meine, ich habe Angst vor dir«, sagte das Eichhörnchen. »Du bist ja, äh, immerhin eine Katze.«

Maya lachte. »Ach weh, daran hatte ich gar nicht gedacht. Aber ich verstehe dich schon – Katzen jagen gern Eichhörnchen. Zum Glück meist ohne großen Erfolg.« Und dann fügte sie ernst hinzu: »Vor mir brauchst du jedoch keine Angst zu haben. Ich jage nicht. Nie mehr. Niemanden.«

»Versprochen?« Die Stimme des Eichhörnchens klang zweifelnd, doch langsam wagte es sich aus dem schützenden Blätterwerk hervor. Maya saß ganz still, um das Tierchen nicht zu verschrecken.

»Ich habe Angst ...«, sagte das Eichhörnchen mit zitternder Stimme. Und Maya wollte gerade wiederholen, dass es vor ihr keine Angst haben müsse, als es fortfuhr: »... aber nicht mehr vor dir. Ich mache mir so große Sorgen, seit ich gehört habe, dass Yuna, die Eule, erzählt hat, dass die Menschen vorhaben, alle Bäume zu fällen. Ich wohne schon mein ganzes Leben lang in diesem Baum und weiß nicht, was ich tun soll, wenn er einmal nicht mehr da ist.« Und dann sagte es noch: »Ich heiße übrigens Lasse.«

»Ich freue mich, dich kennenzulernen, Lasse«, sagte Maya. »Und dass Yunas Geschichten dich ein wenig beunruhigen, kann ich gut verstehen.«

Lasse kam noch ein wenig näher und starrte Maya aus seinen tiefschwarzen Knopfäuglein an. »Ein wenig beunruhigen? Ha, wenn's nur das wäre. Ich mach mir wirklich große Sorgen. Und wenn ich meine Freunde frage, verwirrt mich das nur noch mehr. Jeder hat einen anderen Rat. Millie, die Maus, sagt, dass ich doch einfach zu ihr in den Keller ziehen soll. Karima, die Meise, rät mir, in ein anderes Land zu ziehen, und Molo, der Maulwurf, murmelte etwas davon, dass ich mir doch nur eine Höhle zu graben bräuchte.«

Maya hörte zu und schüttelte dann lachend den Kopf. »Ach, Lasse – du bist doch kein Maulwurf, du bist keine Meise und keine Maus. Du kannst nicht in einem Keller leben, in andere Länder fliegen und dich auch nicht in die Erde einbuddeln. Ratschläge von anderen sind meistens gut gemeint – hilfreich sind sie leider nur selten. Niemand kann wirklich in deine Haut schlüpfen.«

Das Eichhörnchen hatte sich auf die Hinterbeine gestellt, die Ohren gespitzt und schien jedes Wort, das Maya sagte, neugierig aufzusaugen.

»Dein Problem besteht nicht darin, die richtige Wohnung zu finden«, fügte Maya hinzu. »Viel wichtiger ist, dass du es schaffst, deine Befürchtungen loszulassen und zu erkennen, dass Sorgen wie Wolken im Sturm sind. Sie kommen bedrohlich über den Himmel auf dich zu; doch sie ziehen auch schnell wieder vorbei. Beobachte deinen Geist, tauche in die Stille ein – so wirst du frei davon.«

Lasse nickte. »Ja, du hast wohl recht«, sagte er. »Aber ich weiß immer noch nicht, was ich tun soll.«

MEDITATION
ALLES SCHWERE AUSATMEN

Die Art, wie du atmest, hat einen großen Einfluss – nicht nur auf deinen Körper, sondern vor allem auf deinen Gemütszustand. Atem und Geist beeinflussen sich nämlich gegenseitig. Wenn du nervös bist, wirst du schnell und unregelmäßig atmen. Bist du hingegen entspannt und ruhst in dir selbst, so wird auch dein Atem sanft und ruhig kommen und gehen. In Augenblicken, in denen du die Nerven verloren hast oder kurz davorstehst, sie zu verlieren, wird dir die folgende, einfache Atemtechnik helfen, alles Belastende auszuatmen und zur Gelassenheit zurückzufinden.

Du kannst diese Übung überall und jederzeit durchführen. Es ist auch egal, ob du dabei sitzt, stehst oder liegst. Bewege den Körper während der Übung jedoch möglichst nicht.

- Lass den Atem durch die Nase ein- und ausströmen. Atme dabei doppelt so lange aus wie ein. Beginne damit, fünf Sekunden vollständig ein- und zehn Sekunden langsam auszuatmen. Als Zähleinheit kannst du auch deinen Pulsschlag nehmen und deinen Puls vor oder auch während der ganzen Übung ertasten, um das Gefühl für den richtigen Rhythmus zu bekommen. Atme mindestens fünfmal auf diese Weise.

- Atme sanft und leise. Es sollte auf keinen Fall anstrengend werden. Nur das Verhältnis 1:2 solltest du bewahren.

- Verlagere deine Achtsamkeit im Verlauf der Übung dann immer vom Zählen auf die Körperempfindungen während des Ausatmens. Lass alles Belastende mit jedem Ausatmen bewusst los.

Je öfter du diese Übung ausführst, desto schneller und spürbarer wirst du Gelassenheit erfahren.

»Wenn wir uns Sorgen machen oder Angst haben, atmen wir meist ziemlich hektisch«, sagte Maya, die beobachtet hatte, wie unruhig Lasse atmete. »Wenn du zur Ruhe kommen und Vertrauen gewinnen willst, hilft es dir, lange und langsam auszuatmen. Die besten Fortschritte wirst du aber machen, wenn du in den Pausen, wenn du gerade mal keine Nüsse sammelst, immer wieder ein wenig meditierst.«

»Meditieren?« Das Eichhörnchen wirkte etwas ratlos, dann hellte sich seine Mine auf. »Ach ja – davon hab ich schon gehört. Da muss man ganz still sitzen – ungefähr so?« Lasse sprang auf einen tiefen Ast, setzte sich wie ausgestopft darauf und schloss die Augen.

»Hm – das ist es noch nicht so ganz. Einfach nur stillzuhalten und nichts zu sehen ist keine Meditation. Das kann schließlich jeder Stein. Damit das Sitzen zu innerem Frieden führt, muss dein Geist wach und achtsam bleiben; auch in äußerer Untätigkeit vollkommen lebendig bleiben – darin liegt das Geheimnis.«

Lasse öffnete die Augen wieder, nickte Maya kurz zu und verschwand im Laub der alten Kastanie. Maya blickte ihm lächelnd hinterher. Vielleicht würde das ängstliche Eichhörnchen nun schon ein wenig leichter inneren Frieden finden. Bestimmt würden sie sich irgendwann wiederbegegnen.

Der warme Mittag hatte das Dach in eine riesige Sonnenterrasse verwandelt. Der Park, der von hier oben wie ein sattgrüner Teppich wirkte, konnte warten. Jetzt war erst einmal Zeit für ein Entspannungsschläfchen. Maya ließ sich von den wärmenden Strahlen der Sonne streicheln und kringelte sich nach Katzenart gemütlich ein.

Sie musste noch lange an ihre Begegnung mit Lasse denken. So viele Wesen litten unter Ängsten. Woher kamen nur diese ständigen Sorgen? Natürlich gab es schreckliche Dinge in der Welt, doch ebenso gab es auch viele schöne. Im Zustand der Sorge aber sah man nicht mehr auf das Gute oder Schlechte, das tatsächlich da war, sondern nur noch auf das Schlechte – von dem ja nicht einmal sicher war, ob es jemals passieren würde. Sorgen waren nichts als Fantasien. Nichts als Gedanken an eine bedrohliche Zukunft, die es gar nicht gab und die es wohl auch nie geben würde. So wie bei Lasses Sorgen über die Bäume, die vielleicht gefällt werden sollten. Wenn Lasses Hausbaum tatsächlich gefällt werden würde, so wäre das zweifellos schlimm. Doch es gibt ja immer einen Unterschied zwischen der Realität und der Vorstellung. Auch wenn Lasse offenbar gut darin war, sich das Schlimmste vorzustellen: In Wirklichkeit stand der Baum groß und mächtig wie eh und je; und soweit Maya sehen konnte, hatte auch niemand vor, das zu ändern.

Alles *kann* passieren – das wusste Maya nur zu gut. Doch was passierte, waren meist Dinge, mit denen man nicht rechnete. Und das, womit man rechnete, waren meist Dinge, die nicht passierten.

»Unsere Sorgen kommen nicht zu uns«, dachte Maya. »Wir *machen* uns die Sorgen.« Früher oder später würde Lasse das auch verstehen. Maya schloss die Augen und genoss die wohlige Wärme des gegenwärtigen Augenblicks.

AUS EUGENS TAGEBUCH:

Maya hat mir von einem Eichhörnchen berichtet, das in der Kastanie vor meinem Balkon lebt. Und davon, dass es sich große Sorgen darüber macht, dass der schöne alte Baum gefällt werden könnte. Irgendwie habe ich mich während ihrer Erzählung ertappt gefühlt, denn mir ist klar geworden, dass auch ich mir öfter mal völlig absurde Sorgen mache. Maya hat dann etwas gesagt, das es auf den Punkt gebracht hat: ***Unsere Sorgen kommen nicht zu uns – wir machen uns die Sorgen.***

Ich glaube, genau darum geht es. Niemand von uns kennt die Zukunft – und statt sie einfach mal auf uns zukommen zu lassen, machen wir uns im Kopf ein besorgniserregendes Bild davon. Im Gegensatz zu meinem Freund Fred bin ich ja eigentlich kein Sorgenmensch. Fred hat es sich zur Gewohnheit gemacht, ständig nach Dingen zu suchen, über die er sich sorgen kann. Er wittert überall das Schlimme, weil er seinen Geist regelmäßig mit Angstfantasien füttert.

Apropos füttern. Dazu fällt mir eine alte Geschichte ein: Ein Indianerjunge sitzt mit seinem Großvater abends am Lagerfeuer und fragt ihn: »Wie kommt es, dass ich manchmal froh und liebevoll bin, manchmal aber wütend und ärgerlich?« Da sagt der Großvater: »Im Herzen eines jeden Menschen leben zwei Wölfe, die ständig miteinander kämpfen: der weise, gütige und liebevolle weiße Wolf und der wütende, selbstsüchtige und kriegerische schwarze Wolf. Mal hat der weiße Wolf die Oberhand, manchmal der schwarze. Je nachdem, welcher Wolf gerade stärker ist, sind unsere Gefühle und Gedanken hell oder dunkel.« Darauf fragt der kleine Junge: »Aber welcher Wolf wird gewinnen?« Und der Großvater lächelt und sagt: »Der, den du fütterst!«

Ich fand diese kleine Geschichte schon beim ersten Anhören schön. Doch wenn ich jetzt drüber nachdenke, scheint sie mir noch viel bedeutsamer zu sein. Jeder von uns entscheidet selbst, womit er seinen Geist füttert – und entsprechend entscheidet er auch, wie er die Welt sieht. Wenn wir uns Sorgen machen, füttern wir die trüben Gedanken und düsteren Gefühle in uns. Und dann werden die Sorgen immer größer und unsere Laune immer schlechter. Darum ist es so wichtig, viel öfter die lichten, klaren Gefühle und Gedanken zu füttern – beispielsweise indem wir uns auf Vertrauen, Mut oder Freude konzentrieren.

Das heißt übrigens nicht, dass wir unsere Schattenseiten verdrängen sollten. Auch sie haben uns etwas Wichtiges zu sagen. Doch extra füttern müssen wir sie nicht. Sie sind gierig genug.

Und deshalb schreib ich es noch mal dick hin: ***Füttere den weißen Wolf!***

Am nächsten Tag sah Maya, wie Lasse fröhlich und zufrieden oben in seiner Kastanie saß. Sie winkte ihm mit einer Pfote zu. »Siehst du, die Bäume stehen noch«, sprach sie und zwinkerte zu ihm hinauf.

Lasse lachte und sprang mit einem tollkühnen Satz auf den Ast, der beinahe ans Dach reichte. »Ich habe dir gestern gut zugehört. Wach bleiben und den Lauf der Dinge aufmerksam beobachten – das ist wirklich ein guter Weg. Sollten die Menschen tatsächlich meinen Baum fällen, werde ich das schon mitbekommen. Und dann bleibt immer noch Zeit, mir Sorgen zu machen. Ändern kann ich es ja sowieso nicht. Im Moment sieht es aber eigentlich so aus, als ob unser Baum stehen bleibt.«

Maya nickte und lächelte Lasse an. »Ja, der Baum steht. Vielleicht fällt er morgen, vielleicht in hundert Jahren.«

»Jetzt machst du mich aber wieder unruhig«, sagte das Eichhörnchen und sein Schweif begann zu zucken. »Früher oder später? Das hört sich an, als müsste ich mir doch Sorgen machen.«

Die Buddha-Katze schüttelte den Kopf. »Du musst gar nichts, Lasse. Und Sorgen musst du dir schon gar nicht machen. Natürlich kann irgendwann und irgendwo immer und überall alles Mögliche geschehen – aber glaub mir, so viele Sorgen kannst du dir gar nicht machen, um das alles zu bedenken. Und mit jeder Sorge tötest du die Freude an der Gegenwart – den einzigen Moment, der wirklich da ist.«

»Aber wenn ich nicht an die Zukunft denke, kann ich mich auch nicht vorbereiten! Wer sich gar keine Sorgen macht, lebt gefährlich. Zum Beispiel Schmetterlinge – die denken nie an die Zukunft und dann trifft sie der Winter ganz unvorbereitet.«

Maya musste lächeln, als sie an Kallamarandi, den Schmetterling, zurückdachte. Er hatte sein Leben in Fülle gelebt, hatte Liebe und Erleuchtung und schließlich die letzte Verwandlung erfahren. Kallamarandi lebte in Mayas Erinnerungen weiter und in den vielen kleinen Schmetterlingseiern, die Millimalina gelegt hatte. Diese würden im Frühling zu Raupen, dann zu Puppen und schließlich auch wieder zu kleinen Schmetterlingen werden. Unaufhörlich drehte sich das Rad des Lebens weiter.

»Das ist schon gut so, dass du dich für den Winter vorbereitest, Lasse. Nur, dass du dir Sorgen machst, ist unnötig.«

Lasse wirkte immer noch nicht überzeugt.

»Schau mal«, sagte Maya. »Wenn du von Ast zu Ast springst, *könntest* du fallen. Zum Beispiel, wenn plötzlich ein Ast bricht oder der ganze Baum umfällt. Oder du könntest sterben, weil sich ein riesiges Loch in der Erde auftut und dich mitsamt dem Baum verschluckt. Oder es könnte ein Meteor vom Himmel fallen. Oder eine Katze könnte dich schnappen, wenn du kurz mal nicht aufpasst.« Maya machte eine spielerische Bewegung mit ihrer Tatze, sodass Lasse vor Schreck beinahe wirklich vom Baum gefallen wäre. »Über all diese Möglichkeiten machst du dir keine Sorgen – und das ist auch sehr schlau, denn die Zukunft ist nur eine Vorstellung und nicht real.«

Lasse sah Maya zweifelnd an. »Aber der Winter ist real.«

»Der Winter kommt; ob du dir Sorgen machst oder nicht.«

Es stimmte schon: Lasse musste sich auf den Winter vorbereiten, auf die Zeit, in der es keine Nüsse mehr gab. Aber musste er sich deshalb wirklich Sorgen machen? Konnte er sich nicht auch auf den Winter vorbereiten, ohne sich Sorgen zu machen? Während er darüber nachdachte, spürte er ein wohliges Kribbeln im Bauch – vielleicht war ja tatsächlich alles viel einfacher, als er dachte.

Maya schien seine Gedanken gelesen zu haben und sprach: »Ja, mein Lieber, ohne Sorgen wird dein Leben sehr viel leichter. Aber noch leichter wird es, wenn du auch noch deine Wünsche und Hoffnungen loslässt.«

MEDITATION
WÜNSCHE UND ERWARTUNGEN LOSLASSEN

Die Wirklichkeit hat ihre eigenen Gesetze – sie richtet sich weder nach unseren Wünschen noch nach unseren Erwartungen, Hoffnungen oder Sehnsüchten. Gleichmut erwächst aus der Erkenntnis, dass wir nicht allzu viel Einfluss auf die Zukunft haben. Das Leben macht, was es will. Das ist an sich kein Problem, sondern wird es erst, wenn du beginnst, gegen den Lauf der Dinge anzukämpfen. Der Weg zur Gelassenheit geht daher genau in die entgegengesetzte Richtung: Lass kommen, was kommen mag und befreie dich von deinen Erwartungen.

Das ist nicht immer leicht, denn diese Geisteshaltungen sind ganz natürlich. Aber du musst ja auch nicht gleich *sämtliche* Erwartungen loslassen. Für den Anfang reicht es, wenn es dir gelingt, deine Erwartungen klein zu halten und dich nicht von ihnen beherrschen zu lassen: »Ich hoffe, dass wir schönes Wetter haben werden; aber wenn es regnen sollte, ist das auch okay.« »Ich wünsche mir, dass ich gesund bleibe; aber wenn ich doch mal krank sein sollte, kann ich auch damit achtsam umgehen.«

Mach dir bewusst, dass dein Glück und dein innerer Frieden nicht davon abhängen, dass deine Wünsche und Erwartungen in Erfüllung gehen. Sonst wirst du immer Sklave der äußeren Umstände bleiben, was nur zu Leiden führt. Begegne deinen Wünschen freundlich und achtsam: Erkenne, dass es vollkommen in Ordnung ist, dass du bestimmte Dinge erhoffst, wünschst oder sogar erwartest. Aber erkenne auch, dass all das nur Gedanken sind – Gedanken, die sich darauf beziehen, dass in der Zukunft etwas Bestimmtes geschehen soll.

Es gibt viele Möglichkeiten loszulassen. Du kannst jederzeit üben, dich von Wünschen und Erwartungen zu befreien.

1. Beobachte deine Gedanken genau: Wünsche können sich auf die Umstände beziehen – darauf, wie etwas (das Wetter, der Ausflug ...) sein sollte. Oder sie beziehen sich darauf, wie andere sein sollen, wie sie sich verhalten sollen. Nicht zuletzt tauchen oft auch Erwartungen an uns selbst auf – zum Beispiel die Erwartung, dass wir erfolgreich und beliebt sein wollen, dass wir nicht scheitern dürfen ... Entscheide, in welche dieser Kategorien deine Wünsche und Erwartungen gehören.

2. Nimm sie achtsam wahr und formuliere innerlich ganz deutlich: »Ich wünsche, dass ...« oder »Ich erhoffe, dass ...« oder »Ich erwarte, dass ...«.

3. Stell dir nun bildhaft vor, dass genau das Gegenteil von dem, wie du die Dinge gerne hättest, passieren wird. Lass einen inneren Film ablaufen und mache dich mit der Tatsache vertraut, dass alles schiefgehen könnte.

4. Atme jetzt tief ein und ganz langsam aus und formuliere ein Mantra der Gelassenheit: »Es kommt, wie es kommt. Was auch passiert: Es ist okay. Ich werde auf jeden Fall damit klarkommen.«

Lasse sah Maya nachdenklich an. »Ich glaube, ich verstehe allmählich, was du meinst.« Langsam schlich sich ein Lächeln in sein Gesicht. »Ich kann mich auf den Winter vorbereiten, ohne mir Sorgen zu machen. Die Sorgen machen den Winter ja nicht leichter. Aber sie machen den Herbst unangenehmer.« Er schüttelte den Kopf. »Dass ich da nicht selbst draufgekommen bin! Es ist eigentlich so klar. Ich danke dir, Maya!«

»Ach, mein Lieber, dafür musst du mir nicht danken. Die Einsicht hast du ja selbst gehabt. Ich habe dir nur einen kleinen Wegweiser aufgestellt.«

Lasse blickte nun wieder recht ernst drein. »Obwohl ich verstanden habe, dass du recht hast, sind meine Sorgen aber leider immer noch nicht weg. Auch wenn mein Verstand sagt, dass Sorgen sinnlos sind, fühle ich sie trotzdem. Es ist so, als hätten sich die Sorgen selbstständig gemacht. Verstehst du, was ich meine?«

Maya seufzte. »O ja, die Affen im Kopf, die treiben es gern bunt und scheinen unbezähmbar ...«

»Wie bitte? Affen? In meinem Kopf?« Lasse sah Maya ein wenig verwirrt an.

Sie lachte. »Deine vielen Gedanken, Erinnerungen, Gefühle und Vorstellungen: Sind sie nicht wie eine Horde kleiner wilder Äffchen? Sie springen hin und her, schreien herum, toben, bis du ganz verzweifelt bist und *scheinen unbezähmbar zu sein.* Deinen Affengeist – den meine ich, wenn ich von den Affen im Kopf spreche.«

Lasse grinste. »Den könntest du auch Eichhörnchengeist nennen. Gerade im Frühling können wir nämlich auch ziemlich wild und verrückt herumjagen, da käme wohl kein Affe mehr mit.« Dann wurde er wieder ernst. »Aber ganz egal, ob Eichhörnchen oder Affen im Kopf – du hast schon recht: Sie sind unbezähmbar.«

»Das habe ich nicht gesagt, Lasse«, entgegnete Maya. »Ich habe nur gesagt, sie scheinen unbezähmbar zu sein. Und tatsächlich wirst du sie weder mit Gewalt noch mit Willenskraft oder Strenge zähmen. Nur Liebe, Mitgefühl und ruhiges Verweilen lassen die Affen – oder Eichhörnchen – im Kopf zur Ruhe kommen ...«

MEDITATION
RUHIGES VERWEILEN

Gelassenheit entsteht, wenn dein Geist ruhig bei einer Sache verweilt; wenn du also innerlich gesammelt bist. Solange deine Gedanken noch von einem Thema zum nächsten springen, solange du unkonzentriert und zerstreut bist, ist es unmöglich, innerlich ruhig zu werden und Gleichmut zu bewahren.

Die folgende Meditation hilft dir, deinen Geist auf einen Punkt zu sammeln. Dabei geht es nicht darum, sich anzustrengen, sondern darum, friedvoll im Sein zu verweilen – vollkommen bewusst und wach, aber eben nicht durch Willenskraft. Während der Meditation richtest du deinen Geist ausschließlich auf ein einziges Meditationsobjekt: den Atemstrom. Was immer darüber hinaus geschieht, was immer du wahrnimmst: Kehre immer wieder zur Beobachtung des Atems zurück; ohne Anspannung, Ärger und Ernst, sondern freundlich und geduldig.

Das klingt nicht besonders sensationell, und doch hat sich diese Form der Meditation seit Jahrtausenden bewährt, um einen unruhigen Geist still und friedvoll werden zu lassen, den Körper zu entspannen und innere Unruhestifter wie Sorgen, Ängste, Grübeln, Tagträume und so weiter zur Ruhe zu bringen. Zur Meditation gehört aber auch, dass du diese Unruhestifter, diese Gedanken und Gefühle, bemerkst. Jeder Augenblick, in dem du registrierst, dass du abgeschweift bist, ist ein Augenblick der Achtsamkeit. Es ist also nicht schlimm oder verkehrt, dass deine Gedanken während der Meditation immer wieder auf Reisen gehen, sondern sogar ein notwendiges Element dieser Meditation.

- Sitze aufrecht, aber bequem. Schließe deine Augen. Entspanne deinen Körper, entspanne deinen Geist.

- Atme dreimal tief durch, und lass dann deinen Atem in seinem natürlichen Rhythmus kommen und gehen.

- Lenke die Achtsamkeit jetzt auf den Atemstrom. Konzentriere dich dazu auf den Bereich in oder an deinen Nasenflügeln. An welcher Stelle kannst du den Atem am deutlichsten spüren? Über der Oberlippe, an den Nasenflügeln oder in der Nase? Konzentriere dich auf diesen kleinen Bereich, an dem du deinen Atem am besten spürst. Richte deine Aufmerksamkeit auf das sanfte Ein- und Ausströmen des Atems. Meist ist es hilfreich, zu beobachten, dass die Luft beim Einatmen etwas kühler und beim Ausatmen etwas wärmer ist.

- Du kannst die innere Sammlung noch durch einfache Sätze vertiefen, mit denen du den Atemstrom innerlich begleitest:
  »Einatmend weiß ich, dass ich einatme.«
  »Ausatmend weiß ich, dass ich ausatme.«

- Wiederhole das bei jedem Atemzug, um dir die Tatsache, dass du hier und jetzt atmest, immer wieder bewusst zu machen.
  Es wird nicht lange dauern, bis du bemerkst, dass dein Geist abschweift. Vielleicht tauchen Gedanken an die Zukunft, Pläne, Sorgen oder auch Erinnerungen auf. Vielleicht sind es Bilder oder Tagträume. Es können auch Gefühle wie Unruhe, Langeweile, Angst oder Ärger erscheinen. Womöglich werden dir aber auch Schmerzen oder andere Körperempfindungen bewusst. Ganz gleich, was es ist: Nimm es einfach kurz wahr, ohne dich davon vereinnahmen zu lassen. Steige nicht in die Geschichte ein, die dir dein Denken erzählen will. Registriere die Ablenkung und kehre dann mit deiner Konzentration sofort wieder zum Atem zurück: »Einatmend weiß ich, dass ich einatme. Ausatmend weiß ich, dass ich ausatme.«

- Bleibe einige Minuten bei dieser Übung. Kontrolliere zwischendurch, ob dein Körper noch entspannt ist, und bewerte nicht, ob du »gut« oder »schlecht« meditierst. Es gibt keine »schlechte« Meditation. Wann immer du dich hinsetzt, um zur Ruhe zu kommen und dich zu sammeln, gehst du innerlich einen großen Schritt auf dein Glück und deine Zufriedenheit zu; und zwar unabhängig davon, ob gerade Sturm in deinem Geist herrscht und deine Gedanken sehr unruhig sind oder ob du dich wohlfühlst. Bleibe gelassen. Begegne jeder Form von Ablenkung mit Gleichmut.

Lasse bedankte sich herzlich bei Maya. »Ich werde deinen Rat beherzigen. Und ich glaube wirklich, dass es mir gelingen wird, etwas mehr Ruhe in meinen Geist zu bringen.«

»Da habe ich gar keinen Zweifel. Einen kleinen Rat möchte ich dir aber noch mitgeben, lieber Lasse: Reg dich nicht auf, wenn es die Affen in deinem Geist mal wieder allzu bunt treiben. Das wird immer wieder passieren, und es ist okay. Wenn du dich darüber aufregst, verstärkst du die Unruhe nur noch. Der Ärger darüber, dass etwas nicht so läuft, wie man es gern hätte, ist nur ein weiterer Affe in der Affenbande. Ob Eigenwille, Trotz, Nervosität, Grübeln, Sorgen, Katastrophisieren ... Lass sie ruhig kommen und lächle sie nur an. Irgendwann werden sie müde und verflüchtigen sich wieder.«

AUS EUGENS TAGEBUCH:

Ich bin zum Glück kein sonderlich materiell ausgerichteter Mensch. Freilich denke ich mir manchmal, dass es schön wäre, wenn meine Bilder in ganz großen Ausstellungen hängen und Kunstliebhaber Millionen dafür bezahlen würden. Aber dann wird mir natürlich sofort klar, dass es vieles gibt, das unzweifelhaft wichtiger ist: Gesundheit, Kreativität, Freunde ... Und wenn ich meine Freunde frage, sind die sich wiederum einig, dass Gesundheit das höchste aller Güter ist – und eigentlich dachte ich das bis vor Kurzem auch.

Als ich das Maya gegenüber erwähnt habe, hat sie mir allerdings etwas erzählt, was meine Sicht total verändert hat: Stell dir zwei Menschen vor. Der eine hat geerbt. Er ist ein netter Typ und hat eine Menge Freunde. Er besitzt eine Villa am See und so viel Geld, dass er es gar nicht ausgeben kann. Und außerdem ist er auch noch absolut fit und kerngesund.

Der zweite hat es deutlich schlechter getroffen: Durch einen Krieg hat er alles verloren und ist bettelarm. Freunde und Familie hat er nicht mehr. Er kommt aus einem fremden Land; und in dem Krieg starben alle, die ihm lieb waren. Er selbst wurde verwundet und war ohnehin schon immer gesundheitlich angeschlagen.

Keiner wird wohl zweimal nachdenken müssen, welches Schicksal ihm lieber wäre. Aber angenommen, es kommt noch ein Faktor hinzu: Der Mann mit dem glücklicheren Los, der alles besitzt, was ein Mensch braucht, leidet unter Depressionen, ist oft unzufrieden und regt sich darüber auf, wie ungerecht es in der Welt zugeht. Der Verarmte und vom Schicksal Geschlagene hingegen ist völlig gelassen. Zwar besitzt er nichts und hat alles verloren, dennoch ist er innerlich reich geblieben. Er freut sich an Kleinigkeiten, ist dankbar für sein Leben und verfolgt im Rahmen seiner bescheidenen Möglichkeiten seine Herzensziele. Vor allem aber übt er sich in Heiterkeit und Gleichmut und trägt ein Lächeln auf den Lippen.

»Und – wer von den beiden wärst du lieber?«, fragte mich Maya.

Natürlich wäre ich gern reich, gesund, hätte gern gute Freunde und wäre so weise und gelassen wie Maya. Aber ihr Gedankenexperiment hat alles in die richtige Perspektive gerückt. Materieller Wohlstand ist fein. Gesundheit und Freunde sind noch besser. Aber nichts davon garantiert, dass wir glücklich werden. Und ebenso wenig führen Armut und Krankheit automatisch zu Unglück und Verzweiflung.

Die Frage ist also, wie wir uns verhalten können, wenn es nicht optimal läuft oder gar alles im Leben zusammenbricht. Worauf kommt es dann wirklich an?

Neulich bin ich in einem Buch auf ein wunderbares Gelassenheitsgebet von einem amerikanischen Theologen gestoßen, das das Problem auf den Punkt bringt und das ich mir seither zum Motto gemacht habe:

Gib mir die Gelassenheit, Dinge hinzunehmen,
die ich nicht ändern kann,
den Mut, die Dinge zu ändern, die ich ändern kann,
und die Weisheit, das eine vom anderen zu unterscheiden.

Maya ging über den Dächern spazieren und beobachtete das vielfältige Leben um sie herum. Der Himmel hing unendlich hoch, die Sonne wärmte die Dachziegel und über der Stadt kreiste ein Kranichpärchen. Maya setzte sich auf den Dachvorsprung und musste auf einmal an Eugen denken – diesen eigentümlichen alten Künstler, der ihr ein so lieber Freund geworden war. Er war nicht nur ein sanftmütiger, sondern auch ein kluger Mann. Erst vor Kurzem hatte sie mit ihm über Gelassenheit gesprochen. Wie schnell er begriffen hatte, wie wichtig Gelassenheit für unser Glück ist und wie sehr es sich lohnt, diese Fähigkeit zu kultivieren. Aber nicht alle verstanden so schnell wie er. Lille, das Kaninchen, hatte zunächst daran gezweifelt, dass sie Gelassenheit tatsächlich üben könne. Jallala, die Amsel, hingegen glaubte, dass Gelassenheit dasselbe wäre wie Trägheit und wollte den Unterschied einfach nicht verstehen.

War es denn nicht selbstverständlich, dass man Gelassenheit üben konnte? Es genügte schon, zwischendurch kurz innezuhalten, auszuatmen und sich nicht aufzuregen, um Gelassenheit zu kultivieren. Aber es hatte eine Weile gedauert, bis Lille das verstanden hatte.

Und dass Trägheit die Folge von Gelassenheit sein sollte ... Maya schüttelte den Kopf. Wie verbreitet doch der Glaube war, dass man sich in Wut, Aufregung, Fantasievorstellungen oder Ängste hineinsteigern müsse, um kraftvoll zu handeln! Dabei verbrauchten doch gerade diese aufwühlenden Emotionen die vorhandenen Kräfte. Jallala hatte das erst verstanden, als sie sich nach langem Gejammere doch einmal entschlossen hatte, ein paar von Mayas Übungen auszuprobieren.

»Ach je, es hilft nichts«, dachte Maya. »Ich werde wohl mal eine Lehrrede über das Geheimnis der Gelassenheit halten müssen.«

Als sie merkte, dass sie selbst gerade dabei war, ihre Gelassenheit zu verlieren, lachte sie über sich, atmete ein paarmal tief durch, rollte sich gemütlich zusammen und ließ den Dingen einfach ihren Lauf.

MEDITATION
DEN DINGEN IHREN LAUF LASSEN

Radikale Akzeptanz ist der schnellste Weg zu Gleichmut und tiefer Gelassenheit. Je mehr Widerstand du dem Leben entgegensetzt, je mehr du gegen den Fluss schwimmst, desto unruhiger, gestresster und verzweifelter wirst du werden. Loszulassen ist selten leicht und oft scheint es sogar unmöglich. Das Leben ist nicht immer nett zu dir. Es passieren unendlich viele Dinge, die dir gehörig gegen den Strich gehen: Du verpasst den Bus, ein Kollege beleidigt dich, dein Partner achtet nicht auf seine Gesundheit, eine kostbare Vase zerbricht oder dein Computer stürzt ab – viele Gründe, sich aufzuregen. Und das sind eher noch die harmloseren. Wenn ein geliebter Mensch stirbt, wenn du schwer erkrankst oder deine Arbeit verlierst, wird es noch viel schwieriger. Es wäre seltsam, darauf nicht mit Trauer, Angst oder Verzweiflung zu reagieren – und doch: Am Ende gibt es nur einen einzigen Weg, wieder Frieden zu finden: Du musst loslassen. Du musst den Dingen ihren Lauf lassen.

Natürlich solltest du dabei unterscheiden: Wenn es Dinge sind, die du ändern kannst, wenn du durch dein Engagement Positives bewirken kannst, dann ist es wichtig, in aller Gelassenheit aktiv zu werden. Doch Regen kannst du nicht wegzaubern, die zerbrochene Vase kannst du nicht mehr retten und einen Freund, der gestorben ist, nicht mehr lebendig machen. All das, was nicht in deiner Macht liegt loszulassen, erfordert Mut, Achtsamkeit und vor allem Übung. Sobald du lernst, den Dingen ihren Lauf zu lassen und es wagst, die Kontrolle aufzugeben, verlieren selbst unangenehmste Erfahrungen ihren größten Schrecken; dein Geist wird frei, du gewinnst Klarheit und die Kraft, auf die bestmögliche Weise mit schwierigen Situationen umzugehen.

Wie übt man Akzeptanz? Wie lernt man Gelassenheit?

Dazu gibt es zwei gute Möglichkeiten, und meist ist es hilfreich, beide miteinander zu verbinden.

1. Beginne damit, dir folgende Fragen zu stellen:

- Was genau ist es, was ich im Moment nicht akzeptieren kann?
- Bringt es etwas, wenn ich jetzt um mich schlage, schreie, jammere, jemanden beschuldige oder etwas Bestimmtes tue?
- Kann ich überhaupt auf die Situation einwirken? Und wenn nein: Kann ich loslassen und Ja dazu sagen?
- Welche Bedeutung wird dieses Ereignis oder dieses Problem haben, wenn ich in einem Jahr darauf zurückschaue?

2. Gehe dann zur Meditation über, indem du folgendes Mantra mehrmals wiederholst:

- Es darf da sein. Es ist okay.

Wende diesen Satz immer dann an, wenn du merkst, dass du eine ablehnende Haltung einnimmst oder spürst, dass du dich innerlich gegen das Leben sträubst und Stress entsteht. Ob du jemanden triffst, der sich seltsam oder unfreundlich verhält, ob deine Wünsche nicht in Erfüllung gehen oder deine Erwartungen an die Umstände enttäuscht und deine Pläne durchkreuzt werden: »Es darf da sein. Es ist okay.«

Dieses Mantra hilft dir, deine Sichtweise schnell zu verändern und neue Möglichkeiten zu entdecken. Und auch wenn du mit belastenden Gefühlen wie Angst, Hass oder Selbstzweifel konfrontiert wirst, solltest du den Mut haben, diesen Gemütszuständen offen zu begegnen: »Auch das darf da sein« (zum Beispiel deine Traurigkeit). »Es ist okay« (traurig zu sein).

Falls du es nicht schaffst, die Situation zu akzeptieren und innerlich Nein sagst, dann ist auch das okay, dann darf auch das da sein. Radikale Akzeptanz bedeutet nämlich, wirklich alles zuzulassen – auch deine eigenen Widerstände.

»Ja«, dachte Maya, »wahrscheinlich gehören die vielen Widerstände gegen das, was ist, zu den größten Hindernissen, um inneren Frieden, ein offenes Herz und Glück zu erlangen.« Maya wusste aus ihren vielen Gesprächen sehr gut, dass es erst mal schwerfiel, die Welt ganz und gar anzunehmen. Und wie oft war sie dem Missverständnis begegnet, dass Akzeptanz bedeute, nichts an Missständen zu ändern. Sie verstand schon, dass es nicht so leicht zu verstehen war. Der Drang, sofort alles Unangenehme, jeden Schmerz, jede Unsicherheit zu bekämpfen, lag vielleicht in der Natur des Lebens. Doch tief in ihrem Herzen wusste sie nur zu gut, dass radikale Akzeptanz eine gewaltige Quelle der Kraft sein konnte. Wer sich nicht von Erfolg oder Misserfolg, Lob oder Tadel, Gewinn oder Verlust und dem ganzen Auf und Ab des Lebens beeindrucken ließ, war wie ein unerschütterlicher Fels in der Brandung. Und nur von diesem festen Standpunkt aus konnte man wirkliche Veränderung bewirken, ohne sich dabei selbst zu verlieren.

Maya ließ diese Überlegungen in ihrem Geist aufsteigen. Sie betrachtete sie interessiert, nahm sie an und ließ sie, wie die beiden Kraniche, die ganz weit oben am Abendhimmel nur noch als zwei kleine graue Flecken zu sehen waren, in aller Ruhe weiterziehen.

LEHRREDE ÜBER DEN GLEICHMUT

Ihr Lieben!

So wie der Meeresgrund unerschüttert von den Stürmen des Ozeans bleibt – so wie der weite blaue Himmel von den vorüberziehenden Wolken nicht aus dem Gleichgewicht gebracht werden kann, ebenso führen Gleichmut und Unerschütterlichkeit im Geist dazu, dass ihr in euch ruhen und in Klarheit und Heiterkeit leben könnt. Entwickelt Gelassenheit und Gleichmut, denn das sind die wichtigsten Geisteskräfte auf dem Weg zu unerschütterlicher Seelenruhe. Wo Gelassenheit ist, haben Unruhe, Nervosität und Ärger keinen Raum. Gleichmut ist der Schild, der euer Herz vor den Einflüssen der Angst, des Hasses und Selbstzweifels schützt.

Wie aber lässt sich Gleichmut entwickeln? Wie könnt ihr Seelenfrieden finden, der unabhängig ist von allem Äußeren? Nur durch Einsicht und Weisheit lässt sich dies erreichen. Zu erkennen und zu wissen, dass alle Dinge unbeständig sind, das ist das Wichtigste. Es werden gute Tage kommen, es werden schlechte Tage kommen. Es werden Zeiten kommen, wo euch alles gelingt. Es werden Zeiten kommen, in denen alle eure Pläne scheitern. Im Fluss des Lebens gibt es keinen Zustand, der sich festhalten lässt. Wann immer ihr dies wirklich erkennt, entstehen Gleichmut und Gelassenheit ganz von selbst.

Doch zu sehen, dass die Dinge fließen und unbeständig sind, ist nur der erste Schritt; ihm muss der zweite folgen: Akzeptiert die Dinge so, wie sie sind. Nehmt das Leben bedingungslos an. Verurteilt Situationen oder andere Lebewesen nicht, nur weil sie nicht euren Wünschen und Erwartungen entsprechen. Hängt nicht an euren Vorstellungen, sondern lasst los und bewahrt eure Gelassenheit auch mitten im Chaos.

Ein offener, annehmender Geist ist niemals gleichgültig. Gleichgültigkeit ist dumpf und verdrängt eure Erfahrungen, während sich Gleichmut durch Achtsamkeit und Heiterkeit ganz natürlich entfaltet.

Bleibt achtsam und liebevoll, während ihr euch im Loslassen übt. Ob Schmerz oder Vergnügen, Lob oder Tadel, ob Ruhm oder Schande, Gewinn oder Verlust – alle diese Erfahrungen folgen in ewigem Wechsel aufeinander. Nehmt das Leben nicht persönlich.

Entscheidet euch, unter allen Umständen die Gemütsruhe zu bewahren, denn ohne starke Entscheidung wird dies nicht gelingen. Was immer geschieht: Bleibt in eurer Mitte – friedvoll und gelassen.

Vielleicht werden eure Pläne scheitern, vielleicht werden andere euch beleidigen oder verletzen, vielleicht werdet ihr krank; ihr werdet Verluste erleiden sowie Alter und Tod erfahren müssen. Wann immer ihr aus dem Gleichgewicht geratet, ängstlich oder verstört seid, solltet ihr euch selbst trösten – so wie eine Mutter ihr Kind tröstet: »Bleib ruhig. Es ist alles gut. Es geht vorbei. Sorge dich nicht.« Sprecht so mit euch selbst und stellt das innere Gleichgewicht wieder her.

Gleichmut erblüht, wenn ihr mit allen Wesen in Frieden seid, wenn ihr mit dem Leben in Frieden seid und wenn ihr mit euch selbst in Frieden seid. Akzeptiert, was ihr nicht ändern könnt. Und akzeptiert auch, wenn ihr Angst habt, wenn ihr wütend oder neidisch werdet, euch aufregt oder verwirrt seid. Sobald ihr erkennt, dass ihr eure Gelassenheit verloren habt, so begegnet auch dieser Tatsache gelassen.

Atmet tief aus und schenkt euch selbst ein Lächeln.

5

Das Geheimnis des Mitgefühls

Durkon, der Rabe, war ein schlaues Kerlchen. Aber er war auch ein ziemlicher Miesepeter. Früher war er stolz darauf gewesen, ein Einzelgänger und Eigenbrötler zu sein. Dass er schlauer als die anderen im Rabenclan war, das hatte er schon bemerkt, als er noch jung und kaum größer als eine Amsel gewesen war. Andere Tiere oder gar Menschen, die sich aus seiner Rabensicht allesamt ziemlich dumm anstellten, nahm er gar nicht ernst. Doch in letzter Zeit überkamen ihn immer häufiger Zweifel. Er fühlte die Einsamkeit immer stärker – wie einen Strick, der sich fester und fester um sein Herz zog und alles abschnürte, was liebevoll, schön und lebendig in ihm war. Auch war er voller Wut auf die anderen aus seinem Clan. Warum missachteten sie ihn? Warum machten sie alle einen großen Bogen, kaum dass sie ihn sahen? Er fragte sich, ob sein Rabenleben überhaupt einen Sinn hatte. Ihm fiel keiner ein.

Durkon hasste Katzen. Und so erstaunlich war das nicht, da Katzen schon mehrere Mitglieder seines Clans getötet hatten. »Diese Idioten!«, dachte er und meinte damit sowohl die mörderischen Katzen als auch die einfältigen Raben, die sich von einer Katze hatten fangen lassen. Auf einem Ast hoch oben in einem Baum krächzte er seine Wut in die Welt hinaus. Doch im Gegensatz zu sonst bekam er diesmal eine Antwort!

»Lieber Rabe – alles Krächzen wird dir nicht helfen, denn das, wonach du wirklich suchst, wirst du niemals finden, solange du dich von deiner Wut leiten lässt.«

Durkon drehte den Kopf in alle Richtungen und bemerkte schließlich die Katze, die unter dem Baum saß und zu ihm aufblickte. Er wollte schon »Hau ab, Katzenvieh!« rufen, doch da war etwas im Blick dieser Katze, das ihn neugierig machte. Er breitete seine Flügel aus und ließ sich auf einem Ast direkt über Maya nieder – nah genug, um sie besser verstehen zu können, aber doch auch hoch genug, dass sie ihn mit einem Sprung nicht erreichen konnte. Katzen konnte man nie trauen.

»Wer bist denn du schon, du mickrige Katze, dass du mir Ratschläge erteilen willst?«, fragte er ärgerlich.

Maya lächelte freundlich und rief zurück: »Ich bin Maya, die man die Buddha-Katze nennt. Eigentlich wollte ich gerade ein Nickerchen machen, aber bei deinem wütenden Gekrächze ist an Schlafen ja nicht zu denken. Da dachte ich mir, ich schau mal vorbei, ob du vielleicht Hilfe brauchst.«

»Hilfe? Etwa von dir? Warum sollte ich Hilfe brauchen, hä?«, krächzte Durkon empört.

»Weil dein Krächzen sich so anhört, als ob du unzufrieden mit der Welt bist.«

»Vielleicht krächze ich ja auch, weil ich nun mal ein Rabe bin!«, erwiderte Durkon und sah Maya verächtlich an.

»Möglich – aber vielleicht krächzt du auch deshalb so laut, weil du im Grunde deines Herzens Hilfe suchst. Sehr viele Wesen brauchen Unterstützung, wenngleich es ihnen selten bewusst ist, weißt du? Und Raben sind da keine Ausnahme.«

Er schien nicht überzeugt, und so fuhr Maya fort: »Außerdem sehne ich mich nach einer schöneren Welt, am liebsten nach einer, in der niemand leiden muss.«

»Soso. Ich glaub eher, du sehnst dich nach einem Rabenfleischfrühstück«, sagte Durkon misstrauisch.

Maya lachte. »Ich kann gut verstehen, dass du das glaubst. Doch ich töte schon lange keine Lebewesen mehr.«

»Auch keine Mäuse?«

»Auch keine Mäuse.«

Durkon starrte Maya skeptisch an – eine Katze, die keine Mäuse jagte? Das kam ihm ziemlich unglaubwürdig vor. »Und wie willst du mir überhaupt helfen? Es ist doch sowieso alles sinnlos«, sagte er.

»Vielleicht erscheint dir das im Moment so«, erwiderte Maya und streckte sich genüsslich durch. »Doch ich bin mir sicher, dass das früher einmal anders war, stimmt's?«

»Früher – ja. Da war ich jünger. Und dümmer.«

»Aber vielleicht hattest du dafür auch mehr Verständnis für andere.«

»Für andere? Für Raben? Diese Tölpel! Die brauchen mein Verständnis nicht, und außerdem kümmere ich mich lieber um meinen eigenen Kram.«

Maya schüttelte den Kopf. »Mein Lieber, magst du nicht zu mir herunterkommen, sonst bekomme ich noch einen steifen Nacken.«

»Ich bin doch nicht blöd. So leicht legst du mich nicht rein.«

»Hast du etwa Angst vor einer mickrigen Katze?« Sie grinste Durkon an. »Da du ohnehin findest, dass alles sinnlos ist, hast du doch sowieso nichts zu verlieren.«

»Da hat sie recht«, dachte Durkon. Und außerdem hatte er einen starken, scharfen Schnabel; die kleine Katze würde ihr blaues Wunder erleben, wenn sie ihn angreifen sollte.

Nichts jedoch lag Maya, die sich inzwischen unter dem Baum zusammengerollt hatte, ferner. Durkon fasste sich ein Herz, flog hinab und näherte sich Maya mit vorsichtigen Schritten.

»Du bist echt eine komische Katze«, sagte er, halb bewundernd. »Du glaubst also tatsächlich, dass du mir helfen kannst, wieder einen Sinn in meinem tristen Rabenleben zu finden?«

»Na ja, ich kann es zumindest versuchen. Ich könnte dir zeigen, wie du dich selbst von den Fesseln befreien kannst, die sich um dein Herz gelegt haben.«

Durkon staunte. Hatte er nicht selbst vor Kurzem gedacht, dass es sich anfühlte, als läge sein Herz in Fesseln? Vielleicht wusste diese Maya tatsächlich mehr, als man ihr ansah. Mit für seine Verhältnisse ungewöhnlich sanfter Stimme sagte der Rabe: »Das wär schön. Aber wie willst du das hinkriegen? Ich denke, es ist hoffnungslos.«

Maya sah den Raben voller Mitgefühl an. »Mit Wut, Hass und Eigennutz ist tatsächlich alles hoffnungslos. Doch Güte, Mitgefühl und Liebe zeigen dir den Weg, der aus der Sinnlosigkeit führt.«

»Wie bitte? Güte? Mitgefühl? Liebe? Ich weiß nicht recht. Keiner denkt an mich, warum soll ich da an andere denken?«

»Ich denke an dich«, sagte Maya freundlich und sah dem Raben tief in die Augen.

Durkon senkte verlegen den Kopf. Dann nickte er. »Nun ja – du bist anders als die anderen. Ich, Durkon, bin ja auch anders als andere. Vielleicht bist du deshalb so freundlich zu mir.«

»Durkon, mein Lieber, jeder ist etwas Besonderes, jedes Wesen ist einmalig. Doch viel wichtiger als das, was uns besonders und einmalig macht, ist das, was wir gemeinsam haben. Ob Eichhörnchen, Menschen, Krähen oder Katzen – sind wir nicht alle fühlende, leidende Wesen? Haben wir nicht alle Träume und tragen wir nicht alle die Sehnsucht nach Liebe in unseren Herzen?«

MEDITATION
EBENSO WIE ICH

Die folgende Reflexion hilft dir, dich anderen näher zu fühlen und das Gefühl, isoliert oder von ihnen getrennt zu sein, zu überwinden. Wir vergessen manchmal, dass all die scheinbar so verschiedenen Lebewesen in Wahrheit eine große Familie bilden. Auch wenn jeder von uns Fehler und Schwächen hat, so teilen doch alle die gleichen Nöte und folgen der gleichen Sehnsucht. Sobald dir bewusst wird, dass es so etwas wie Fremde im Grunde nicht gibt, kannst du dein Mitgefühl erblühen lassen. In der Begegnung mit anderen kannst du so Angst und Scheu hinter dir lassen und sie durch Liebe und Freundlichkeit ersetzen.

Setze dich aufrecht und entspannt hin, schließe die Augen und lass deinen Atem zur Ruhe kommen.

Stell dir jetzt jemanden vor, mit dem du Schwierigkeiten hast oder mit dem dir das Zusammenleben schwerfällt. Hole ihn dir vor dein inneres Auge. Lächle ihm innerlich zu und mache dir jetzt Folgendes bewusst:

- Ebenso wie ich möchte auch er letztlich nur eines: glücklich sein.
- Ebenso wie ich ist er dem Leiden unterworfen und hat mit Krankheiten, Verlusten und Misserfolgen zu kämpfen. Und genau wie ich, ist er dem Altern und dem Tod unterworfen.
- Ebenso wie ich ist er nicht perfekt. Gier, Hass und Täuschung machen ihm das Leben schwer und hindern ihn daran, Zufriedenheit und Freude zu erleben.
- Ebenso wie ich sehnt er sich danach, geliebt zu werden und geborgen zu sein.
- Ebenso wie ich ist er gelegentlich enttäuscht oder verärgert, und genau wie ich leidet er manchmal unter Sorgen, Selbstzweifeln, Depressionen oder Ängsten.
- Ebenso wie ich hat er Träume, von denen die meisten nicht in Erfüllung gehen werden.
- Ebenso wie ich selbst verdient er Mitgefühl und Verständnis.

Für diese meditative Reflexion brauchst du nicht viel Zeit. Mit etwas Übung reichen wenige Minuten, um dir bewusst zu machen, dass andere bei Weitem nicht so fremd sind, wie du vielleicht dachtest. Und diese Möglichkeit steht dir auch jederzeit im täglichen Leben offen, wenn du auf jemanden triffst, den du im ersten Moment unsympathisch findest und innerlich ablehnst. Gerade dann!

Durkon war sehr still geworden. Er spürte, wie etwas an den Fesseln zupfte, die um sein Herz gelegt waren – zu zart noch, um sie zu zerreißen, aber deutlich genug, um sein Herz schon etwas kraftvoller schlagen zu lassen.

Nach einer Weile sagte er leise. »Aber ich bin ganz allein. Du bist etwas Besonderes, Maya. Ich bin froh, dich kennengelernt zu haben. Außer dir kenne ich niemanden, der mich jemals liebevoll behandelt hat. Ich habe keine Freunde. Vielleicht hast du ja recht damit, dass ich den anderen doch ähnlicher bin, als ich dachte. Aber auch das zu denken, tut mir weh. Denn dann bin ich nicht mal mehr etwas Besonderes, sondern nur noch ein ganz gewöhnlicher verbitterter Rabe. Warum sollten andere mich lieben, wenn ich es noch nicht mal selbst tue?«

Maya nickte. »Durkon, mein Lieber, ich sehe, du hast das Problem schon fast erkannt: Wie sollten dich andere lieben, wenn es dir selbst nicht gelingt? Aber du kannst deine Schwierigkeiten nur überwinden, wenn du noch einen Schritt weiter gehst.«

»Aha«, sagte Durkon. »Und was für ein Schritt soll das sein?«

»Es ist ganz einfach, Durkon. Du bist schließlich ein besonders kluger Rabe. Du musst nur die Augen öffnen. Da du erkannt hast, dass es anderen schwerfällt, dich zu mögen, wenn du dich selbst nicht magst, ist doch eigentlich klar, was deine Aufgabe ist: Lerne, dich selbst zu lieben!«

»Oh«, sagte Durkon, der nun vollends verunsichert war. Eine ganze Weile saß er schweigend da, dachte nach und sah Maya an. »Hmm – ja, du hast schon recht. Das wäre vernünftig. Doch wie soll ich das lernen? Ich kann ja schlecht lernen, mich selbst zu lieben, solange ich es nicht tue, oder?«

Maya lächelte Durkon herzlich an. »Aber warum denn nicht? Natürlich kannst du das! Das kann jeder, mein Lieber. Alles, was du brauchst, ist etwas Übung!«

Durkon lachte bitter. »Das ist doch wohl nicht dein Ernst?«

»O doch. Stell dir einmal vor, du wolltest ein extrem hohes Gebirge überqueren. Ein Hochtal führt bequem hindurch – doch es bringt dich letztlich nicht dahin, wo du hinmöchtest. Ein Berg, den du unmöglich überfliegen kannst, versperrt den direkten Weg. Nun kannst du ein Trottel sein und es trotzdem versuchen. Oder aber du entscheidest dich, eine andere Route zu suchen. Das ist erst mal mühsam. Aber auch klüger, denn je öfter du die Täler abfliegst, desto besser kennst du sie. Du weißt, wo du schon warst und wo nicht – es wird immer leichter zu navigieren, und irgendwann findest du eine Lücke zwischen den Bergen; einen Pass, über den du in neues Terrain fliegen kannst. Dann wird dieser Weg der leichtere geworden sein.«

Zum ersten Mal erschien ein Hoffnungsschimmer in Durkons Augen. »Hm, ja, dieser Vergleich ist gut. Es stimmt – ich muss eine neue Flugroute finden, um nicht irgendwo alleine im Hochgebirge zu sterben.« Er räusperte sich. »Nur, ehrlich gesagt, ich weiß nicht, *wie* ich üben soll. Wie kann ich sozusagen die Täler abfliegen, um letztlich etwas Neues zu finden?«

Maya nickte. »Ja«, sagte sie voller Verständnis, »das erscheint dir offenbar schwer. Aber ich habe da eine Idee, die dir vielleicht weiterhilft: Probier doch mal aus, liebevollere Worte zu wählen, wenn du mit dir selbst oder anderen sprichst. Bestimmt ist das erst mal ungewohnt für dich – denn darin hast du ja nicht viel Übung. Doch du wirst feststellen, wie viel leichter das Leben schon allein dadurch wird, dass du ein paar freundliche, gütige Worte zu anderen oder dir selbst sagst ...«

MEDITATION
LIEBEVOLLE WORTE WÄHLEN

Worte sind magisch. Deine Worte haben große Macht. Mit Worten kannst du andere beleidigen, sie verunsichern oder sogar tief verletzen. Durch die richtigen Worte kannst du aber auch Trost spenden, Orientierung geben oder anderen mehr Selbstvertrauen schenken. Mitfühlende, gütige Worte erzeugen Nähe und Vertrauen. Ärgerliche, hasserfüllte Worte erzeugen Trennung und Gewalt. Entscheide dich, welche Saat du säen willst. Und dann achte darauf, ob deine Worte mit deinen Absichten und Werten in Einklang stehen.

Achtsam zu sprechen ist eine spirituelle Alltagspraxis. Jede Begegnung mit anderen bietet dir eine Chance, deine Worte weise zu wählen.

- Achte gut auf deine Worte. Beobachte dich selbst, wenn du sprichst. Redest du mit allen auf eine freundliche, sanfte Weise oder machst du große Unterschiede, je nachdem, wen du triffst? Verurteile dich nicht, sondern nimm einfach nur achtsam wahr, wie du mit deinen Worten und deiner Sprache umgehst – nicht nur beim Reden, sondern auch beim Schreiben und vielleicht sogar beim Denken.

- Vermeide es zu lügen. Offenheit und Vertrauen können nur blühen, wenn wir uns darauf verlassen können, dass der andere die Wahrheit sagt. Solange du anderen etwas vormachst, machst du letztlich dir selbst etwas vor, und du beraubst dich deiner Authentizität. Stehe dazu, was du denkst und stehe zur Wahrheit, auch wenn das manchmal schwierig ist.

- Verletze niemanden durch deine Worte. Dass du deine Freunde nicht verletzt, versteht sich sicher von selbst. Das Gleiche sollte jedoch auch für deine Eltern, Geschwister, Kinder, ja auch für deine Nachbarn oder flüchtige Bekannte gelten – und sogar für deine Widersacher. Achte beim Sprechen darauf, andere Wesen weder zu beleidigen, noch sie abzuwerten oder bloßzustellen. Gewaltfreiheit ist immer auch eine Frage gewaltfreier Kommunikation. Nähre die mitfühlenden, liebevollen Seiten in dir, indem du auch jene, die dir unsympathisch sind oder die dich beleidigt haben, freundlich behandelst. Nimm Angriffe nicht persönlich – sie sind nicht dein Problem, sondern das Problem des Angreifers.

- Rede nicht zu viel. Überlege dir, ob das, was du sagen willst, notwendig ist. Sprich nur, wenn du etwas Wichtiges zu sagen hast. Oder wenn deine Worte hilfreich sind. Unwesentliche Dinge zu sagen, zu klatschen, zu tratschen oder vom Hundertste ins Tausendste zu kommen, kostet dich nur Energie. Höre im Zweifelsfall lieber mehr zu, statt selbst zu lange zu reden.

- Sind die Worte, die du wählst, freundlich? Sind sie hilfreich? Versuche, dein Herz durch deine Worte sprechen zu lassen. Am einfachsten ist das, wenn du in Gesprächen Dankbarkeit, Wertschätzung oder Freude zum Ausdruck bringst. Allein dadurch, dass du aufbauende Worte wählst, kannst du in jeder Begegnung zu einer friedvolleren und heitereren Atmosphäre beitragen.

Durkon hatte Mayas Worte aufgesogen, wie ein ausgetrockneter Schwamm Wasser aufsaugt. Er fühlte sich leichter und freier – so frei wie lange nicht mehr. Ja, beinahe fühlte er sich wie ein junger Vogel, der voller Neugier auf die Welt zum ersten Mal das Nest verlässt. Wie verändert doch ein vertrautes Leben sein konnte, wenn man es plötzlich aus einer neuen Perspektive sah.

»Ich danke dir von ganzem Herzen, Maya. Ich will es probieren. Ich werde mir selbst und anderen gegenüber nur noch liebevolle Worte wählen.«

»Das ist wundervoll!«, sagte Maya. »Vergiss nie, dass wir alle Kinder der Sterne sind …«

AUS EUGENS TAGEBUCH:

Maya spricht häufig davon, dass wir alle, also alle Lebewesen, miteinander verbunden sind. Sie sagt, dass wir alle Kinder der Sterne sind. Das klingt schön, und ich finde, dass man das auch intuitiv sehr gut verstehen kann; zumindest ging es mir so. Dass die gegenseitige Verbundenheit aber nicht nur ein spirituelles Hirngespinst, sondern eine erforschte Tatsache ist, das habe ich erst vor Kurzem erfahren.

Fakt ist, dass die häufigsten Atome im Universum – immerhin über neunundneunzig Prozent – Wasserstoff, Stickstoff, Sauerstoff und schließlich Kohlenstoff sind. Und woraus bestehen Menschen, Katzen und alle anderen Lebewesen? Auch aus Wasserstoff, Stickstoff, Sauerstoff und Kohlenstoff. Das hat mich echt verblüfft. Es ist kaum vorstellbar, aber offensichtlich gibt es zwischen uns und dem Universum eigentlich gar keinen Unterschied.

Und da sind noch mehr interessante Fakten. Zum Beispiel hätte ich nie gedacht, dass in jedem Menschen (und jeder Katze) ein paar Millionen Atome sind, die bereits in Buddha oder Jesus vorhanden waren.

Auch wenn das »nur« naturwissenschaftliche Tatsachen sind – sie haben etwas in mir verändert. Vielleicht ist sogar die Milchstraße ein riesiger, lebendiger Organismus. Dass wir aus demselben Stoff bestehen wie das Universum, hat meine bisherige Perspektive ordentlich über den Haufen geworfen. Es war eine Illusion zu glauben, dass ich von allen und allem getrennt bin; denn tatsächlich ist jeder von uns nur ein winziges Teilchen von etwas viel, viel Größerem.

Dass alles mit allem verbunden ist, ist aber vor allem ein Lebensgefühl, finde ich. Aber ich sehe schon, dass ich mich noch lange im Loslassen (von erlernten Sichtweisen) üben muss, um das auch wirklich zu verinnerlichen …

Kurze Zeit später – Maya streifte wieder einmal durch den morgendlichen Park – löste sich aus einem Schwarm ein Rabe und kam auf sie zugeflogen. Sie erkannte ihn gleich: Es war Durkon.

Er schwebte herab, ließ sich direkt vor Maya im taufeuchten Gras nieder und verbeugte sich in seinem schwarzen Frack überaus förmlich. »Sei gegrüßt, verehrte Maya!«

Das sah so putzig und ulkig aus, dass Maya auflachte. Doch auch sie verbeugte sich. »Sei gegrüßt, Durkon Rabensohn.«

Durkon zwinkerte ihr zu und lächelte. »Unsere Rabensitten sehen sicher etwas komisch für dich aus, stimmt's?«

Maya musste zugeben, dass sie diese förmliche Anrede und Verbeugung lustig fand. Sie antwortete: »Auch wenn ich gestehen muss, dass ich von deinem Auftritt ziemlich überrascht war, würde ich mich doch nie darüber lustig machen, Durkon. Freundlichkeit und Respekt vor anderen auszudrücken ist immer wertvoll, ganz gleich, in welcher Form man das tut.«

Durkon nickte freudig. Er schien bester Laune zu sein und seine Augen leuchteten. »Maya, deine Worte haben mir mehr geholfen, als du dir vorstellen kannst. Endlich fühle ich mich in meinem Rabenclan wohl und geborgen – und es scheint, als ob die anderen mich auch mögen. Ehrlich gesagt, hätte ich mir das bis vor Kurzem nie vorstellen können. Meine Verwandlung hat die anderen neugierig gemacht, und ich habe ihnen von dir erzählt – ich hoffe, das ist okay für dich. Sie würden dich gern kennenlernen. Aber sie trauen sich nicht.«

Maya grinste und sah zu dem Schwarm auf, der sich in der Krone einer gewaltigen Buche niedergelassen hatte. »Natürlich ist das okay. Sie sind mir jederzeit willkommen. Und wenn ihr Lust habt, möchte ich dich und deine Freunde einladen. Bald werde ich wieder eine kleine Lehrrede halten – unter der alten Kastanie hinter dem Ententeich.«

»Ja, ich komme gern. Und meine Kumpel bestimmt auch.« Durkon stand mit gesenktem Kopf vor Maya und starrte wie hypnotisiert auf ihre weißen Tatzen. Offensichtlich hatte er noch etwas auf dem Herzen.

»Mein Lieber«, sagte Maya. »Kann es sein, dass dich noch etwas beschäftigt?«

»Ja, schon«, druckste Durkon herum. »Es ist mir ein wenig peinlich – aber könntest du mir vielleicht noch eine Übung zeigen?«

Maya lachte. »Aber natürlich, mein Lieber – nichts lieber als das. Um dein Herz zu befreien und um Leichtigkeit und Freude zu erlangen, gibt es eine wunderbare Übung. Die Kunst dabei besteht darin, die Energie der Liebe zu befreien, indem du sie in die Welt strahlst …«

MEDITATION

LIEBE IN DIE WELT STRAHLEN

Die Meditation über die liebende Güte verbindet dich mit all jenen, die dich auf deinem Weg begleiten – darüber hinaus aber auch mit allen Lebewesen, ganz gleich, ob nah oder fern, groß oder klein, sichtbar oder unsichtbar, Freund oder Feind.

In dieser Herzmeditation wirst du innerlich Wunschsätze wiederholen. Die Wünsche, die dabei zum Ausdruck gebracht werden, entsprechen der tiefsten Sehnsucht aller Wesen. Diese Wunschsätze gleichen Samen, die du mit jeder Meditation ausstreust. Mach dir jedoch keine Gedanken darüber, ob die Samen aufgehen, sondern konzentriere dich nur auf deine Absicht, eine gütige, freundliche Haltung zu entwickeln – eine Haltung, die nicht nur anderen, sondern auch dir selbst von großem Nutzen sein wird.

- Setze dich aufrecht und entspannt hin und schließe die Augen. Lege dann die Hände sanft auf dein Herz. Nimm Kontakt zu deinem spirituellen Herzen auf, indem du deinem Herzen innerlich zulächelst.

- Atme mehrmals tief und langsam ein und aus. Komme immer mehr im jetzigen Augenblick an. Lass hinter dir, was längst vergangen ist, und versuche, deine Gedanken auch nicht in die Zukunft schweifen zu lassen.

Schenke dir zunächst selbst dein Mitgefühl, indem du mehrmals innerlich folgende Sätze langsam wiederholst:

- Möge ich glücklich und geborgen sein.

- Möge ich friedvoll und frei sein.

Versuche nicht, bestimmte Gefühle zu erzwingen. Deinen Willen brauchst du für diese Übung nicht, sondern einzig deine Vorstellungskraft. Wenn du möchtest, kannst du dir eine strahlende Sonne in der Mitte deiner Brust vorstellen oder an ein geliebtes Wesen denken, um die Wärme des Mitgefühls in deinem Herzen zu wecken.

Gehe nun den nächsten Schritt: Sende deine Güte an jemandem, der dir nahesteht. Stelle dir diese Person vor und wiederhole mehrmals die folgenden Sätze:

- Mögest du glücklich und geborgen sein.

- Mögest du friedvoll und frei sein.

Als Nächstes sendest du dein Mitgefühl an jemandem, den du nur flüchtig kennst und dem gegenüber du weder besonders Zuneigung hast, der dir aber auch nicht besonders unsympathisch ist. Stelle ihn dir bildlich vor und wiederhole wieder einige Male die Sätze:

- Mögest du glücklich und geborgen sein.

- Mögest du friedvoll und frei sein.

Lasse dein Mitgefühl nun auch zu jemandem fließen, der dir nicht sympathisch ist und mit dem du vielleicht sogar Schwierigkeiten hast. Lass deinen Atem ruhig fließen, bleibe mit deinem Herzen verbunden und wiederhole innerlich langsam und sanft die Sätze:

- Mögest du glücklich und geborgen sein.

- Mögest du friedvoll und frei sein.

Schließlich verbindest du dich innerlich mit allen Lebewesen. Mache dir wieder bewusst, dass wir alle miteinander verbunden sind, auch wenn wir das meist nicht spüren. Wiederhole innerlich wieder die Sätze:

- Mögen alle Wesen glücklich und geborgen sein.

- Mögen alle Wesen friedvoll und frei sein.

Lasse deine Güte und dein Mitgefühl in die Welt strahlen. Falls du die Liebe in deinem Herzen zunächst noch nicht spüren kannst, ist das ganz normal. Bemühe dich nicht zu sehr. Es genügt, dass du die Herzmeditation regelmäßig einige Minuten lang übst, denn sie wirkt auf einer tiefen Ebene, und zwar unabhängig davon, ob du das Gefühl hast, dass es »funktioniert« oder nicht.

Lasse deinen Atem ungehindert fließen und wiederhole innerlich die Sätze, während du dir verschiedene Personen oder Lebewesen vorstellst. Sobald du bemerkst, dass du gedanklich abschweifst, was oft passieren wird, kehrst du einfach geduldig immer wieder zu den Formulierungen zurück.

Beende die Meditation, indem du tief durchatmest und die Augen dann wieder öffnest.

Durkon legte den Kopf schräg. Er wirkte nicht sehr überzeugt, als er sagte: »Das klingt schön und gut. Aber hilft mir das auch? Wie soll das überhaupt funktionieren? Ist das so eine Art Katzenzauberei?«

Maya lachte. »O nein, zaubern kann ich nicht.« Dann wurde sie wieder ernst und ergänzte: »Sieh mal genau hin, was geschieht, wenn deine Gedanken immer nur mit dir selbst beschäftigt sind. Du bist dann wie ein Blatt in einem Wasserstrudel. Alles dreht sich im Kreis und schließlich wirst du in die Tiefe gezogen. Wer nur um sich selbst kreist, verpasst es, mit dem Fluss zu fließen. Er übersieht, wie aufregend und bunt die Welt ist. Sobald du deinen Blick aber einmal von dir weg auf die unvorstellbar weite, unvorstellbar bunte Welt richtest, wird das deinen Geist sofort befreien. Du wirst innerlich weit und fängst an, die Verbundenheit und Liebe zu spüren, die aus deinem Herzen strahlt – und die schließlich hundertfach zu dir zurückstrahlen wird.«

Durkon sah Maya nachdenklich an. Dann sagte er: »Meine Gedanken und Gefühle auf andere zu richten – das wäre mir früher nie in den Sinn gekommen. Aber ich glaube, du hast wirklich recht. Immer wenn ich es versuche, fühlt sich das leicht und froh und warm an. Es ist fast so, als hätte ich mich bisher selbst gefesselt. Vielleicht muss ich ja nur lernen, mich selbst loszulassen.«

Maya nickte. »Es stimmt, Durkon. Nur wir selbst sind es, die uns innere Fesseln anlegen. Und nur wir selbst sind es auch, die uns befreien können.«

Lange blickte der Rabe schweigend in den Himmel. Dann sagte er: »Mich selbst loszulassen macht mir ein wenig Angst, Maya. Werde ich mich nicht verlieren, wenn ich mich nicht im Auge behalte?«

»Wer würde was verlieren, wenn du dich selbst verlierst?«

Durkon sah Maya ratlos an. »Das ist mir zu kompliziert«, sagte er, während er seine Federn ausschüttelte.

»Was verliert ein Apfel, der den Apfelbaum loslässt? Wenn er sich am Baum festklammert und dort verfault, war sein Dasein leer und ohne Sinn. Wenn er loslässt, verbreitet er den Samen und wird der Ursprung vieler neuer Äpfel. So verliert er nichts durch das Loslassen, sondern gewinnt das Leben.«

AUS EUGENS TAGEBUCH:

Die Meditation der liebenden Güte, die Maya mir – und einem Raben! – gezeigt hat, ist eine großartige Erfahrung. Ich habe in letzter Zeit viel über Meditation gelesen und dabei festgestellt, dass Mayas Meditation in ähnlicher Form im Buddhismus existiert; dort heißt sie Metta-Meditation. Aber woher sie kommt, ist ja letztlich gleichgültig. Viel wichtiger ist es zu praktizieren – und dabei seinen eigenen Weg zu finden.

Früher habe ich keinen Unterschied zwischen Mitleid und Mitgefühl gesehen. Nach einigen Gesprächen mit Maya ist mir jetzt klarer, worum es jeweils geht. Wenn ich mit jemandem Mitleid habe, bin ich ganz bei <u>meinem</u> Leiden: Ich fühle mich nicht gut und oft sogar ein wenig schuldig, wenn es einem lieben Menschen schlecht geht. Maya hat mir erklärt, dass diese Art, mit anderen zu fühlen, nicht hilfreich ist. Denn dadurch verringere ich das Leiden ja nicht, sondern füge fremdem Leiden noch mein eigenes hinzu. Das Leiden zu verdoppeln, bringt jedoch niemandem was. Bei Mayas Meditation, bei der man Liebe in die Welt strahlt, erfährt man hingegen reines Mitgefühl.

Mitleid ist eine automatische Reaktion, die auftritt, wenn wir Leiden begegnen und bei der wir uns hilflos und ohnmächtig fühlen. Mitgefühl ist jedoch eine bewusste Entscheidung, bei der wir in unserer Kraft bleiben, während wir dem anderen unsere ganze Aufmerksamkeit schenken.

Von all den tollen Meditationen, die ich durch Maya gelernt habe, ist diese wohl die wunderbarste. Immer wenn ich in trübe Gedanken hineinrutsche, wenn ich Angst oder Schmerzen habe, hilft es mir sehr, meinen Blick von mir selbst auf andere zu lenken. Statt mich in meinen eigenen Problemen zu verstricken, versuche ich, ein bisschen mehr Kraft und Freude in die Welt zu bringen – und das befreit mich sofort aus meinen alten Mustern. Nur so gelingt es mir, die Energie freizusetzen, die nötig ist, um Menschen oder Tieren zu helfen, denen es wirklich schlecht geht.

Durkon hatte Maya versichert, dass er ihre Meditation der liebevollen Güte von nun an regelmäßig üben würde. Dabei hatte er jedoch immer noch ein wenig skeptisch geklungen. Maya verstand das und lächelte mild. Er würde die befreiende Kraft der Meditation erfahren, wenn er bereit war. Und wenn nicht, war auch das in Ordnung.

Als sie Durkon das nächste Mal begegnete, saß er auf einem Ast und versuchte sich an einem Liedchen. Offensichtlich war er ausgesprochen guter Laune.

»Es ist doch eine Art Zauberei!«, rief er Maya schon im Anflug zu. Dann setzte er sich neben sie und sagte: »Gleich beim ersten Üben der Meditation, die du mir gezeigt hast, habe ich gespürt, wie sich die letzten Fesseln um mein Herz zu lösen beginnen! Vielen Dank, Maya. Wenn ich daran denke, wie verbohrt und unglücklich ich noch vor Kurzem war. Aber entschuldige – ich muss eigentlich schon wieder los. Mein Clan hat eine Versammlung.« Durkon zögerte. »Maya – hast du noch eine Übung für mich?«

»Ich glaube, die brauchst du nicht. Die Meditation der liebenden Güte ist gerade das Richtige für dich.«

Durkon nickte. »Ja, vielleicht ist es besser, wenige Übungen richtig und regelmäßig zu machen«, meinte er.

Maya lachte: »Da hast du allerdings recht, Durkon. Oft genügt sogar schon eine einzige Meditation, um ein ganzes Leben zu verändern ...«

Durkon schmunzelte, verbeugte sich noch einmal höflich vor Maya und schwang sich dann hoch in die Luft hinauf, wo sein Rabenclan ihn freudig empfing. Er war so glücklich. Zum ersten Mal in seinem Leben hatte er das Gefühl, dass doch nicht alles sinnlos war. Nein, eigentlich hatte er nicht einmal das *Ge-*

fühl – Sinnlosigkeit kam in seinen Gedanken und Gefühlen schon lange nicht mehr vor.

Immer wenn er mit seinem Rabenschwarm über den Himmel zog und Maya erblickte, glitt er kurz zu ihr herab und begrüßte sie ehrerbietig. Maya freute sich, wie schnell der griesgrämige Durkon zu einem fröhlichen, liebevollen Raben geworden war, und sie schenkte ihm ein Lächeln, das tief, ganz tief aus ihrem großen Katzenherzen kam.

LEHRREDE ÜBER DAS MITGEFÜHL

Ihr Lieben!

Es gibt kein anderes Tor, durch das ihr so sicher zu Glückseligkeit und zu vollkommener Freiheit im Geiste gelangen könnt, als das Tor in eurem eigenen Herzen. Sicherlich: Wunderbar ist es, Ruhe in sich selbst zu finden, kostbar ist es, Gelassenheit zu erlangen, gut ist es, sich dem Fluss des Lebens anzuvertrauen, nützlich und wirkungsvoll ist es, behutsam mit der eigenen Lebensenergie umzugehen – nichts aber ist so mächtig wie die Liebe, und nichts ist so heilsam wie sie. Folgt ihr einzig und allein der Kraft dieser Liebe, so werdet ihr euren Weg gewiss nie verfehlen. Alle spirituellen Anstrengungen, alle Regeln und Gelübde vermögen nur einen winzigen Bruchteil dessen, was die Güte vermag. Die Güte, die von Herzen kommt, übertrifft alles – sie leuchtet, sie glänzt, sie strahlt. Durch Achtsamkeit verbindet ihr euch mit euch selbst und schafft Harmonie in eurem Inneren. Durch Liebe verbindet ihr euch mit allen Wesen und schafft Harmonie in der Welt.

Was aber ist diese Liebe – die Liebe, die der Sonne gleich nach dem großen Regen die dunklen Wolken vertreibt und alles erstrahlen lässt? Es ist nicht die Liebe der Verliebten. Es ist nicht die Liebe zu den Dingen, nicht die Liebe zu einer Heimat. Die Liebe, von der ich euch berichte, ist keine exklusive Liebe – es ist die universelle Liebe, die alles umfasst und nichts und niemanden ausschließt. Nur diese Liebe, diese Güte ermöglicht es euch, anderen aus eurem ganzen Herzen zu begegnen und innerlich mit ihnen verbunden zu sein. Sie ermöglicht es euch, fremdes Leiden zu erkennen, und sie nährt in euch den Wunsch, dieses Leiden zu lindern.

Wenn ihr einmal die Verbundenheit mit euch selbst verloren habt, wenn ihr die Verbundenheit mit anderen verloren habt, wenn ihr einsam seid, von Sorgen und Ängsten geplagt und euren Weg verloren habt, dann erinnert euch an die Kraft in eurem Inneren, an die Güte in eurem Herzen. Vergesst den rettenden Ausweg nicht.

Wo aber könnt ihr beginnen, diese Güte strahlen und die Kraft des Mitgefühls wachsen zu lassen? Bei euch selbst könnt ihr damit beginnen. Bei euch selbst *müsst* ihr beginnen. Nehmt euch selbst in Liebe an. Tadelt euch nicht wegen eurer Mängel und Fehler. Jedes Wesen hat sie und ist doch gerade deshalb wert, geliebt und angenommen zu werden. Liebt euch selbst, seid freundlich zu euch selbst, achtet gut auf euch, denn ihr seid die Erde, der Boden, der wohl bereitet sein muss, damit eines Tages wundervolle Blumen darauf wachsen können. Habt ihr erst Mitgefühl für euch selbst entwickelt, so könnt ihr euer Herz auch für andere öffnen – zunächst für eure Nächsten, eure Freunde und schließlich auch für alle Lebewesen.

Wenn ihr den Weg des Herzens gehen wollt, so fragt nicht euren Kopf um Rat. Niemals wird Denken zu Frieden führen. Es sind die Gedanken, die Sorgen, Zweifel und Unzufriedenheit nähren – die Gedanken, die zu endlosen Verstrickungen und zu Unfreiheit führen. Denkend tretet ihr mit anderen in Wettbewerb. Denkend streitet ihr euch mit ihnen, sondert euch von ihnen und der Welt ab.

Wollt ihr den Schatz der Güte finden, so lasst das Denken los. Lacht, tanzt, spürt, atmet, liebt. Bleibt allezeit offen und zugewandt. Begegnet jedem mitfühlend und wohlwollend. Bleibt freundlich auch unter denen, die hassen. Bleibt liebevoll unter denen, die lieblos sind. Bleibt friedvoll unter denen, die sich der Gewalt hingeben.

Einfache Wege gibt es, um euer Mitgefühl zu kultivieren: Erwartet nicht zu viel von anderen. Hört ihnen achtsam zu. Bleibt freundlich. Helft, wo immer ihr könnt, aber versucht nicht, andere zu kontrollieren – lasst sie sein, wie sie sind. Bringt Sanftmut durch eure Worte zum Ausdruck. Tragt Güte durch das Strahlen eurer Augen in die Welt.

So, wie eine Mutter ihr kleines Kind behütet und schützt, so solltet ihr alle Wesen behüten und schützen und ihnen eure bedingungslose Liebe zuteilwerden lassen. Kommt zur Ruhe. Verbindet euch mit eurem Herzen und lasst eure Güte in die Erde strahlen. Lasst sie in den Himmel und schließlich in alle vier Himmelsrichtungen strahlen. Was immer ihr aussendet, werdet ihr empfangen. Sorgt dafür, dass es anderen gut geht. Begegnet allen Menschen, allen Tieren, ja sogar jedem Baum, jeder Blume mit offenem Herzen.

Geht ihr beharrlich diesen Weg, so wird die Welt geheilt und ihr werdet großes Glück und tiefe Liebe erfahren.

6

Das Geheimnis der Freundschaft

Lina weinte, als sie von der Schule kam. Ihre Gedanken waren so traurig wie der dunkle, graue Dezembertag, so trüb wie der schmutzige Schneematsch auf den Straßen. Wieder einmal war sie von den anderen Kindern ausgelacht worden, als sie sich in der großen Pause in einer Ecke des Schulhofs mit einem Spatz unterhalten hatte. So unscheinbar der kleine Blondschopf auch wirken mochte: Lina Lindberg hatte eine bemerkenswerte Fähigkeit; denn auch sie gehörte zu jenen wenigen, die mit Tieren sprechen können. Davon wussten ihre Schulkameraden allerdings nichts. Einige hielten Lina einfach nur für seltsam; andere hielten sie für verrückt; alle aber verspotteten sie und spielten ihr gemeine Streiche.

Lina fühlte sich sehr allein. Ihre Mutter arbeitete den ganzen Tag. Ihr Papa saß zwar fast immer zu Hause, hatte aber nie Zeit für sie, da sein Computer ihm offenbar wichtiger war als seine kleine Tochter. Und seit Fritzi, ihre beste Freundin, nicht mehr da war, hatte sie auch keine wirklichen Freunde mehr.

In der vierten Klasse waren Fritzi und Lina unzertrennlich gewesen; doch vor einem halben Jahr war Fritzi mit ihren Eltern nach Australien gezogen; auf die andere Seite der Welt. Anfangs hatten sich die beiden Mails und Messages geschrieben und manchmal auch per Videochat miteinander gesprochen. Aber das war nicht dasselbe wie eine echte Freundin aus Fleisch und Blut, mit der man reden, lachen und Schlitten fahren konnte. Und dann war da auch noch der Zeitunterschied: Wenn Lina aus der Schule kam, war es in Australien mitten in der Nacht, und wenn sie ins Bett ging, rieben sich die Leute in Australien gerade noch den Schlaf aus den Augen. Mit der Zeit wurden die Freundinnen einander fremd und schrieben sich immer weniger. Selten hatte sich Lina so einsam und verloren gefühlt wie in jenen Tagen, als Fritzi damit aufgehört hatte, auf ihre Messages zu antworten. Schließlich war Fritzi nicht nur ihre beste Freundin gewesen, sondern auch ihre einzige.

Als Lina heute mit dem Spatz Pippin gesprochen hatte, hatte sie das ein wenig getröstet. Wenn ihre *Schulkameraden* schon nicht ihre Freunde sein wollten, so gab es wenigstens noch die Tiere, mit denen sie sprechen konnte. Richtige Freunde hatte sie aber auch unter den Tieren nicht, denn die hatten ja ihre eigenen. Die meisten scheuten sich außerdem, überhaupt mit einem Menschen zu sprechen – selbst wenn der Mensch ein harmloses kleines Mädchen mit blonden Locken war.

Aber Pippin war zum Glück anders. Er war lieb und humorvoll. Bevor ihre Mitschüler Lina wieder einmal ausgelacht und mit Schneebällen beworfen und dabei den kleinen Spatz verjagt hatten, hatte er ihr etwas von einer Katze erzählt, die für jeden liebevolle Worte und hilfreiche Ratschläge bereit hatte – sogar für Menschen. Aber Lina wollte das nicht recht glauben. Eine Katze, die von einem Spatz verehrt wurde? Das klang nach einem Märchen. Andererseits war Pippin nicht wie ihre Mitschüler – er würde ihr niemals dumme Streiche spielen – oder vielleicht doch?

Nachdem Lina ihren Anorak an die Garderobe gehängt und die Schultasche in die Ecke geworfen hatte, ging sie ins Wohnzimmer. Sie setzte sich im Schneidersitz auf den dicken Wollteppich und sah aus dem großen Fenster in den Garten, der mit einer zarten Decke aus frisch gefallenem Schnee bedeckt war. Es war schon Mitte Dezember. Nur noch zwei Wochen bis Weihnachten. Und obwohl es erst Nachmittag war, wurde es schon dunkel. Eigentlich hätte Lina jetzt Hausaufgaben machen müssen. Und normalerweise hätte sie sich um diese Zeit bereits auf Weihnachten gefreut. Doch sie hatte nicht die geringste Lust, sich an ihren Schreibtisch zu setzen. Und sie freute sich auch kein bisschen auf das Weihnachtsfest.

Lina blickte traurig in den ganz in Weiß getauchten Garten. Da brachen ein paar Strahlen der Abendsonne durch den grauen Wolkenschleier und brachten den Schnee auf der Hecke und auf den Zweigen der Birke zum Glitzern. Lina jedoch, die nichts schmerzlicher vermisste als eine gute Freundin, hatte für all die Schönheit dort draußen in der Welt keine Augen.

Aber was war das? Komisch – hatte sich da nicht eben die Schneedecke bewegt? Lina rieb sich die Augen. Träumte sie oder rührte sich da tatsächlich etwas hinten im Schnee? Lina kniff die Augen zusammen und konzentrierte sich: Ja – jetzt erkannte sie es: Es war eine kleine weiße Katze, die mit eleganten Schritten auf sie zuspaziert kam.

Lina saß ganz still und beobachtete die Katze, wie sie immer näher kam, die Terrassentür mit ihrer Nase anstupste und, wie um anzuklopfen, eine Tatze hob. Vorsichtig stand Lina auf, ging auf Zehenspitzen zur Terrassentür und öffnete sie langsam, um die kleine Katze nicht zu erschrecken.

»Na, Kätzchen, was willst denn du hier?«

»Hallo, Lina, meine Liebe. Ich habe vorhin Pippin getroffen, und er hat mich gefragt, ob ich nicht mal bei dir vorbeischauen könnte. Ich bin Maya. Manche nennen mich auch die Buddha-Katze.«

Lina starrte Maya mit großen Augen an und brachte kein Wort heraus. Woher kannte ihre geheimnisvolle Besucherin ihren Namen? Pippin – natürlich! Also hatte der Spatz nicht geschwindelt, als er ihr von der außergewöhnlichen Katze erzählt hatte.

Maya lächelte die sprachlose Lina freundlich an. »Pippin hat mir erzählt, dass du zu den Menschen gehörst, die mit uns sprechen können – aber offenbar hat er sich einen Spaß gemacht ...«

Lina schüttelte energisch ihre blonden Locken. »Nein, nein – es stimmt schon! Ich kann jedes Wort, das du sagst, verstehen.« Sie öffnete die Terrassentür ein Stückchen weiter. »Aber möchtest du nicht lieber reinkommen? Es ist ganz schön kalt da draußen.«

Maya ließ sich nicht zweimal bitten. Das Thermometer war weit unter die Null-Grad-Grenze gesunken und das Feuer im Kamin sah einladend und gemütlich aus. Vor dem Kamin lag eine dicke, flauschige Decke. Maya spazierte quer durchs Zimmer, ließ sich darauf nieder und rollte sich ein. Lina stand immer noch fassungslos an der Tür. Doch dann spürte sie die kalte Luft an ihren Füßen, schloss rasch die Tür und setzte sich neben Maya auf die Decke vor dem Kamin.

Lina fing an, Maya vorsichtig zu streicheln, und während die kleine Katze wohlig schnurrte, begann sie, ihr das Herz auszuschütten. Anfangs sprach sie zögerlich, doch nach einer Weile sprudelten die Worte aus ihrem Mund. Sie erzählte ihr von ihrer Einsamkeit, der Gemeinheit ihrer Klassenkameraden, den Eltern, die nie für sie da waren und davon, dass alle sie immer auslachten, wenn sie mit Spatzen oder Eichhörnchen sprach.

»Ach, Maya, warum will denn bloß niemand mein Freund sein?«, seufzte sie schließlich. Maya hatte die ganze Zeit aufmerksam zugehört. Sie setzte sich auf und sah Lina tief in die Augen.

»Lina, bist du dir eigentlich selbst eine gute Freundin?«

Lina hob überrascht die Augenbrauen. Was war denn das für eine Frage? »Natürlich!«, wollte sie spontan antworten, doch dann schwieg sie und nach einiger Zeit kullerten ihr dicke Tränen über die Wangen. Schließlich flüsterte sie: »Nein, nicht wirklich. Immer hab ich das Gefühl, dass ich alles falsch mache. Niemand will etwas mit mir zu tun haben. Alle meine Klassenkameraden haben Freunde, nur mich mag keiner. Auch, dass meine Eltern nie Zeit für mich haben – vielleicht liegt das alles gar nicht an den anderen. Vielleicht bin ich diejenige, mit der etwas nicht stimmt. Ich bin wohl nicht gut genug.«

Maja schüttelte den Kopf und sagte sanft: »Also, ich finde, du bist perfekt, und zwar genau so, wie du bist.«

Lina wusste nicht, ob sie lachen oder weinen sollte. War diese Maya vielleicht verrückt? Oder machte sie sich lustig über sie? Andererseits taten ihr Mayas Worte so gut, dass ihr das Herz ganz leicht wurde. Noch nie zuvor hatte jemand so etwas zu ihr gesagt.

Maya bemerkte Linas Verwirrung und fuhr fort: »Meine Liebe – ich weiß, du sehnst dich sehr nach Nähe zu anderen. Und das ist auch wichtig, denn es ist die Nähe zu anderen, die unsere Herzen wärmt. Damit du anderen aber wirklich nahekommen kannst, musst du erst mal lernen, dir selbst ganz nahe zu sein.«

Lina sah jetzt noch verwirrter drein. »Das verstehe ich nicht. Ich will ja gerne Freunde haben. Aber andere wollen mich nicht als Freundin.«

»Vielleicht magst du dich selbst nicht als Freundin?«, fragte Maya. Und nach einer kurzen Pause fügte sie hinzu: »Wenn du dein Herz nicht für dich selbst öffnen kannst, wird es auch für andere schwierig sein, dich in ihr Herz zu lassen.«

Lina blickte bedrückt aus dem Fenster. Wie sollte sie das denn machen – sich selbst lieber mögen?

Als hätte Maya ihre Gedanken erraten, sagte sie: »Wenn du möchtest, kann ich dir einen einfachen Trick zeigen, der es dir leichter macht, dir selbst eine richtig gute Freundin zu werden. Hast du Lust, es auszuprobieren?«

Lina nickte ernst. Was für eine seltsame Katze war da nur zu Besuch gekommen! Sosehr Lina sich aber auch wunderte, so spürte sie doch auch, dass sie Maya vertrauen konnte. Natürlich würde sie es mit der Übung probieren. Was hatte sie schon zu verlieren …?

MEDITATION
LIEBE DICH SELBST

Freunde zu haben, die dich auf deinem Lebensweg begleiten, ist ein kostbares Geschenk. Daher ist es wichtig, wahre Freundschaften zu pflegen und wertzuschätzen und sie nicht als selbstverständlich anzusehen.

Doch mindestens genauso wichtig ist es, dass du selbst zu deiner besten Freundin, zu deinem besten Freund wirst. Du bist die Basis. Ohne gesunde Wurzeln kann kein Baum wachsen – auch nicht der Baum der Freundschaft. Bevor du anderen gegenüber gütig und freundlich sein kannst, musst du dich selbst gütig und freundlich behandeln. Bevor du andere lieben kannst, musst du damit beginnen, dich selbst zu lieben und bedingungslos Ja zu dir zu sagen.

Falls es dir bisher schwergefallen ist, für dich selbst da zu sein; oder wenn du vielleicht denkst, dass du viele Fehler und Schwächen hast und dabei vergisst, dass das auf alle zutrifft, hilft dir diese kleine Herzmeditation. Dabei kannst du nichts falsch machen. Es genügt deine Absicht, dir selbst mehr Mitgefühl zu schenken und dein Herz für dich selbst zu öffnen. Folge einfach der Übung und mach dir keine Gedanken.

- Setz dich aufrecht und entspannt hin und schließe die Augen. Spüre in dich hinein. Lass alle Anspannungen, die du bemerkst, los und komme in deinem Körper an.

- Richte deine Achtsamkeit auf deinen Atem. Spüre, wie sich deine Bauchdecke beim Einatmen sanft hebt und wie sie beim Ausatmen wieder locker nach innen sinkt. Lass deinen Atem auf natürliche Weise kommen und gehen.

- Lass deine Gedanken und deine Probleme los und komme mehr und mehr zur Ruhe.

- Sprich nun innerlich folgende Sätze. Tue dies aber nicht im Befehlston, sondern freundlich und lächle dir selbst dabei zu:
  Beim Einatmen denkst du: »Möge ich« und beim Ausatmen: »glücklich sein«.
  Beim nächsten Einatmen denkst du: »Möge ich« und beim Ausatmen: »geborgen sein«.
  Einatmend: »Möge ich« und ausatmend: »mir selbst Mitgefühl und Liebe entgegenbringen«.

Du kannst diese Formeln wie ein langes Mantra immer und immer wiederholen. Bleibe entspannt, lass den Atem strömen, erzwinge nichts und achte darauf, wie sich diese Meditation auf deinen Körper und deinen Geist auswirkt.

Die kleine Lektion in Selbstliebe tat Lina sofort gut. Ihre Sorgenfalten wichen einem warmen Lächeln, das ihr Gesicht hell strahlen ließ. Doch dann hörte sie die Schlüssel in der Haustür. Erschrocken sprang sie auf. »O Gott! Mama kommt. Und ich habe meine Hausaufgaben noch gar nicht gemacht. Sie flippt bestimmt aus, wenn sie mich hier mit einer Katze vor dem Kamin sitzen sieht.«

Maya blieb ganz ruhig, erhob sich und ging langsam zur Terrassentür. Lina sprintete hinterher und öffnete die Tür. »Bitte, liebe Maya, komm bald wieder mal zu Besuch, ja?«

»Natürlich!«, sagte Maya. »Aber in der Zwischenzeit: Vergiss nicht, dich selbst zu lieben ...«

Lina beschloss, nun jeden Nachmittag nach der Schule bei der Terrassentür zu sitzen, damit sie Maya auf keinen Fall verpasste. Ihre Hausaufgaben konnte sie ja auch auf dem Teppich machen.

Lange musste sie nicht warten. Schon zwei Tage später erschien die kleine Katze erneut. Lina war in ihr Matheheft versunken und bemerkte sie zunächst gar nicht. Maya sah ihr durchs Fenster interessiert zu. »Schon komisch, was Menschen so alles machen«, dachte sie. Schließlich löste Lina den Blick von ihren Formeln und sah Maya auf der anderen Seite der Terrassentür sitzen. Sofort sprang sie auf und öffnete ihr.

»Hallo, Maya! Wie schön, dass du kommst.« Lina strahlte.

»Ich freue mich, dich zu sehen, Lina. Wie ich sehe, geht es dir besser. Du siehst viel fröhlicher aus als vorgestern!«

»O ja – das stimmt! Seit deinem letzten Besuch fühle mich nicht mehr so einsam. Du bist wirklich eine coole Katze.« Dann aber seufzte sie und sah nicht mehr ganz so glücklich aus. »Aber weißt du, liebe Maya, neue Freunde habe ich leider immer noch nicht.« Maya erwiderte nichts darauf, doch ihre Ruhe und Gelassenheit übertrugen sich auf Lina, die schließlich wieder zu lächeln begann. »Aber jetzt habe ich immerhin ein besseres Gefühl, nämlich, dass ich vielleicht Freunde haben *könnte.*«

Maya rieb ihre weiche Stirn zärtlich an Linas Bein und schnurrte: »Hab Geduld, kleine Lina. Wahre Freundschaften sind wie seltene Blumen – sie stehen nicht auf jeder Wiese.«

Lina seufzte. »Aber ob ich diese Blume jemals finden werde? Vielleicht mache ich ja doch etwas falsch.«

Maya sah sie neugierig an. »Und was, glaubst du, könnte das sein?«

Lina zuckte mit den Schultern. »Keine Ahnung. Aber ich merke, dass die Kinder aus meiner Klasse überhaupt nicht daran interessiert sind, was ich sage.«

»Bist du denn interessiert an dem, was sie sagen?«, fragte Maya und sah Lina forschend an.

Lina schluckte und schaute ein wenig betroffen drein. Dann sagte sie: »Ich weiß nicht. Eigentlich nicht so sehr. Die Mädels reden dauernd nur über Klamotten und wie man cool rüberkommt. Und die Jungs posen eigentlich ständig und sind total oberflächlich.«

»Tja, das ist schon schlimm, dass nicht alle die gleichen Interessen haben wie du, stimmt's?« Maya zwinkerte Lina zu.

Lina antwortete sofort: »Nein, es wäre viel schlimmer, wenn alle genau gleich wären.«

Maya nickte. »Das finde ich auch. In einem aber sind doch alle gleich. Jeder will, dass man ihm zuhört. Zwar spricht jeder über andere Dinge, und viele davon scheinen nicht so spannend zu sein, aber letztlich möchten alle der Welt etwas von sich geben – und zwar das, was sie denken und fühlen.«

Lina schien überrascht. »Hey, das ist ja genau das, was ich auch will!«

Lina kniete sich hin und schob einige Holzscheite in den Kamin, bevor sie es sich neben Maya auf der Decke gemütlich machte. Lächelnd lagen die beiden beieinander, lauschten zuerst dem knisternden Feuer – und schließlich begann Maya, ihre neue Menschenfreundin in der Kunst des Zuhörens zu unterweisen.

MEDITATION
ACHTSAMES ZUHÖREN

Achtsames Zuhören ist die Fähigkeit, nicht nur mit den Ohren, sondern auch mit dem Herzen zu lauschen und herauszuhören, was dem anderen auf der Seele liegt. Deinen Freunden zu ermöglichen, sich in Ruhe auszudrücken, sich zu öffnen und zu entdecken, was sie tief in ihrem Inneren längst wissen, ist das größte Geschenk, das du ihnen machen kannst. Achtsames oder »tiefes« Zuhören ist eine Form der liebevollen Achtsamkeit, die sich nur durch Übung kultivieren lässt. Ohne Übung wird es dir immer wieder passieren, dass du gedanklich längst deine Antworten formuliert hast, noch bevor der andere ausgesprochen hat. Oder dass du nicht bei der Sache bist.

Die folgenden Punkte helfen dir, achtsames Zuhören in die Praxis umzusetzen, wenn du Freunden oder Bekannten begegnest.

- Lass den anderen ausreden. Immer. Unterbrich ihn nicht.

- Bleibe offen und mitfühlend. Gerade wenn es um heikle Themen geht oder wenn du kritisiert wirst, kann das sehr schwierig sein – aber je mehr du deine Gewohnheit, sofort zu reagieren, loslässt, desto mehr gewinnst du an Gelassenheit und desto leichter fällt es dir, mit deinen Freunden verbunden zu bleiben, auch wenn die Meinungen auseinandergehen.

- Bleibe präsent. Lass dich nicht ablenken. Achte auch beim Zuhören immer wieder auf deinen Körper. Das hilft dir, entspannt und im gegenwärtigen Augenblick zu bleiben.

- Fragen sind in der Regel nicht das Beste, um Verbundenheit zu spüren. Doch mitunter führen sie doch zu mehr Nähe und

Verständnis. Hier sind einige Beispiele für Fragen, die Offenheit und Verbundenheit begünstigen:

Wie geht es dir im Moment eigentlich wirklich? Gibt es etwas, das dich belastet?

Wovon träumst du? Welche Dinge möchtest du in deinem Leben gerne noch tun oder erreichen? Wonach sehnst du dich?

Gibt es etwas, worüber du dich ärgerst und was dich wütend macht?

Was ist dir wichtig? Worum geht es dir?

Wovor hast du am meisten Angst? Worüber machst du dir Sorgen?

Gibt es etwas, was ich ändern sollte? Wünschst du dir etwas in unserer Freundschaft, das bisher zu kurz gekommen ist?

Befriedigen dich deine Arbeit, deine Familie, deine Interessen – oder fehlt dir etwas, um mehr Sinn in deinem Leben zu sehen?

Worauf freust du dich im Moment am meisten?

AUS EUGENS TAGEBUCH:

Erst vor Kurzem ist mir klar geworden, dass Freunde, die mit Problemen zu mir kommen, meist keine Kommentare, Ratschläge oder gar andere Ansichten hören wollen. Sie wollen einfach nur, dass ihnen jemand zuhört.

Maya ist ja eine Meisterin darin, anderen zu helfen, und ich habe beobachtet, dass sie vor allem eins wirklich meisterlich beherrscht:

zuhören. Aber andererseits gibt sie schon auch Kommentare ab, erteilt – gute! – Ratschläge und macht einen darauf aufmerksam, dass man ein Problem auch ganz anders sehen kann.

Zuhören und Ratschläge geben – an sich glaube ich, dass das ein Widerspruch ist, doch als ich Maya damit aufziehen wollte, hat sie nur gelacht: »Tja, lieber Eugen, alles zu seiner Zeit. Genau darin besteht die Kunst: Du musst spüren, wann jemand sprechen und einfach nur sein Herz ausschütten will und wann er konkrete Hilfe und auch mal einen deutlichen Wegweiser braucht. Stell dir doch mal vor, dass dich auf der Straße jemand nach dem Weg zum Park fragt. Wenn du dann nur nicken und freundlich lächeln würdest, würde er vermutlich denken, dass du einen ordentlichen Dachschaden hast!«

Ich hab mir das zu Herzen genommen. Zwar glaube ich immer noch, dass es das Allerwichtigste ist, ein guter Zuhörer zu sein. Aber es reicht eben auch nicht, nur Klagemauer zu sein, wenn der andere einen guten Tipp braucht. So wie's aussieht, ist eine gute Kommunikation vielschichtiger, als man denkt – so wie wohl alles im Leben!

»Seit du mir geraten hast, dass ich mehr zuhören sollte, fühle ich mich in meiner Klasse schon viel wohler«, sagte Lina, als Maya sie das nächste Mal besuchte. »Zwei von meinen Mitschülerinnen, Maggie und Andrea, sind sogar so was wie meine Freundinnen geworden – jedenfalls unterhalten sie sich jetzt oft mit mir.«

Maya lächelte. »Das ist doch schon ein guter Anfang. Freut mich sehr!«

»Aber ich habe Angst, dass sie bald genug von mir haben«, fuhr Lina bedrückt fort. »Ich denke, ich müsste interessanter sein ... Aber ich weiß nicht, wie ich das machen soll.«

Maya schüttelte den Kopf. »Nein, Lina. Mach dir jetzt bloß keinen Stress. Ich habe dir doch schon gesagt: Du bist perfekt, so wie du bist. Wenn du gelernt hast, anderen richtig zuzuhören, bist du sowieso schon viel interessanter als die meisten Menschen, denn beinahe jeder hört sich am liebsten selbst reden und freut sich, wenn ihm jemand wirklich zuhört.«

»Aber ich würde anderen auch gern so guten Rat geben können wie du. Dann könnte ich meinen Freundinnen ...«

Maya schüttelte den Kopf und unterbrach sie. »Lina, ich fürchte, das ist keine so gute Idee. Hast du vergessen, was du inzwischen selbst über die Kraft des Zuhörens herausgefunden hast?«

Lina schlug die Augen nieder. »Ja, schon. Aber irgendetwas muss ich doch tun.«

»Natürlich musst du etwas tun«, sagte Maya und lächelte. »Und das ist ziemlich schwierig – aber andererseits auch ganz einfach: Sei du selbst und sei ganz da!«

MEDITATION
GEMEINSAM IM JETZT SEIN

Die Zeit, die du mit Freunden verbringst, ist sehr kostbar. Das wunderbarste Geschenk, das du ihnen und dir selbst machen kannst, besteht darin, diese Zeit bewusst und achtsam zu verbringen.

Tiefe Verbundenheit ist die Folge vollkommener Präsenz. Bist du jedoch abgelenkt, mit deinen Gedanken woanders oder nur auf dich und deine Probleme fixiert, so verpasst du eine wertvolle Gelegenheit – die Gelegenheit, gemeinsam mit deinen Seelenverwandten im Jetzt zu sein.

Achtsamkeit, Offenheit und Verbundenheit sind die Schlüssel zu erfüllenden Beziehungen. Doch nur, wenn du dich entscheidest, diese Schlüssel auch zu benutzen, kann sich die Tür zu geliebten Menschen weit öffnen. Nutze die Kraft deines Geistes, und nutze insbesondere die Energie der Achtsamkeit, um deine Verbindung zu ihnen erblühen zu lassen.

- Wenn du Zeit mit einem Freund verbringst, lass dein Denken zur Ruhe kommen. Löse dich von den vielen Gedanken und Sorgen, mit denen du um deine Probleme kreist. Es ist immer die innere Ruhe, die die Voraussetzung schafft, um die Fülle des gegenwärtigen Augenblicks zu erleben – ganz gleich, ob allein oder in der Begegnung. Entspanne dich also ein wenig, und bringe auch deinen Atem zur Ruhe. Lass jede Begegnung mit Freunden zu einer Meditation werden.

- Richte deine Achtsamkeit immer wieder auf dich selbst. Vergiss dich selbst nie, ganz gleich, ob du mit einem oder vielen Menschen zusammen bist. Achte auf deinen Körper: Nimm deine Haltung wahr und werde dir der unterschiedlichen Körperempfindungen bewusst. Achte auf deine Gefühle und Stimmungen. Beobachte, wie es dir geht und bleibe in deiner Mitte; denn die Gefahr ist groß, dass du dich selbst im Beisammensein mit anderen aus den Augen verlierst.

- Richte deine Achtsamkeit einerseits auf dich, andererseits aber ebenso auf dein Gegenüber. Bleibe offen und verschenke deine ungeteilte Aufmerksamkeit. Versuche, den anderen wirklich *wahrzunehmen* – freundlich und mitfühlend. Dann wirst du auch spüren, wie seine Stimmung ist und wie er sich im Innersten fühlt. Schau mit den Augen des Herzens.

- Sei einfach nur für deine Freundin oder deinen Freund da. Es ist nicht nötig, Gesagtes zu kommentieren oder zu bewerten, und es braucht meist auch keine Ratschläge. Achtsam im Hier und Jetzt zu sein und ganz für dich und den anderen anwesend zu sein ist mehr als genug.

- Genieße die Zeit, die du gemeinsam mit deinen Freunden verbringst. Trage Freude und Dankbarkeit in eure Beziehung und schenke dir und ihnen auf diese Weise mehr Lebendigkeit und Energie.

Bei Mayas nächstem Besuch war Lina traurig. Maya hatte sich durch einen Türspalt der angrenzenden Garage ins Haus geschlichen, und Lina hatte noch nicht bemerkt, dass hinter ihr eine Katze im Wohnzimmer saß. Sie stand am Fenster und starrte mit hängenden Schultern in den Garten. Erst als Maya sie sanft mit der Nase anstupste, erwachte sie aus ihrer Trance. »O Maya – wie bist du denn hier reingekommen? Wie schön, dass du da bist!«

Lina setzte sich auf den Boden, und als die kleine Katze sich in ihre Arme schmiegte, fühlte sie sich schon ein wenig besser.

»Liebe Maya, du hast mir sehr geholfen«, flüsterte sie. »Ich habe jetzt tatsächlich Freundinnen, und ich kann dir gar nicht sagen, wie glücklich mich das macht.« Sie zögerte kurz, bevor sie weitersprach. »Aber jetzt kommen die Weihnachtsferien; Andrea fährt mit ihren Eltern in die Berge, Maggie in die Karibik, und meine Eltern schleppen mich zu meinen Großeltern nach Hamburg. Es sind zwar nur zwei Wochen. Aber ich vermisse die beiden jetzt schon. Und wer weiß – vielleicht wollen sie gar nicht mehr meine Freundinnen sein, wenn sie wiederkommen. Ich musste wieder an Fritzi in Australien denken ...«

»Aber Lina«, sagte Maya. »Wahre Freunde sind doch immer bei dir, ganz gleich, ob sie vor deiner Nase sitzen oder weit weg am Meer oder in den Bergen sind ...«

MEDITATION
VERBUNDENHEIT MIT DEM INNEREN AUGE SEHEN

Da alles mit allem verbunden ist, ist Trennung eine Illusion. Um jedoch wirklich *spüren* zu können, dass du in Wahrheit nie alleine bist, musst du tief in dein Herz eintauchen. Es genügt nicht, die Einheit allen Seins intellektuell zu verstehen, denn erst wenn du sie auch empfindest, wirst du letztlich frei sein – frei von Ängsten, Hass, Verwirrung und Einsamkeit.

Diese Übung trägt dazu bei, das Gefühl der Verbundenheit in dir zu kultivieren.

- Nimm dir etwas Zeit und mach es dir bequem. Schließe deine Augen und lass deinen Atem und dein Denken zur Ruhe kommen.

- Visualisiere nun eine liebe Freundin oder einen guten Freund. Hole dir diesen Menschen vor dein inneres Auge. Stell dir vor, wie er vor dir steht oder sitzt und lächle ihm in deiner Vorstellung zu.

- Stelle dir deinen Freund möglichst konkret vor. Du kannst dazu auch eine schöne Situation aus einer Zeit, die ihr gemeinsam verbracht habt, ins Gedächtnis rufen.

- Lass dir genug Zeit, um tief in dieses Bild einzutauchen. Vielleicht kannst du auch die Stimme deiner Freundin oder deines Freundes in deiner Vorstellung hören. Lenke deine Achtsamkeit nun auf dein Herz und spüre die Verbundenheit mit diesem Menschen. Atme entspannt und lächle sowohl dir selbst als auch dem anderen innerlich zu.

- Sprich innerlich einen kleinen Dank: »Ich danke dir dafür, dass du mit mir befreundet und für mich da bist.« Natürlich kannst du auch eine eigene Formulierung finden; eine, mit der du dich wirklich wohlfühlst.

- Lass das innere Bild dann wieder verblassen. Atme einige Male entspannt durch und öffne die Augen.

AUS EUGENS TAGEBUCH:

Dass niemand letztlich ganz allein ist, finde ich eigentlich leicht zu verstehen. So ziemlich alles, was wir haben oder tun, ist ja irgendwie mit anderen Menschen verbunden. Auch wenn du dein Brot selbst bäckst, dein Haus mit eigenen Händen baust, dir alles aus Büchern selbst beibringst und wenn du als Einsiedler mitten im Wald lebst: Du bist immer mit anderen Menschen und Dingen verbunden.

So richtig bewusst wurde mir das aber erst, als ich neulich beim Frühstück saß und mir gerade meine zweite Tasse Kaffee einschenkte. Maya hatte sich auf einen Küchenstuhl gelegt und sah mir interessiert beim Frühstücken zu – als sie auf einmal wissen wollte, was ich da esse. »Ein Brot mit Orangenmarmelade«, antwortete ich. »Wieso?«

»Vielleicht hast du Lust auf ein kleines Gedankenexperiment; wo du dich doch offenbar für das Gesetz der Verbundenheit interessierst«, sagte sie. »Hast du dich schon mal gefragt, was alles nötig ist, damit du hier dein Marmeladenbrot essen kannst – wie viele Menschen zu deinem Frühstück beigetragen haben?«

Ich fing an, darüber nachzudenken. Doch je länger ich überlegte, desto unlösbarer schien mir diese Denkaufgabe zu sein – zuerst war sie mir so simpel erschienen. Vermutlich kamen die Orangen für die Marmelade von einer Plantage in Spanien. Aber wer hatte sie angebaut, und wie viele Menschen hatten geholfen, die Orangen zu ernten? Sicher sehr, sehr viele. Wer hatte die Orangen in Lastwagen geladen, wer die Lastwagen gefahren, wer hatte die Reifen für die Lastwagen hergestellt, wer die Autobahn gebaut? Und dann mussten die Orangen ja noch zu Marmelade verarbeitet werden – vermutlich in England, wo einfach die beste Orangenmarmelade hergestellt wird. Von dort musste sie wiederum in das Gemüsegeschäft hier um die Ecke transportiert werden, wo ich mein Obst einkaufe und wo sie mir von der jungen Verkäuferin einpackt wurde. – Und das ist nur eine sehr oberflächliche Analyse; denn all diese Menschen hängen wieder von anderen Menschen ab. Und mal abgesehen davon, brauchen Orangen Sonne, Regen, Erde und sind Teil der Natur und somit an sich schon mit allem verbunden.

Nachdem ich ziemlich lange mit grübelndem Gesicht am Tisch gesessen hatte, sagte Maya: »Siehst du – gar nicht so einfach. Es ist unmöglich, mit dem Kopf zu begreifen, dass alles wechselseitig miteinander verbunden ist. Doch mit dem Herzen kannst du die Verbundenheit sehr schnell spüren, wenn du dankbar bist und dem Leben achtsam begegnest …«

LEHRREDE ÜBER
DIE FREUNDSCHAFT

Ihr Lieben!

Tiefe Zufriedenheit und unvergängliche Freude im Herzen sind nicht leicht zu erlangen. Nur wer erkennt, dass alles miteinander verbunden, ja dass letztlich alles eins ist, kann den Weg in die Freiheit bis zum Ende gehen.

Der kühle Schatten, in dem ihr an heißen Sommertagen ruht, kann ohne den Baum, der ihn wirft, nicht existieren. Ebenso kann der Baum nicht ohne seine Wurzeln existieren. Die Erde, die Sonne, der Regen – sie alle sind mit dem Baum verbunden, so wie jeder von euch mit allen Bäumen, Pflanzen, Tieren und Menschen verbunden ist. Ohne eure Eltern, Großeltern und all die unzähligen Generationen vor euch wäret ihr nicht. Jeder von euch ist Teil des kosmischen Tanzes, hat Anteil an der wechselseitigen Verbundenheit aller Wesen.

Je weniger ihr euch jedoch der gemeinsamen Wurzeln allen Seins bewusst seid, desto stärker ist das Gefühl der Trennung, aus dem wiederum Abwehr und Gewalt entstehen. Wie bedauerlich ist es doch, im Wesen miteinander verbunden zu sein, ohne dies zu erkennen. Wie bedauerlich ist es, sich ganz und gar auf sein kleines Ich zu beschränken und dabei die Kraft des Wir zu vergessen.

Der Weg der Freundschaft kann hier von großem Nutzen sein, denn er öffnet euer Herz für dieses Wir. Ohne einen guten Freund an eurer Seite, ist es schwer, den spirituellen Weg zu beschreiten. So wichtig es ist, in eurem Leben den rechten Weg zu wählen, so wichtig ist es auch, mit den richtigen Menschen an eurer Seite unterwegs zu sein.

Wahre Freunde sind ein kostbares Geschenk, denn sie ermöglichen es euch zu erkennen, dass Trennung eine Illusion ist. Bei der Wahl von Freunden solltet ihr allerdings sehr achtsam sein.

Freundschaften, die nur dem gegenseitigen Nutzen dienen, fehlt es an Tiefe. Ebenso solchen, die nur dazu dienen, sich gegenseitig zu bedauern und negative Gefühle wie Ängste oder Hass zu nähren.

Eine Haltung der Offenheit und liebevollen Achtsamkeit erleichtert es, euch für andere Menschen zu öffnen. Was immer ihr ausstrahlt, wirkt. Wenn ihr wahre Freunde gefunden habt, solltet ihr euch darum bemühen, eure Verbundenheit zu stärken. Vergesst aber nicht: Wachstum braucht Zeit. Und auch Freundschaften brauchen viel Zeit, um zu erblühen.

Ebenso wie alles Wertvolle im Leben, so bedarf auch die Freundschaft der Pflege. Wie aber ist es möglich, die Verbundenheit zu Freunden zu pflegen und mehr Nähe zu schaffen? Dies gelingt am einfachsten durch die vier Faktoren der Vertiefung. Diese vier Faktoren zu kennen, sie zu nutzen und stetig weiterzuentwickeln hilft euch nicht nur, euch mit euren Freunden zu verbinden, sondern dient auch eurer eigenen inneren Entwicklung. Die Faktoren sind: Präsenz, rechte Rede, Akzeptanz und Mitgefühl.

- Präsenz entsteht, wenn ihr euch mit ganzem Herzen auf den gegenwärtigen Moment einlasst. So wichtig schöne Erinnerungen und gemeinsame Pläne auch sein mögen, so wird jede Freundschaft doch immer nur im jeweiligen Augenblick genährt. Nehmt euch viel Zeit, gemeinsam mit euren Freunden das Hier und Jetzt zu feiern.

- Rechte Rede bedeutet, weise und wohlwollende Worte zu wählen. Durch Worte findet Austausch statt; und gerade in Freundschaften können die falschen Worte den Fluss der Kommunikation trüben. Wenn ihr mit euren Freunden sprecht, solltet ihr daher darauf achten, freundliche Worte zu wählen und den anderen nicht zu verletzen.

- Akzeptanz ist die Voraussetzung für gegenseitiges Verständnis und gegenseitige Wertschätzung. Lasst eure Ansichten und Vorurteile los. Akzeptiert, dass weder die Welt noch eure Freunde euren Vorstellungen und Erwartungen entsprechen müssen. Gebt euren Freunden mehr Raum, so sein zu dürfen, wie sie sind. Und habt auch den Mut, euch selbst so zu akzeptieren, wie ihr seid.

- Mitgefühl ist die Basis von allem. Durch Mitgefühl verbindet ihr euch mit der Welt, mit den Menschen und allen Lebewesen. Ebenso, wie ihr euch selbst Mitgefühl entgegenbringen solltet, solltet ihr auch mitfühlend mit euren Freunden umgehen. Mitfühlend zu sein heißt, dass ihr bereit seid, fremdem Leid offen zu begegnen. Und dass ihr den Wunsch verspürt, Leiden zu lindern und gut für andere zu sorgen. Euer Mitgefühl ermöglicht es euch, andere im Herzen zu berühren und euch von ihnen berühren zu lassen.

7

Das Geheimnis der Lebensenergie

Es war ein kalter, windiger Tag, dunkle Wolkenfetzen jagten über die Stadt, und Maya wollte noch ein wenig durch den Park streifen, bevor zweifellos ein Gewitterregen kommen würde. Als sie am Teich entlangspazierte, begegnete sie einem Hund, der ihr vage bekannt vorkam. Er war schon ziemlich alt und hinkte, und seine triefenden braunen Augen blickten traurig in die Welt. Als er Maya sah, blieb er stehen und schnüffelte. »Hallo, Katze!«, rief er. »Sind wir uns nicht schon mal begegnet?«

Maya dachte eine Weile nach, dann fiel es ihr wieder ein. Wie lange war das schon her! Der Hund machte einen recht mitgenommenen Eindruck, doch er schien ein ausgezeichnetes Gedächtnis zu haben. Sie waren sich bei Mayas erstem Ausflug in die Welt begegnet und hatten nur kurzen, aber freundlichen Kontakt. Schnell hatte der Mann, der den Hund an der Leine hielt, ihn wieder weggezerrt. Wie hieß er noch mal?

»Du bist Bobo!«, rief sie.

»Ja. Und du bist Maya, richtig?«

»Du hast ein gutes Gedächtnis, Bobo«, sagte Maya bewundernd.

»Ach ja – leider.«

»Leider? Das klingt ja nicht so gut. Und wenn ich mich nicht täusche, bedrückt dich etwas, mein Lieber.«

»Ach, ich will dich nicht mit meinen Schwierigkeiten belästigen.« Er hielt kurz inne und sah Maya nachdenklich an. »Maya ... Bist du etwa *die* Maya? Maya die Buddha-Katze?«

Maya lächelte und nickte. »Ja, einige nennen mich so.«

Bobo wedelte mit dem Schwanz. »Ich habe schon von dir gehört. Doch so ganz glauben konnte ich das nicht – eine Katze, die Eichhörnchen, Vögeln und sogar Hunden hilft und ihnen den Weg zum Glück zeigt? Das hörte sich für mich wie ein schönes Märchen an. Aber daran, dass *du* diese Maya sein könntest – daran habe ich nie gedacht.«

Dann wurden seine Augen wieder traurig. »Ich glaube allerdings nicht wirklich, dass du mich retten kannst.«

»Das stimmt, Bobo. Ich kann dich nicht retten – das kannst nur du selbst. Aber vielleicht kann ich dir dabei ein wenig helfen.«

»Ich glaube nicht, denn ich habe kaum noch Hoffnung. Ich bin meinem Menschen fortgelaufen. Doch bevor der Sturm kommt, werde ich jetzt wohl wieder zu ihm zurückkehren, auch wenn er mich verprügeln wird. Ich bin einfach zu alt und zu schwach, um alleine in dieser Kälte durchzukommen.«

»Bobo, mein Lieber, immerhin hast du doch die Kraft gehabt, dich von dem Menschen, der dich schlecht behandelt hat, zu befreien. Das war sicher nicht leicht, und darum denke ich, dass du viel stärker bist, als du glaubst.«

Bobo sah die kleine Katze mit großen Augen an. »Ach, Maya, ich weiß nicht. Ich bin nun mal zu träge. Meine Launen und meine Bequemlichkeit sind stärker als mein Wille. Es fehlt mir an Willenskraft. Ich sage immer nur: ›Ich könnte …‹, ›Ich sollte mal …‹ – und dann klappt's doch nicht.«

Maya sagte: »Das verstehe ich gut. Es geht leider vielen so. Und alle glauben an das Sprichwort, dass Dinge leichter gesagt als getan sind.«

Bobo ließ sich müde auf der Wiese nieder und nickte. »Ja, genau.«

Maya schüttelte den Kopf. »Und damit liegen sie falsch. Fast immer ist es nämlich leichter, etwas zu tun, als es zu sagen – und dann gleich wieder viele Gedanken daran zu verschwenden, es doch nicht zu tun.«

Bobo sah sie zweifelnd an. »Ich weiß nicht so recht. Ich kann doch zum Beispiel sagen: ›Ich möchte fliegen wie ein Vogel.‹ Aber deswegen kann ich es ja lange noch nicht.«

Maya lachte. »Wahrscheinlich nicht.« Sie zwinkerte ihm zu. »Aber hast du es denn schon mal probiert?«

»Schau mich doch an – ein alter dicker Hund auf vier dünnen Beinen –, sehe ich etwa aus, als ob ich fliegen könnte?«

»Nein, Bobo, um ehrlich zu sein, würde mich das tatsächlich wundern. Aber weißt du was: Fliegen ist sowieso nicht dein Problem. Dein Problem ist, dass du zu viel nachdenkst.«

Bobo starrte schweigend in den Himmel. Die dunklen Wolken türmten sich immer bedrohlicher auf. Schließlich sagte er: »Das stimmt wohl. Ich habe insgesamt jahrelang darüber nachgedacht, dass ich mich endlich vor diesem cholerischen Menschen in Sicherheit bringen sollte. Aber ich war immer zu träge.«

»Und bestimmt sind dir eine ganze Menge Gründe eingefallen, es nicht zu tun.«

Bobo nickte.

»Aber dann bist du ja doch noch fortgelaufen«, grinste Maya.

»Ja, schon, aber ...« Bobo hielt mitten im Satz inne. Maya hatte recht. Als er endlich weggelaufen war, hatte er das einfach getan. Und das war viel leichter gewesen als das ewige Grübeln. So lange hatte er sich gegrämt und mit sich gehadert, und es war ihm unmöglich erschienen zu fliehen – bis zu dem Augenblick, als er aus seinem Körbchen aufgestanden und durch die offene Terrassentür verschwunden war. Einfach so.

Maya lächelte. »Sieh mal, Bobo – die Kraft, die du brauchst, hast du schon immer in dir getragen. Probier doch mal aus, statt ›Ich sollte ...‹ einfach ›Ich mach das jetzt‹ zu sagen.«

»Hmm – das hört sich gut an, aber ich fürchte, mir fehlt es wirklich an Willenskraft.«

»Ich glaube, da täuschst du dich«, sagte Maya und lächelte. »Der Wille ist nur ein kleiner Schubs. Willenskraft brauchst du nur für Dinge, die du *nicht* willst.«

Bobo sah sie verwirrt an. »Das ist mir zu hoch.«

»Schau mal: Wenn ich dir sage: ›Lauf einmal um die große Wiese‹

»Ach, bitte nicht. Mir tun meine Beine jetzt schon weh.«

»... dann könntest du es mit starker Willenskraft vielleicht trotzdem schaffen. Wenn ich dir aber eine Schüssel mit einem leckeren Knochen hinstelle und sage: ›Probier mal!‹, dann brauchst du bestimmt keine Willenskraft.«

»Stimmt, das würde mir nicht schwerfallen«, stimmte Bobo zu und schmunzelte.

»Und was, wenn ich dir sagen würde, dass du erst einmal um die große Wiese laufen musst und erst anschließend ein köstliches Essen bekommst?«

»Na ja – das wäre ein großer Anreiz und ich würde es wahrscheinlich eher hinbekommen.«

Maya nickte. »Aber was macht den Unterschied?«

Bobo überlegte. »Hm, tja, also – ich glaube, wenn ich mir einen saftigen Knochen vorstelle, brauche ich nicht so viel Willenskraft, um loszulaufen.«

»Genau! Dann reicht schon ein kleines bisschen, um dich in Bewegung zu versetzen. Und so ist das bei allem: Deine Willenskraft kann dir nur einen Schubs geben – aber es ist deine *Vorstellungskraft,* die dich in Bewegung bringt!«

AUS EUGENS TAGEBUCH:
Als ich mit Maya einmal darüber gesprochen habe, wie viel Willenskraft man wohl braucht, um seine Ziele zu erreichen, ist mir klar geworden, dass der Wille wie ein Zündschlüssel bei einem Auto ist: Er treibt das Auto nicht an, er ist nicht nötig zum Fahren – er hilft einzig und allein beim Starten. Denn wenn das Auto erst mal läuft und man dann ständig weiter am Zündschlüssel dreht, ist das völlig unnötig und sinnlos – und dem Auto tut es auch nicht gerade gut. Mit der Willenskraft ist es ganz ähnlich. Sie ist oft nötig, um in die Gänge zu kommen – vor allem, wenn es darum geht, ein Hindernis zu überwinden; doch dann muss man das Wollen auch wieder loslassen können. Das ist das Geheimnis der Willenskraft.

Bobos Interesse war inzwischen geweckt. »Du meinst also, dass die Willenskraft gar nicht so wichtig ist? Das glaube ich dir sogar. Aber warum komm ich dann so schwer in die Gänge?«

»Weil du keine klare Absicht hast, Bobo«, sagte Maya und lächelte den alten Hund mitfühlend an. »Wenn du erst weißt, wohin du willst, wenn deine Vorstellung dich antreibt – dann tust du's einfach. Weißt du hingegen nicht, wo du eigentlich hinwillst, wird es sehr schwierig sein, etwas zu verändern.«

»Oje Maya, ich glaub, du hast mich erwischt.« Eine Weile war der alte Hund ganz still. Dann sagte er: »Im Grunde weiß ich nie so genau, was ich will. Ich habe echt keine Ahnung, wohin ich gehen und was ich mit meinem Leben anfangen soll ...«

»Suche nach deinen Herzenszielen, mein Lieber«, sagte Maya. »Folge deinen Träumen – sie weisen dir den Weg.«

Wieder legte Bobo eine lange Pause ein. »Herzensziele …«, murmelte er. »Träume …«

Maya schwieg und ließ ihn in Ruhe nachdenken. Schließlich sah Bobo sie munter an und sagte: »Weißt du, mein Ziel ist es, einfach frei zu sein. Deshalb bin ich meinem Menschen weggelaufen. Nur ist es eben so, dass ich Menschen sehr mag. Ich weiß nicht, ob du als Katze das verstehen kannst. Doch Hunde und Menschen gehören zusammen. Ich will nicht alleine bleiben. Und deshalb ist es mein Herzensziel, wieder einen Menschen zu finden – aber einen netten. Findest du das seltsam?«

»Bobo, es ist egal, wie ich oder sonst jemand das findet. Es ist dein Weg. Und nur dein Herz sagt dir, ob es der richtige ist.«

Bobo nickte. »Ja, Maya. Das ist mein Weg.« Er ließ die Ohren hängen. »Aber es ist ein hoffnungsloser Weg. Ich bin doch schon alt. Welcher Mensch wird mich schon noch aufnehmen?«

»Der Weg mag noch so unüberwindlich scheinen – wenn es der Weg zu deinem Herzensziel ist, dann darfst du nicht zögern, dann musst du ihn gehen. Und ganz gleich, wie lang er ist – es ist nicht schwer, *einen ersten* Schritt zu gehen. Und dann noch einen …«, sagte Maya.

MEDITATION

IMMER NUR DIESE EINE SACHE

Wer zu viel auf einmal tun will, schafft am Ende gar nichts. Überaktivität kostet ungeheuer viel Energie. Überaktiv sind wir aber nicht nur, weil wir versuchen, mehrere Dinge auf einmal zu machen, sondern auch weil wir mit einem zerstreuten Geist handeln. Während wir noch das eine tun, eilen unsere Gedanken schon in die Zukunft und zur nächsten Aufgabe, die wir »erledigen müssen«. Kein Wunder, dass so viele Menschen in ständiger Unruhe und Hektik leben. Kein Wunder, dass es nicht lange dauert, bis sie sich energielos und erschöpft fühlen oder im schlimmsten Fall irgendwann ausgebrannt sind.

Eine sehr einfache – und zwar im wahrsten Sinne des Wortes *ein*fache Möglichkeit, um mehr Lebensenergie zu gewinnen, besteht darin, die Kunst der inneren Sammlung zu üben. Gesammelt zu sein heißt, achtsam zu sein. Es bedeutet, dass wir fokussiert sind, dass wir uns ganz dem Einen widmen, statt uns im Vielen zu verlieren. Dich der einen Sache, die du im jeweiligen Augenblick tust, voll und ganz zuzuwenden – also achtsam, fokussiert und mit ganzem Herzen zu handeln, ist eine der wirkungsvollsten spirituellen Übungen, um Energie zu sammeln sowie innere Ruhe und Zufriedenheit zu gewinnen.

- Es gibt immer nur das Jetzt. Lass das, was du in diesem Moment tust, das Wichtigste auf der Welt sein, denn es ist das einzig Wirkliche. Alles andere sind nur Gedanken, Vorstellungen, Erwartungen, Sorgen, Hirngespinste.

- Ganz gleich, was du tust, schenke diesem Vorgang deine volle Aufmerksamkeit. Ob du dich wäschst, durch den Park gehst, mit jemandem sprichst oder etwas isst – mach eine Meditation daraus. Die Meditation nennt sich: Immer nur diese eine Sache.

- Mache stets nur einen Schritt nach dem andern – so bleibt das Leben einfach. Was immer du sowieso tun würdest, kannst du genauso gut gesammelt, entspannt und mit einem Lächeln tun.

- Noch besser ist es, wenn du deine Achtsamkeit mit ins Spiel bringst. Achte auf alle Sinnesempfindungen, die dir während deines Handelns bewusst werden. Wecke deine Achtsamkeit. Wenn du läufst, dann spüre, wie deine Füße den Boden berühren. Wenn du badest, spüre das Wasser auf deiner Haut. Spüre deinen Atem, achte auf deine Körperhaltung und werde dir auch deiner Stimmung bewusst. Lenke deine Achtsamkeit ganz auf das, was du im jeweiligen Augenblick wahrnehmen kannst, auf das, was du jetzt tust. Mehr ist nicht nötig.

Maya sah Bobo tief in die Augen – sie wirkten heller und fröhlicher als je zuvor. »Es ist so einfach, was du sagst, Maya. Und ich spüre, dass du recht hast. Ich danke dir sehr dafür«, sagte er.

Maya lächelte ihn an. »Ich habe dir nur besagten kleinen Schubs gegeben.«

Bobo zögerte ein wenig, dann fragte er: »Aber kannst du mir vielleicht noch so einen kleinen Schubs geben?«

Maya lachte. Dann wurde sie sehr ernst und sagte leise: »Finde deine Kraft, Bobo. Denn du hast mehr Kraft, als du glaubst!«

Bobo verzog das Gesicht. »Dann muss sie aber gut versteckt sein.«

Maya sah ihm tief in die Augen. »Dann lass sie uns doch suchen.«

MEDITATION
DIE KRAFT AUS DER MITTE

Was immer du tust – wenn du dabei deine Achtsamkeit auf das Zentrum der Lebensenergie in deinem Körper richtest, wenn du also aus deiner Mitte handelst, so kannst du deine Energie selbst bei starken körperlichen Anstrengungen bewahren, ohne dich zu verausgaben. Das Zentrum der Lebensenergie liegt mitten in deinem Bauch. Du kannst dich jederzeit mit dieser Energiequelle verbinden. Dazu genügt es schon, die Achtsamkeit darauf zu lenken. Bist du mit deiner Mitte verbunden, so verbindest du dich zugleich mit deinen Wurzeln, mit der Kraft der Erde, die dir Energie und Selbstsicherheit schenkt.

Immer dann, wenn es dir an Energie fehlt oder du etwas in deinem Leben als körperlich oder seelisch anstrengend empfindest, ist es sehr wichtig, dich daran zu erinnern, dass du in jedem Augenblick getragen bist. Das Bewusstsein, mit der Erde verbunden und getragen zu sein, hilft dir, alle Hindernisse zu überwinden. Statt dich mit Willenskraft, zusammengebissenen Zähnen und Muskelkraft abzumühen, kannst du einfach deinen Schwerpunkt verlagern, die Anspannungen in Gesicht und Schultern loslassen und dich innerlich im Bauch niederlassen – im Zentrum deiner Lebensenergie.

- Setze dich aufrecht und bequem hin. Achte darauf, dass du »mit Energie« sitzt und dich nicht hängen lässt. Schließe die Augen.

- Richte deine Achtsamkeit zunächst eine Zeit lang auf deinen Bauch. Beobachte den Atem. Lass ihn kommen und gehen, ohne ihn zu beeinflussen. Achte darauf, wie sich deine Bauchdecke beim Einatmen sanft dehnt und wie sie beim Ausatmen wieder leicht nach innen sinkt. Beobachte das Ein- und Ausströmen des Atems einige Minuten lang, und entspanne dich dabei.

- Konzentriere dich dann nur noch auf das Ausatmen. Lass das Ausatmen etwas langsamer und tiefer werden. Nutze den Atem, um von Atemzug zu Atemzug mehr und mehr loszulassen.

- Du kannst das Loslassen durch Worte unterstützen: Beim Einatmen sagst du dir innerlich: »Kraft strömt in meinen

Bauch.« Beim Ausatmen sagst du: »Ich lasse mich tief in meinem Bauch nieder.«

- Meist dauert es ein wenig, bis du die Ruhe und die Kraft in deinem körperlichen Zentrum spüren kannst. Lass dir daher genug Zeit. Atme einfach immer wieder entspannt in deinen Bauch hinein, lass dich von der Erde tragen und mache dir bewusst, dass es nichts gibt, was du festhalten musst.

AUS EUGENS TAGEBUCH:

Als ich jung war, habe ich mich viel mit Kampfkunst beschäftigt und Judo, Karate und Taiji geübt. Und immer spielte die »Kraft aus der Mitte« dabei eine große Rolle. Anfangs dachte ich, dass das eine geheimnisvolle übernatürliche Kraft wäre. Aber weit gefehlt. Diese Kraft ist etwas sehr Konkretes – sie wird in China »Qi« und in Japan »Ki« genannt. Es ist die Energie, die eine Folge der Harmonie von Körper und Geist ist. Sie kommt aus der Entspannung – aber nicht aus der Entspannung beim Dösen auf der Couch, sondern aus der Entspannung in der Bewegung. Vielleicht passt »rechte Spannung« besser als »Entspannung«. Es ist die Kraft der rechten Mitte, die dazu führt, dass man auf eine aktive Weise entspannt und auf eine entspannte Weise aktiv sein kann.

Ich hatte lange nicht mehr an das gedacht, was ich bei meinem Taiji-Lehrer darüber gelernt hatte. Aber als Maya mir auf die Frage, warum sie immer so voller Energie ist, geantwortet hat, dass das nur eine Frage der rechten Mitte sei, habe ich mich wieder daran erinnert.

Beim Malen habe ich diese Energie wiederentdeckt. Es hat ein Weilchen gedauert, die richtige Spannung zu finden. Wenn ich mich zu sehr anstrenge und mit Nachdruck etwas entstehen lassen will, kostet das unglaublich viel Energie. Loszulassen und trotzdem die Kraft zu bewahren – darin liegt die Kunst. Das kriegt man allerdings nicht mit dem Kopf hin. Dazu muss man die Energie im Bauch sammeln – und das hat viel mit Vertrauen und eben auch mit Loslassen zu tun.

Maya hatte Bobo eine Woche lang nicht mehr gesehen. Sie hoffte, dass es ihm gut ging. Es war ja alles andere als leicht für einen alten Hund, allein, im Winter ...

Doch dann begegnete sie ihm wieder im Park. Und es war ihm deutlich anzusehen, dass er mehr Energie hatte. Seine Augen hatten ihre tiefe Traurigkeit verloren, und selbst sein Hinken war besser geworden.

»Du siehst gut aus, Bobo«, begrüßte ihn Maya. »Denkst du immer noch daran, zu deinem Menschen zurückzukehren?«

»Nein. Ich habe endgültig genug davon, mich schlagen und anschreien zu lassen. Ich glaube, ich habe meinen Weg jetzt gefunden. Und ich weiß, dass ich ihn nie entdeckt hätte, wenn du mir nicht ein paar Wegweiser gezeigt hättest.«

Maya sah Bobo liebevoll an und aus ihren Augen strahlten Wärme und Güte.

»Ich habe einen warmen Schlafplatz gefunden«, fuhr Bobo freudig fort. »Unter der Brücke wohnen nämlich Menschen. Einer von denen mag mich scheinbar sehr. Er freut sich immer, wenn ich komme. Und nachts lege ich mich neben ihn und wir wärmen uns gegenseitig. Neulich hat er sogar seinen Schlafsack aufgemacht und ihn über uns beide ausgebreitet.«

Wieder einmal wurde Maya von einer Welle der Dankbarkeit erfasst. Wie gut sie es doch hatte. Statt unter einer Brücke konnte sie in Eugens Atelier in einem weichen Körbchen schlafen. Viele Tiere und Menschen mussten mit wesentlich härteren Umständen zurechtkommen. Doch selbst dann konnte man seinen Weg finden und konnte, wie Bobo bewiesen hatte, glücklich sein.

»Seit du mir das Geheimnis über die Kraft der Mitte verraten hast, kann ich viel mehr aushalten, und selbst im Schnee wird mir nicht mehr kalt. Schade, dass ich das den Menschen unter der Brücke nicht beibringen kann. – Aber Menschen verstehen ja vieles nicht.« Bobo lachte und Maya stimmte mit ein.

Dann dachte sie an ihre Freunde unter den Menschen – an Eugen, Emmanuel und Lina. Und sie war erneut dankbar über das Glück, das sie erfahren durfte, ihnen begegnet zu sein. Konnte sie Bobo vielleicht noch ein wenig mehr beistehen? Sie überlegte.

»Wenn du willst, kann ich dir zeigen, wie du deine Energie bewahren und vermehren kannst …«

MEDITATION

LEBENSENERGIE SPEICHERN

Der Atem ist eine natürliche Quelle der Lebensenergie. Selbst wenn du sehr erschöpft und ausgelaugt bist, schenkt dein Atem dir immer noch Energie. Dir deines Atems bewusst zu werden und deine Achtsamkeit immer wieder entspannt auf die Atembewegung zu richten, ist eine einfache Möglichkeit, Energie zu sammeln.

Doch du kannst deinen Atem auch gezielt lenken: Durch die Energieatmung kannst du besonders viel Energie speichern und innerhalb kurzer Zeit neue Kräfte gewinnen. Sie hat drei Phasen – das Einatmen, das Anhalten des Atems und das Ausatmen. Idealerweise wird diese Atemtechnik im Verhältnis 1:3:2 ausgeführt. Falls dir bei der folgenden Übung ein bisschen schwindelig wird, ist das völlig normal und nicht gefährlich. Achte jedoch immer gut auf deine Grenzen – du solltest dich beim Üben wohlfühlen.

- Setz dich aufrecht hin, schließ die Augen und entspanne Körper und Geist.

- Lass deinen Atem einige Male ganz natürlich kommen und gehen.

- Atme jetzt tief aus.

- Atme nun sanft durch die Nase ein und zähle in deinem eigenen Rhythmus innerlich bis vier. Stell dir vor, wie du beim Einatmen Lebenskraft aufnimmst.

- Halte den Atem an und zähle innerlich bis zwölf. Achte darauf, den Körper dabei nicht anzuspannen. Entspanne auch dein Gesicht. Stell dir vor, wie sich die Lebenskraft in allen Organen und Zellen ausbreitet, während du den Atem anhältst.

- Atme jetzt kraftvoll gegen die leicht geschlossenen Lippen aus und zähle bis acht. Das Ausatmen wird auf diese Weise gebremst, die Lungenbläschen bleiben offen und die Lungen können sich optimal entleeren. Gib mit dem Ausatmen alles ab, was dich belastet.

- Wiederhole diesen Zyklus einige Minuten lang.

AUS EUGENS TAGEBUCH:
Energie ist etwas, das Bewegung auslösen kann. Aber es ist nicht unbedingt eine physikalische Kraft. Wenn ich das meinen Freunden erzähle, sagen manche, dass das irgendwie esoterisch klingt. Das ist es aber gar nicht. Liebe, berührende Musikstücke, ergreifende Romane oder gute Gemälde bewegen die Menschen – durch die »Energie« der Liebe, der Musik … Und wenn sich nun ein Physiker beschwert, dass man mit dieser Energie keine Waschmaschine betreiben kann, dann tut er mir leid.

Bobo fühlte sich wie verjüngt. Es kam ihm vor, als hätte er an einem Zauberknochen genagt, der ihm neue Energie verliehen hatte – dabei hatte er nur gelernt, seine Energie zu bewahren, seinen Atem zu lenken und die Kraft in seiner Mitte zu gebrauchen. Sogar seine steifen Gelenke waren in letzter Zeit wieder beweglicher geworden. Er tollte durch den Park, fast wie damals, als er noch ein Welpe gewesen war – wenn ihm heute auch die Luft etwas schneller ausging – wohingegen er aber auch nicht mehr so dumm war, den flinken Eichhörnchen nachzujagen.

Maya kam gerade zwischen den kleinen Schneeinseln auf der großen Wiese anspaziert, die wie ein grüner Himmel aussah, an dem weiße Wölkchen klebten. Sie sah Bobo eine Weile amüsiert zu, dann lief sie zu ihm und begrüßte ihn herzlich.

»Wie ich sehe, bist du wieder ganz schön munter«, sagte sie und grinste ihn an.

»Stimmt, Ma – ya«, japste Bobo. »Fast – wie – ein – junger – Hund.« Er war von seiner Herumtollerei noch ziemlich außer Atem. »Du hast mir geholfen, die Quelle meiner Energie wiederzuentdecken …«

Maya lächelte. »Und was dabei rausgekommen ist, ist kaum zu übersehen. Du sprudelst ja geradezu vor Lebensenergie!« Zufrieden beobachtete sie ihren hechelnden Freund. »Bobo, sobald du wieder Luft kriegst – hast du vielleicht Lust, noch eine kleine Lektion zu lernen?«

»Und ob!«, rief Bobo begeistert. »Aber ich warne dich. Wenn ich noch mehr Energie bekomme, werde ich wohl anfangen zu fliegen. Und dann wirst du mich hier im Park nicht mehr so schnell finden.«

Maya lachte. »Da mach ich mir keine Sorgen. Ich glaube kaum, dass du dich da oben wohlfühlen würdest. Aber wenn du lernst, wie du deine Energie noch besser verwenden kannst, dann fühlst du dich garantiert noch etwas wohler …«

MEDITATION

WAS DU AUCH TUST – TU ES ACHTSAM

Mit geschlossenen Augen achtsam zu sitzen ist eine wichtige, aber nicht die einzige Form der Meditation. Meditieren kann zum Beispiel auch heißen zu reflektieren, die eigenen Gewohnheiten und Glaubenssätze infrage zu stellen oder Dinge auf eine bestimmte Weise zu tun. Wenn du zu wenig Energie hast und dich oft erschöpft fühlst, solltest du dein Handeln überprüfen. Was immer du tust, kann dir viel Energie rauben; dein Tun kann dir aber auch viel Energie schenken.

Manche sind den ganzen Tag aktiv, verlieren dabei aber kein bisschen Energie, da sie ganz in ihrem Handeln aufgehen. Oft meinen wir, dass unser Glück, unsere Zufriedenheit und unsere Lebensenergie von äußeren Umständen kommen – doch das ist ein Irrtum. Am Ende zählt viel weniger, was du tust, als vielmehr, *wie* du es tust. Es gibt vielleicht einiges, was du zu erledigen hast. Wenn du dabei vermeiden möchtest, dass du das, was du tust, als anstrengend und unangenehm oder gar qualvoll empfindest, musst du nicht unbedingt aufhören, es zu tun: Ändere lieber deine Haltung. Wenn du lernst, deine Aufgaben mit liebevoller Achtsamkeit zu erledigen, wird dein Handeln dir nie mehr Energie rauben können.

- Was du auch tust, handle in friedlicher Absicht. Achte darauf, dass dein Handeln nicht dazu führt, dass andere geschädigt oder verletzt werden.

- Bleibe achtsam und gesammelt. Richte deine ganze Aufmerksamkeit auf das, was du gerade machst. Bleibe im Jetzt. Bleibe wach. Mache jede Aktion zu einer Meditation.

- Entspanne deinen Geist. Auch wenn du dich körperlich anstrengst, kannst du innerlich entspannt bleiben. Beobachte deinen Körper, beobachte deine Bewegungen und deinen Atem. Verliere dich nicht im Denken, denn durch belastende oder unruhige Gedanken wird das Leichte schwer.

- Wenn du zwischendurch die Möglichkeit hast, mache kleine Pausen. Spüre dazu kurz deine Körperhaltung und schließe die Augen. Atme dreimal ein und aus. Beobachte dabei einfach nur, wie der Atem kommt und geht. Und wende dich anschließend wieder deiner Tätigkeit zu.

- Werde kreativ. Gerade bei Routinearbeiten ist es heilsam, alte Muster zu durchbrechen. Schlage einen anderen Weg ein und überlege, wie du Dinge, die du oft tust, einmal auf eine ganz andere Weise machen kannst.

- Entspanne deine Gesicht – deine Augen, deine Stirn, deinen Mund. Und lächle!

LEHRREDE ÜBER DIE LEBENSENERGIE

Ihr Lieben!

Verschiedene Wege gibt es auf dem spirituellen Pfad, die zu vollkommenem Frieden, zu völliger Unbeschwertheit und tiefer Erfüllung führen. Doch um auf diesen Wegen voranschreiten zu können, bedarf es der Energie. Wie unterschiedlich eure Ziele auch sein mögen – ob ihr euch nach Erfolg, Gesundheit, Glück, Freiheit oder mehr Klarheit sehnt: Nur wer das Wirken der Lebensenergie versteht, nur wer gelernt hat, die eigene Energie zu sammeln und zu bewahren, wird seine Ziele auch erreichen können.

Ohne Energie gibt es kein Leben. Ohne Energie gibt es keine Bewegung, keine Entwicklung. Alles, was lebt, verfügt von Geburt an über ein ihm zugedachtes Maß an Energie. Wir können jedoch Einfluss darauf nehmen, ob wir unsere Energie sammeln oder verschwenden. Es ist bedauerlich und führt nicht selten zu Leiden, dass dies so vielen nicht bewusst ist.

Achtet gut auf eure Lebensenergie. Der erste Schritt, sie zu pflegen, besteht darin, ihr mehr Achtsamkeit zu schenken. Erforscht, wo und wie sich das Wirken der ursprünglichen Lebenskraft zeigt. Ob im Handeln, im Sprechen oder im Denken – alles schwingt, ist in Bewegung, ist Energie. In jedem Gedanken ist diese universelle Kraft aktiv – in jeder Form von Kreativität, Spiritualität oder Liebe. Energie offenbart sich im Strahlen eurer Augen, im Lächeln eurer Lippen, in eurer Ausstrahlung.

Geht eure Lebenskraft zur Neige, so schwinden eure Möglichkeiten – eure Möglichkeiten, aktiv zu sein, euren Geist zu öffnen, zu tiefer Erkenntnis zu gelangen und den Weg zur Befreiung zu gehen. Hütet euch daher vor dem Verlust eurer Lebensenergie.

Wie aber könnt ihr euch vor diesem Verlust schützen? Durch *Achtsamkeit* könnt ihr euch schützen. Durch Unachtsamkeit hingegen geht immerzu Energie verloren. Oberflächliches Tun führt zu Verwirrung und Zerstreutheit. Verwirrung und Zerstreutheit rauben alle Kräfte. Auch der Wunsch nach immer mehr, die Gier, das Übermaß an Nahrung und Besitz bringen euch vom Weg ab und kosten Energie. Ebenso wie Gier und Sucht sind aber auch Mangel, Askese, übermäßige Strenge und Härte zu vermeiden. Durch jedes Zuviel und jedes Zuwenig wird Lebensenergie verschwendet.

Die Fähigkeit, seine Energien zu sammeln, hängt von der Fähigkeit ab, die rechte Mitte zu bewahren. Ganz gleich, ob ihr nach weltlichen Erfolgen strebt oder ob ihr eurer tiefsten Sehnsucht folgt – es ist nicht schwer, die richtige Richtung einzuschlagen: Meidet dazu einfach nur, was unglücklich macht und eure Harmonie stört. Vermeidet jegliche Überanstrengung. Vermeidet Ehrgeiz, Neid und Wut – vor allem aber Hass und Angst, denn sie berauben euch in kurzer Zeit eurer Lebenskraft oder blockieren den Energiestrom, wodurch vielerlei Krankheiten entstehen können.

Bleibt euch selbst treu, sammelt euren Geist, atmet in tiefen Zügen. Durch die Atmung könnt ihr viel Energie aufnehmen, ebenso durch Nahrung, Sonne und die Kraft der Natur.

Richtet eure ganze Aufmerksamkeit aufs Wesentliche. Kultiviert Achtsamkeit, Güte und innere Ruhe, statt falschen Zielen hinterherzulaufen. Mögen diese auch für kurze Zeit Befriedigung geben, so können sie euch doch niemals Glück schenken und werden euch auf Dauer schwächen.

Indem ihr euren Herzenszielen folgt, indem ihr auf eure Begeisterung vertraut und auf die Stimme tief in eurem Herzen hört, vermehrt sich eure Energie ganz von selbst. In der Eile und an der Oberfläche verliert ihr sie – in der Ruhe und in der Tiefe findet ihr sie.

Durch Achtsamkeit und Meditation wird euer Geist weit und klar.

Durch Achtsamkeit und Meditation wird euer Herz groß und mitfühlend.

Im Fluss sein, loslassen, die Dinge kommen und gehen lassen, ohne einzugreifen, den Körper und den Geist zur Ruhe kommen lassen – dies sind die Wege, die die Weisen seit jeher beschreiten, um ihre Energien zu sammeln und ihre innere Kraft erblühen zu lassen.

8

Das Geheimnis, im Fluss zu bleiben

Dem Hamsterfräulein Runka begegnete Maya zum ersten Mal, als sie gerade Emmanuel, den Pianisten, besuchen wollte. Sie stolzierte durch Emmanuels verwilderten Garten, als sie ein Stimmchen piepsen hörte. »Maya! Hallo, Maya!«

Maya sah sich verwundert um, und schließlich entdeckte sie tief im Ligusterstrauch versteckt die kleine braune Hamsterin, die sie aus ihren Äuglein ansah.

»Ich weiß, wer du bist. Ich weiß es, ich weiß es!«, stammelte sie aufgeregt. »Ich habe dich mit Emmanuel sprechen hören, und viele Tiere haben mir von dir erzählt. O ja – ganz viel von dir erzählt. Lasse hat dauernd von dir geschwärmt. – Ein Eichhörnchen, das eine Katze lobt: Da wusste ich, dass du eine sehr besondere Katze sein musst und, und – na ja, da dachte ich mir, ich frag dich mal, ob du mir helfen, also – äh – irgendwie weiterhelfen kannst.«

Runka hatte sich inzwischen aus ihrem Versteck getraut, rieb aufgeregt die Vorderpfötchen aneinander und schaute die Buddha-Katze hoffnungsvoll an. »Was für ein putziges Tierchen«, dachte Maya. »Wenn auch etwas verwirrt.«

»Ich heiße übrigens Runka«, sagte das Hamsterfräulein.

»Schön, dich kennenzulernen«, antwortete Maya. »Und dass ich Maya bin, hast du völlig richtig erkannt. Wenn du möchtest, werde ich gerne versuchen, dir zu zeigen, wie du deine Schwierigkeiten überwinden kannst.«

»Oh, toll! Also ...«, begann Runka, doch dann verschlug es ihr die Sprache. Ihre Ohren wurden ganz rot und sie trippelte mit den Füßchen. Maya wartete ruhig und sah sie freundlich an.

Schließlich nahm Runka einen zweiten Anlauf. »Also – ach, meine Probleme – das sind eigentlich nur Kleinigkeiten. Ich geniere mich ein wenig, dir mit so etwas überhaupt auf die Nerven zu gehen. Sicher hast du Besseres zu tun ...«

Maya lächelte. »Um meine Nerven musst du dir keine Sorgen machen. Und etwas Besseres, als dir hier und jetzt zuzuhören, fällt mir beim besten Willen nicht ein. Mir scheint, dass dich etwas quält, Runka. Und auch wenn deine Schwierigkeiten dir vielleicht unwichtig erscheinen – wenn sie dich unglücklich machen, dann sind sie es nicht.«

»Ich weiß nicht, wie ich's sagen soll. Ich glaub, ich bin total aus dem Gleichgewicht und finde nie das richtige Maß«, sagte der kleine Hamster traurig. »Ich rase herum, um Futter für mich und die Kleinen zu finden, dann renne ich mit vollen Backen in meine Höhle und rase sogleich erneut los. Und zwischendrin fresse ich mich so voll, dass ich mich kaum noch rühren kann. Dann schlafe ich ewig, bis ich plötzlich mit klopfendem Herzen aus meinen Träumen schrecke und wieder panisch losrenne. Und wenn ich gerade mal nicht mit Rennen, Fressen oder Schlafen beschäftigt bin, dann denke ich an das, was früher war. Letztes Jahr habe ich noch bei Menschen in einem Käfig gelebt und war nicht mehr als ein Kinderspielzeug – daran denke ich mit Schrecken zurück! Dann wieder grüble ich drüber nach, wie es weitergehen soll. Meine Höhle muss ausgebaut werden – die Gänge sind viel zu kurz und es gibt nur zwei Ausgänge ...« Runka japste nach Luft. Ihr langer Vortrag hatte sie sichtlich mitgenommen.

Maya sah Runka mitfühlend an. »Ich glaube, es würde dir helfen, dich ein wenig zu entspannen«, sagte sie. »Wenn du rennst, dann rennst du eben. Und wenn du schläfst, dann schläfst du. Das ist okay. Und es ist auch okay, dass Gedanken an die Vergangenheit oder Zukunft auftauchen. Befreie dich von der Vorstellung, dass alles anders sein sollte und dass du aus dem Gleichgewicht bist. Sei sanfter zu dir selbst, Runka. Erkenne, dass alle deine Handlungen, alle Erscheinungen und Gedanken auf natürliche Weise kommen und auch wieder gehen. Alles ist in einem ständigen Fluss ...«

MEDITATION

DIE ERSCHEINUNGEN KOMMEN UND GEHEN LASSEN

Alles Leben fließt. Dass wir selbst, alle Vorgänge in unserem Körper, alle Wahrnehmungen und das ganze Universum in ständiger Bewegung sind, ist eine Tatsache, die uns nur selten bewusst wird. Unser Verstand begreift das schnell, doch es ist sehr viel schwerer, auch wirklich zu *erfahren,* dass unser Dasein in ständigem Fluss ist. Doch nur die Erfahrung ist es, die zu tiefem inneren Frieden führt und uns Gleichmut schenkt. Sie führt zu der Erkenntnis, dass wir nichts festhalten können und es somit auch nichts festzuhalten gibt.

Die folgende Einsichtsmeditation ist eine einfache und wirkungsvolle Methode, um zu erkennen, dass alle Wahrnehmungen nur von kurzer Dauer sind und dass alles, was wir erleben, einem ständigen Kommen und Gehen unterliegt.

- Setz dich hin, entspanne dich, nimm eine würdevolle Haltung ein und schließ die Augen.

- Richte deine Achtsamkeit auf den Atem. Durch ihn kannst du dieses Kommen und Gehen, dieses Prinzip des »Im-Fluss-Seins« beobachten. Versuche nicht, ihn zu verändern; er fließt von selbst.

- Richte dann allmählich deine Achtsamkeit auf deinen Körper. Nimm alle Empfindungen in deinem Körper wahr. Wenn du momentan nichts spürst, ist das auch kein Problem. Versuche einfach, dich für alle Körpererfahrungen zu öffnen. Du musst sie nicht machen, sondern nur in deinen Körper hineinspüren. Dabei wirst du feststellen, dass Reize wie Schmerzen, Kälte, Kribbeln entweder von kurzer Dauer sind oder sich ständig verändern. Richte den Fokus auf das Fließen. Werde dir bewusst, dass Körpergefühle kommen und auch wieder gehen. Genau das macht deine Lebendigkeit aus. Lass alles kommen und gehen, ohne dich daran festzuhalten – als würdest du Wolken beobachten, die am Himmel vorbeiziehen.

- Richte nun deine Achtsamkeit auf das Hören. Achte auf alle Geräusche und Klänge um dich herum. Manche sind sehr leise, andere lauter; manche kommen von weit weg, andere kannst du ganz in der Nähe hören. Es gibt jedoch nicht nur äußere, sondern auch innere Geräusche: den Klang deines Atems, deines Schluckens, vielleicht ein leises Rauschen, das du in deinem Kopf wahrnehmen kannst. Was immer du im Augenblick hören kannst, nimm es einfach nur wahr, ohne es in Worte zu fassen oder zu bewerten. Achte dabei jedoch weniger auf die Geräusche an sich als vielmehr auf das Kommen und Gehen. Richte deine ganze Aufmerksamkeit auf das Fließen der Geräusche – darauf, dass auch die Welt der Klänge lebendig ist und darauf, wie jeder Klang irgendwann ertönt, um früher oder später wieder im Unhörbaren zu verschwinden. Lass los und entspanne dich in diesem ständigen Fluss der Geräusche.

- Lenke deine Achtsamkeit jetzt auf deine Gedanken. Schaue entspannt in jenen Bereich deines Geistes hinein, in dem Gedanken, Vorstellungen, Bilder, Worte, Tagträume, Pläne und so weiter entstehen. Lass dich jedoch von deinem Denken nicht gefangen nehmen! Glaub nicht alles, was du denkst. Achte nicht auf den Inhalt deiner Gedanken, sondern nimm die Tatsache zur Kenntnis, dass Gedanken da sind. Gedanken tauchen auf, bleiben sehr kurz oder etwas länger und verschwinden schließlich wieder. Zwischen den Gedanken ist ein Raum, in dem dein Geist weit und frei ist. Manchmal ist dieser Raum kaum zu erfassen, da die Gedanken sehr schnell aufeinanderfolgen. Doch manchmal entsteht eine etwas größere Lücke zwischen einzelnen Gedanken. Nimm das einfach nur wahr. Richte deinen Fokus auf das Fließen deiner Gedanken, darauf, dass sie immer wieder kommen und gehen. Mache dir diesen Prozess bewusst: Alles, was du denkst, ist flüchtig; alle Bilder und Worte, die erscheinen, lösen sich früher oder später wieder auf.

- Halte nichts fest; beobachte nur achtsam und entspannt, wie das Phänomen des Fließens auch die Inhalte deines Geistes betrifft.

Runka, die Hamsterin, lag wohlig entspannt neben Maya in der Nachmittagssonne. Es war eine leichte Brise aufgekommen. Als sie die Augen öffnete, war ein großer Teil der Unruhe in ihr verschwunden.

»Mmh – das hat gutgetan. Es ist wirklich sehr heilsam, nicht allzu sehr an den eigenen Gedanken und Gefühlen festzuhalten und sich dem Fluss des Lebens anzuvertrauen.« Eine Weile lag Runka verträumt im Gras. Allmählich aber wich die Fröhlichkeit aus ihrem Gesicht. »Aber ... aber ... Maya, weißt du, was mir gerade klar wird: Wenn ich nicht mehr an meinen Gedanken festhalte, verliere ich dann nicht jeglichen Halt? Was habe ich dann noch für Ziele? Muss nicht jeder einen Weg haben, den er gehen kann?«

»Stell dir mal vor, Runka, du wärst ein munteres Bächlein ...«, flüsterte Maya.

Das Hamsterfräulein runzelte die Stirn. »Du meinst, weil ich so unruhig bin? Dass ich wie ein Bächlein bin, das unruhig plätschert und nicht weiß, wohin es fließen soll und schließlich vom Fluss verschlungen wird?«

Jetzt konnte Maya sich das Lachen nicht mehr verkneifen. Katzentränen kullerten ihr über das Gesicht und einige blieben in ihren Schnurrhaaren hängen, glitzerten wie winzige Perlen in der Sonne. Runka blickte erstaunt, aber auch ein wenig beleidigt drein.

Maya gewann ihre Fassung zurück und sah die kleine Hamsterin mitfühlend an. »Ach, meine Liebe, entschuldige – ich lache dich nicht aus! Wirklich nicht. Ich musste nur wieder mal darüber lachen, wie unterschiedlich doch die Vorstellungen von der Welt sein können. Auf die Idee, dass ein Bächlein hektisch ist und nicht weiß, wohin es soll, wäre ich nicht so schnell gekommen.«

Mayas besänftigende Stimme verfehlte ihre Wirkung auf Runka nicht, und die kleine Hamsterfrau entspannte sich sogleich und lächelte.

»Was ich meinte, Runka, ist Folgendes«, fuhr Maya fort. »Wenn du sanfter mit dir umgehen würdest, wenn du dem Gesetz des Wassers folgen würdest, würdest du deine Ziele mühelos erreichen. Wasser ist das Weichste und Härteste, was es gibt. Kein Hindernis kann es aufhalten und ohne zu suchen, findet es stets seinen Weg zum Meer – und all dies gelingt ihm, weil Wasser einfach immer seiner Natur folgt, ohne sich zu bemühen.«

»Also genau das Gegenteil von mir!« Runka runzelte die Stirn. »Oft bemühe ich mich viel zu sehr, sammle mehr Körner, als ich je brauche. Dann wieder verfalle ich in völlige Trägheit und stopfe mich voll, bis ich fast platze. Aber so bin ich eben – schließlich folge ich nur meiner Natur.«

»Könnte sein. Es sei denn ...«, Maya sah Runka durchdringend an. »Es sei denn, dass dein übermäßiger Appetit weniger mit deiner Natur als vielmehr damit zu tun hat, dass du versuchst, dadurch eine innere Leere zu füllen ...«

Runka erwiderte Mayas Blick fragend, doch die schwieg und ließ der Hamsterin Zeit nachzudenken. Nach einer Weile sagte Runka leise: »Ja, Maya. Da ist tatsächlich eine Leere in mir. Das Gefühl, dass irgendetwas fehlt – eine nagende Unzufriedenheit. Immer, wenn ich unzufrieden bin, fresse ich haltlos alles, was ich kriegen kann, in mich hinein. Und dann spüre ich, dass die Unzufriedenheit dadurch nicht verschwindet und hetze wieder los auf der Suche nach – ja, nach was eigentlich? Ist das nicht alles furchtbar sinnlos?«

Runka begann zu weinen und Maya strich ihr sanft mit einer Pfote über das Fell. »Meine Liebe«, sagte Maya. »Lass die Dinge fließen. Nimm die Unzufriedenheit an, nimm die Leere an – auch sie sind nur Phänomene, die kommen und gehen. Es ist zwar gut, dass du dir deiner Unzufriedenheit und Leere bewusst bist, aber nimm sie nicht zu wichtig. Deine wahre Natur wird ganz von selbst erscheinen, wenn du dem Strom deines Lebens folgst. Wie das fließende Wasser zu sein – ohne Mühe, ohne Anstrengung, ohne Zweifel, ohne Pläne –, darin besteht das Geheimnis.«

AUS EUGENS TAGEBUCH:

Wasser ist ein wunderbares Beispiel dafür, wie das Leben sein sollte, und Maya hat mir viel über die Geheimnisse des Wassers erzählt. Wasser ist sanft und du kannst auf ihm dahintreiben, darin eintauchen, in die Tiefe gehen oder an der Oberfläche bleiben. Das Wasser findet immer seinen Weg – ohne sich auch nur im Geringsten zu bemühen. Es braucht keine Landkarte, um den einfachsten Weg zum Meer zu finden. Berge umfließt es, Felsen zerreibt es zu Sand, Tiefen füllt es mühelos auf ... Du kannst es nicht verletzen, so hart du auch draufschlägst. Schlägst du hart, ist es hart. Berührst du es sanft, ist es weich ...

»Werde wie das Wasser«, hat Maya oft zu mir gesagt, wenn sie beobachtet hat, wie ich mich abmühe; wenn ich einfach nicht ins Malen hineinfinde. Als ich sie mal gefragt habe, wie ich dieses Motto denn bitte konkret in meinem Leben umsetzen soll, hat sie nur geschmunzelt.

Inzwischen weiß ich, dass es nicht Mayas Art ist zu predigen. Sie liebt es, andere zu inspirieren. Am Ende muss man eben selbst dahinterkommen, wie man Weisheit und Sanftmut lebt.

Runka hatte Maya aufmerksam zugehört und mit jedem Wort, das sie hörte, schwand die Anspannung und Aufgeregtheit aus ihrem Geist. Sie fühlte sich mit einem Mal frei und leicht. – Doch das Gefühl der Schwerelosigkeit hielt nicht lange an. Schon bald drängten wieder belastende Gedanken an die Oberfläche ihres Bewusstseins.

»Liebe Maya, ich verstehe ja, was du sagst. Und doch – es gibt einfach Schwierigkeiten in meinem Leben, die nicht so leicht wegzuspülen sind. Ich will ja gern wie das Wasser sein, meiner Natur folgen, Hindernisse mühelos überwinden ... Aber das ist nicht so einfach. Wenn ich Probleme habe, ist das für mich nicht mühelos, sondern stressig«, sagte der kleine Hamster und setzte sich auf seine Hinterpfötchen.

Maya lächelte verständnisvoll. »Ich weiß, Runka. Während wir bis über die Ohren in Problemen stecken, ist es schwer, etwas Abstand zu gewinnen. Aber in schwierigen Zeiten hilft es, sich klarzumachen, dass auch die schlimmsten Übel ein Ende nehmen. Erinnerst du dich? Die Dinge kommen, aber sie *gehen* auch wieder ...«

MEDITATION

AUCH DAS GEHT VORBEI

Du kannst nicht verhindern, dass in deinem Leben Stürme kommen und gehen, dass Ängste, Sorgen, Wut, Streit oder Krisen kommen und gehen – denn das Leben ist nun einmal in ständiger Bewegung, und nicht immer empfinden wir das als angenehm. Im Gegenteil: Manchmal können schon die kleinen Katastrophen des Alltags einem sehr zu schaffen machen, und natürlich gilt das erst recht für Schicksalsschläge.

Immer, wenn die Dinge schwierig werden, ist es sehr hilfreich, sich bewusst zu machen, dass große Belastungen und starke Emotionen nicht nur kommen, sondern ebenso auch wieder gehen. Auch hier kannst du darauf vertrauen, dass alles in ständigem Fluss ist. Wenn deine Freunde oder Verwandten dir in schweren Zeiten die Hand auf die Schulter legen und dir sagen, dass alles vorbeigeht, nützt dir das vermutlich wenig, denn das Gefühl der Trauer oder Verzweiflung kann oft überwältigend sein. Doch wie so oft bist du selbst es, der deine Sichtweise verändern und dir Gelassenheit schenken kann, und zwar mit genau den gleichen Worten, sofern du sie wie ein Mantra einsetzt. Das Mantra lautet: »Auch das geht vorbei.«

Wiederhole das Mantra »Auch das geht vorbei« in belastenden Situationen immer und immer wieder. Auf diese Weise wird dein Geist fokussiert und die unangenehmen Gefühle werden nicht weiter genährt. Wichtig ist dabei jedoch, dass du nicht nur die Worte denkst, sondern auch ein Gefühl dafür bekommst, dass jede auch noch so schwierige Lebensphase wieder vorbeigehen wird. Hilfreich ist auch, dass du weißt, dass es oft nicht die *Umstände* sind, die »vorbeigehen«. Wenn dein Partner dich verlassen hat oder du in finanzielle Not gerätst, ist es zwar gut möglich, dass sich die Umstände wieder verbessern, aber das liegt oft nicht in deinen Händen. Worauf du dich jedoch verlassen kannst, ist, dass die belastenden *Gefühle* vorbeigehen. Du kannst leicht beobachten, dass auch Gefühle in ständiger Bewegung sind. Ganz gleich, ob du dir Sorgen machst, Angst hast oder wütend bist – immer kannst du dabei drei Phasen beobachten:

1. Ein bestimmtes Gefühl wie etwa Unruhe, Angst oder Verzweiflung tritt in Erscheinung. Es taucht meist ganz plötzlich auf, manchmal bahnt es sich aber auch langsam an.

2. Das Gefühl beherrscht deine Stimmung und deine Gedanken. Es ist da, es verändert deinen Körper, führt vielleicht zu Anspannungen oder dazu, dass du schneller oder flacher atmest.

3. Das Gefühl löst sich wieder auf. Auch das kann plötzlich oder allmählich geschehen. Sogar wenn du versuchst, das Gefühl festzuhalten, wirst du merken, dass es vergeht. Deine Stimmung, deine Gedanken und dein Körper verändern sich wieder, sobald das Gefühl sich aufgelöst hat.

Beobachte diese drei Phasen belastender Gefühle immer wieder. Je achtsamer du diesen Prozess wahrnehmen kannst, desto klarer wirst du erkennen, dass »Auch das geht vorbei« nicht nur etwas ist, was du dir einredest, sondern vielmehr eine Tatsache, auf die du dich verlassen kannst.

»Auch das geht vorbei. Auch das geht vorbei«, murmelte Runka. Und jede Wiederholung schien ein wenig von ihrer Aufgeregtheit aufzulösen, wie Salz, das sich in klarem Wasser löst. Langsam erschien wieder ein Lächeln auf ihrem Gesicht.

»Maya, das ist ja fast wie ein Zauberspruch! Ganz gleich, an welche stressige Sache ich auch denke – ob ich mir Sorgen mache, Angst habe oder mich selbst unter Druck setze: mit ›Auch das geht vorbei …‹ wird es sofort weniger stressig oder verschwindet ganz.« Runka führte einen kleinen Freudentanz auf, drehte sich im Kreis und stolperte immer wieder über ihre eigenen Pfötchen, was überaus lustig aussah. »Maya, ich danke dir so sehr! Was ich heute gelernt habe, ist – einfach großartig!«

Maya musste lange über Runkas Hamstertänzchen lachen. »Das freut mich, Runka!«, sagte sie. »Ich sehe, du bist schon wieder voller Tatendrang. Also tu, was du tun musst – aber sei wie das Wasser: fließend, sanft und mühelos.«

»Ich versuch's!«, rief Runka und trippelte davon. Maya sah ihr eine Weile amüsiert nach. Sie hatte das sichere Gefühl, dass sie Runka bald wiederbegegnen würde.

AUS EUGENS TAGEBUCH:

Nachdem ich mit Maya gestern noch mal über das Gesetz des Fließens gesprochen und erkannt habe, was für eine wunderbare und hilfreiche Metapher der Fluss ist, fiel mir etwas ein, das ich mal gelesen habe: Dabei geht es um das, was Glücksforscher Flow nennen, und ich habe mal ein bisschen nachgelesen, was es mit diesem geheimnisvollen Zustand auf sich hat.

Also, wenn es einen seltsamen Namen gibt, dann ist es wohl der dieses Mannes, der den Begriff Flow geprägt hat: Mihály Csíkszentmihályi. Da bin ich gleich hängen geblieben, weil ich keine Ahnung hatte, wie man das ausspricht. Am besten, ohne sich dabei die Zunge abzubrechen. Er klingt etwa so: Tschick-ssent-mi-hallji.

Aber noch interessanter als der Name ist seine Idee des Flow. Wer im Flow ist, erlebt einen Zustand totaler Vertiefung und hat das Gefühl, dass alles rundläuft und fast wie von selbst geht. Csíkszentmihályi hat Menschen aus verschiedenen Lebensbereichen beobachtet – zum Beispiel Chirurgen, Sportler oder Künstler –, die alle eines gemeinsam hatten: Sie besaßen die Fähigkeit, sich vollkommen an das, was sie tun, hinzugeben und alles um sich herum zu vergessen, was einer Art meditativem Zustand gleichkommt.

Csíkszentmihályi hat herausgefunden, dass sich dieses Gefühl immer dann einstellt, wenn Anforderungen und Fähigkeiten sich die Waage halten. Wenn die Anforderungen die Fähigkeiten übersteigen, erscheinen Stress, Angst und man fühlt sich überfordert und unwohl. Übertreffen die Fähigkeiten die Anforderungen hingegen deutlich, kommt es zu Langeweile und Unlust.

Ohne etwas von diesem Phänomen zu wissen, befinde ich mich beim Malen fast immer im Zustand des Flow, in dem ich die Welt vergesse. Ich werde jetzt aber mal ein Buch zu diesem Thema lesen, denn ich glaube, dass das nicht nur für meine Arbeit, sondern auch für meine Malschüler extrem wichtig wäre. Ich habe nämlich gemerkt, dass sie schnell die Lust und Motivation verlieren, wenn ich ihnen zu schwierige Aufgaben stelle – und wenn's zu einfach ist, sind sie angeödet und lernen auch nichts.

Ich glaube, jeder Lehrer, ach was, jeder Mensch, der an dem Geheimnis, »im Fluss zu sein«, interessiert ist, sollte diesen Zusammenhang des richtigen Gleichgewichts zwischen Fähigkeit und Anforderung kennen.

Ihr Gefühl hatte Maya nicht getäuscht: Es dauerte nicht lange, da kam Runka sie in Emmanuels Garten, wo sie sich in letzter Zeit gerne aufhielt, besuchen.

»Hallo, Maya!«, rief Runka. Sie sah deutlich fröhlicher aus als bei ihrer letzten Begegnung, doch Maya spürte sofort, dass dem Hamsterfräulein noch immer etwas auf der Seele lag.

»Hallo, Runka«, sagte Maya und machte es sich im hohen Gras gemütlich. »Wie ist es dir in letzter Zeit ergangen?«

Runka seufzte. »Ach, eigentlich ziemlich gut. Dein ›Auch das geht vorbei‹-Mantra hilft mir immer wieder aus der Patsche. Gerade wenn mir alles zu viel wird – und das passiert leider oft –, mache ich mir bewusst, dass Probleme, Sorgen und schlechte Laune auch wieder vergehen.«

Runka schwieg eine Weile. Sie hatte sich neben Maya ins Gras gelegt und ein zarter Wind strich beiden übers Fell. Dann sagte sie mutlos: »Womit ich aber immer noch Schwierigkeiten habe, ist, meiner Natur zu folgen. Ich habe zwar verstanden, was du mir erklärt hast, aber im Fluss zu bleiben fällt mir schwer, weil ich immer wieder in meinen Stimmungen festhänge. Ich weiß, dass Stimmungen nur von kurzer Dauer sind, und darum lass ich mich auch nicht mehr so tief runterziehen wie früher. Trotzdem – oft fühle ich mich ein bisschen wie ein kleines Boot auf einem stürmischen See.«

Maya nickte und lächelte Runka an. »Ja, das Boot des Lebens muss manchmal heftigen Stürmen standhalten. Aber wenn du erst mal weißt, wann ein Sturm aufzieht, wann Windstille herrscht und wann die richtige Brise weht, um die Segel zu setzen, wird es dir viel leichterfallen, deinen Hafen unbeschadet zu erreichen.«

»Weißt du, Maya – wir Hamster sind ja keine besonders guten Seeleute.« Sie grinste Maya an. Dann wurde sie wieder ernst. »Aber ich verstehe schon, was du meinst. Das Dumme ist nur: Ich bin auch ein miserabler Wetterprophet.«

Maya sah Runka belustigt an. »Schon klar – du bist ein Hamster und kein Wetterfrosch«, lachte sie. »Aber vielleicht tröstet es dich, dass du gar keine prophetische Gabe brauchst. Es genügt, einfach nur genauer hinzusehen ...«

MEDITATION
BEOBACHTE DEIN INNERES WETTER

Deine Gefühle sind in ständigem Fluss. Sie kommen und gehen, und nirgends lässt sich das Gesetz, wonach alles in ewiger Bewegung ist, so gut erkennen wie an den eigenen Stimmungen. Das gilt allerdings nur, wenn du auch immer wieder hinsiehst beziehungsweise immer wieder spürst, wie es jeweils um deine Stimmung steht. Die eigenen Gefühle kommen und gehen wie die Wolken am Himmel.

Eine Frage, die du dir im Laufe des Tages immer wieder einmal stellen solltest, lautet: »Wie ist mein inneres Wetter in diesem Augenblick?«

Wenn du in heiterer Stimmung bist oder dich über etwas freust, wird sich dein inneres Wetter vielleicht anfühlen, als würde die Sonne am wolkenlosen Himmel strahlen. Verunsicherung könnte sich als Nebel zeigen, Unruhe je nachdem als Wind oder Sturm, eine düstere Stimmung dürfte sich wie ein Tag anfühlen, an dem dicke dunkle Wolken keinen Sonnenstrahl durchlassen und so weiter. Aber denke nicht zu lange nach, sondern entscheide spontan, was dein inneres Wetter im jeweiligen Moment, in dem du deine Achtsamkeit darauf lenkst, sagt. Vieles ist dabei möglich – neben Sonne, Wolken und Sturm zum Beispiel auch Regen, Hagel, Schnee, Gewitter, Hitze, die verschiedenen Blau- und Grautöne ...

Jetzt gerade – in diesem Augenblick, in dem du diese Zeilen liest: Wie ist dein inneres Wetter?

Je öfter du einen Blick auf deine innere Wetterkarte wirfst, desto klarer wirst du erkennen, wie unglaublich schnell Gefühle und Stimmungen kommen und gehen. In gutem Kontakt mit der ganzen Palette deiner Gefühle zu sein, ermöglicht es dir, die Gefühle intensiver wahrzunehmen und zu erfahren, dass dein Gemüt in ständiger Bewegung ist. Auch dann, wenn du glaubst, momentan eigentlich nichts zu fühlen, herrscht im Hintergrund deiner Wahrnehmung doch immer noch eine emotionale Schwingung vor. Wenn du dir dieser Schwingung bewusst wirst, wird sich das Gefühl einstellen, lebendig und in ständigem Fluss zu sein – und mit ihm ein Gefühl von Leichtigkeit.

»Ach«, sagte Runka, »wenn du die Dinge erklärst, wird alles so einfach.«

»Wenn es nicht einfach ist, führt es nicht in die Freiheit«, antwortete Maya.

Runka schmunzelte. »Vielleicht werde ich doch noch zu einer guten Kapitänin auf meinem Lebensboot – auch wenn's mal stürmisch wird!«

»Ganz bestimmt sogar«, sagte Maya. »Da habe ich überhaupt keine Zweifel. Wenn du magst, kannst du morgen zur alten Kastanie kommen. Da werde ich ein wenig über den Fluss des Lebens sprechen. Ich glaube, das könnte dich interessieren. Überleg's dir. Und natürlich kannst du auch Freunde mitbringen.«

»Au ja!«, rief Runka, während sie auf ihren schnellen Pfötchen einmal um Maya herumsauste und dann davonschoss. Maya sah ihr vergnügt nach. Sie hatte die kleine Hamsterin wirklich ins Herz geschlossen. Und es sah so aus, als hätte Runka in kurzer Zeit viel gelernt. Maya hielt ihre Nase in den Wind und schnupperte den Duft der Freiheit. Wie wunderbar das Leben doch sein konnte, wenn man gelernt hatte, loszulassen und im Fluss zu bleiben.

AUS EUGENS TAGEBUCH:

Gegen Mayas Rat, sich immer wieder mal die eigene Stimmung anzusehen, habe ich mich anfangs sehr gesträubt. Ich fand die Idee ein-

fach doof: Meine Stimmung habe ich ja sowieso. Und wenn sie mies ist, möchte ich da gar nicht so genau hingucken. Bisher bestand meine Strategie darin, nicht hinzugucken, wenn es unangenehm wird. Ich dachte immer, dass es besser ist, sich auf das Gute, Schöne und Angenehme zu konzentrieren …

Maya hat mir erklärt, dass es gar kein Widerspruch ist, sich seine schlechten Stimmungen achtsam anzusehen und zugleich das Gute in sich zu nähren. Achtsam zu sein bedeutet, dass ich den Kopf nicht in den Sand stecke und auch nicht weglaufe, sondern mich dem Leben in seiner ganzen Fülle stelle – dass ich alles, was kommt, gewissermaßen widerstandslos durch mich hindurchfließen lasse. Dennoch ist es wichtig, auch auf meine innere Haltung zu achten – und dazu gehört, mich auf das Positive und Schöne auszurichten.

Inzwischen habe ich gelernt, meine Gefühle und Stimmungen beziehungsweise das, was Maya inneres Wetter nennt, genauer zu betrachten. Und da ich jetzt genauer hinschaue, erkenne ich natürlich auch mehr Zusammenhänge. Dabei ist mir etwas Interessantes aufgefallen: Meine Stimmung wird viel stärker von kleinen, eigentlich völlig unbedeutenden Dingen beeinflusst, als ich dachte. Vom Wetter, von den Nachrichten, von den Kritiken meiner Ausstellungen …

Aber was es auch ist: Achtsam hinzusehen ist immer die beste Wahl; mit meiner alten Strategie, einfach wegzuschauen, hab ich einen wichtigen Teil von mir abgelehnt. Inzwischen gelingt es mir, das komplette Paket anzunehmen, die Dinge radikal zu akzeptieren und im Fluss zu bleiben; was, wie ich finde, eine sehr sanfte, mühelose Art zu leben ist.

LEHRREDE ÜBER
DAS VERWEILEN IM FLUSS

Ihr Lieben!

Niemals wird das Harte das Weiche überwinden.

Niemals wird das Starre das Bewegliche besiegen.

Niemals wird das Unnachgiebige das Nachgiebige beherrschen.

Was nämlich fließt, was in Bewegung bleibt, das ist dem Leben nahe. Was aber erstarrt, was hart und unnachgiebig ist, das ist dem Tode nahe.

Alles, was lebt, ist in ständiger Bewegung. Unmöglich ist es, den Fluss der Dinge aufzuhalten. Auf die Ebbe folgt die Flut, auf die Nacht der Tag, auf den Winter der Frühling. Doch auch in euch selbst ist alles Wandlung, ist alles Fluss. Mag euer Körper auch in Stille verharren, so schlägt doch euer Herz, strömt euer Blut, folgt jedem Einatmen ein Ausatmen. Von Augenblick zu Augenblick findet unablässig Veränderung statt – eine Sinfonie des Lebens, ein kosmischer Tanz, ein ewiges Fließen.

Wann immer ihr gegen den Fluss schwimmt, kämpft ihr gegen das Sein, kämpft gegen Wachstum, kämpft gegen Entwicklung. Und niemals könnt ihr diesen Kampf gewinnen, denn Kommen und Gehen, Werden und Vergehen sind das ewige Prinzip des Lebens.

Woran aber erkennt ihr, dass ihr gegen den Fluss schwimmt, dass ihr euch gegen euer inneres Wachstum stemmt? Daran, dass ihr euch ängstlich an eure Vorstellungen klammert. Daran, dass ihr Konzepten und festen Prinzipien anhängt, statt dem Fluss zu folgen. Daran, dass ihr festzuhalten begehrt, wessen ihr nicht habhaft werden könnt – und dass ihr dabei eure Energie verliert, eure Freude verliert, eure Lebendigkeit einbüßt.

Die Dinge kommen und gehen. Menschen erscheinen in unserem Kreis, um irgendwann wieder zu verschwinden. Jeder Augenblick dauert nur einen Augenblick, um dann für immer verloren zu sein. Was aber heißt schon verloren? Verlieren könnt ihr nur, was ihr festhaltet. Kein Ergreifen – kein Verlust.

Die Unbeständigkeit des Lebens macht vielen Angst. Doch Angst hindert euch daran, das Gesetz der Unbeständigkeit zu erkennen. Was unbeständig ist, ist vergänglich. Erfahren wir schlimme Dinge, ist Vergänglichkeit ein Trost – es geht vorbei. Erfahren wir jedoch schöne Augenblicke, macht Vergänglichkeit uns traurig. Doch ob tröstlich oder traurig – dies sind nur Wertungen. Die Reise geht weiter – schöne Erfahrungen, neutrale Erfahrungen, unerfreuliche Erfahrungen –, aber wenn ihr das Gesetz der Unbeständigkeit erfasst, werdet ihr verstehen, dass ihr dem Auf und Ab von »guten« und »schlechten« Erfahrungen nicht ausgeliefert seid: Ihr seid der stille Beobachter. Ihr müsst nichts tun – lasst den Fluss einfach fließen.

Lasst die Vorstellung los, wie die Dinge sein sollten. Das Leben steckt voller Überraschungen. Was gut erscheint, mag schlecht enden, was schlecht erscheint, mag sich zu etwas Gutem entwickeln. Was wissen wir schon über den Lauf der Dinge? Besser, als sich anzuklammern, ist es, sich ganz dem Fluss anzuvertrauen. Was nützt es, sich aufzuregen? Was nützt es, seine Willenskraft zu verschwenden?

Wandlungsfähigkeit schenkt euch Leichtigkeit. Wollt ihr innerlich wachsen, wollt ihr euch von jeglicher Gier befreien, so bleibt beweglich. Bleibt lebendig. Dann werdet ihr auch Unvorhergesehenem gelassen begegnen können.

An Dingen, Menschen oder Zuständen festzuhalten führt zu Unglück. Alles vergeht, verändert sich – und doch ist Wandel nicht euer Feind, sondern euer Freund. Denn nichts vergeht, ohne dass Platz für Neues entsteht. Konzentriert eure Kräfte nicht auf das Alte, das bereits vergangen ist. Öffnet euch für das Neue, das immer bereits begonnen hat. Ergreift die Chancen, die im Wachstum, die in der Entwicklung liegen. Wenn ihr Kontakt zu der Energie aufnehmt, die allen Erscheinungen zugrunde liegt, so wird der Fluss des Seins zu einer sicheren Heimat, zu einem geschützten Hafen.

Habt Vertrauen. Vertrauen lässt keinen Platz für Angst. Doch ist es wichtig, auf das Richtige zu vertrauen. Die Erscheinungen kommen und gehen. Sie lassen sich nicht festhalten. Was immer erscheint, wird vergehen – auf kurzlebige Phänomene ist nicht gut bauen. Besser ist es, auf das Gesetz des Wandels zu vertrauen. Wohl wissend, dass alles veränderlich ist, könnt ihr jede Erscheinung, die auftaucht, freundlich begrüßen, könnt ihr jede Erscheinung, die sich auflöst, freundlich loslassen. Während alles um euch in Bewegung ist, bleibt ihr doch gelassen, in euch selbst verankert, wach und zugewandt. Kein Festhalten, keine Anstrengung, keine Angst, kein Leiden.

In Ruhe und Heiterkeit beobachtet ihr den Fluss: Da ist das Fließen in eurem Körper – der Atem strömt ein, der Atem strömt aus. Körperempfindungen wie Druck, Schmerz, Kühle, Wärme oder Anspannungen kommen und gehen, werden stärker, werden schwächer, verschwinden. In jedem Augenblick findet Veränderung statt. Ebenso in euren Gefühlen: Stimmungen verändern sich, Gefühle wie Angst, Ärger, Unruhe oder Eifersucht tauchen auf, dehnen sich aus, lösen sich auf. Wie ein Fluss strömen auch eure Gedanken, drängen sich in den Vordergrund, erzeugen Bilder, erzeugen Worte, drehen sich eine Zeit lang im Kreis, um sich dann wieder zurückzuziehen und zu verblassen. In jeder Sinnesempfindung, in jeder Erfahrung könnt ihr beobachten, wie vergänglich die Dinge sind. Und schließlich werdet ihr erkennen, dass es niemals Grund zur Sorge gibt, solange ihr nur auf eure Lebendigkeit vertraut und euch dem Fluss des Seins überlasst.

Das Weiche überwindet das Harte.
Das Bewegliche ist stärker als das Starre.
Angst und Festhalten führen zu Leiden.
Liebe und Loslassen führen zur Glückseligkeit.
Dies ist das ewige Gesetz.

9

Das Geheimnis der Freude

Der Frühling war in vollem Gange, Blütenduft erfüllte die Luft, die Sonne schenkte zunehmend Wärme und Licht, und überall erwachte das Leben aus seinem Schlaf. Die Bäume zeigten stolz ihr erstes, zartes Grün. Und die Maulwürfe nahmen ihre Arbeit unter Tage wieder mit ganzer Kraft auf.

Maya liebte diese Zeit. Tage- und nächtelang strich sie durch den Park. Eugen vermisste sie an diesen Tagen ein wenig, wusste aber, dass sie früher oder später immer wieder zu ihm zurückkehren würde. Auch Eugen wurde von der Energie des Frühlings inspiriert – seine Bilder gerieten zunehmend heller und bunter.

Maya hatte sich auf der großen Wiese vor dem Teich zusammengerollt. Sie beobachtete die Gänse und Enten, die auf dem See ihre Kreise zogen. Eine angenehme Spannung erfüllte die Atmosphäre. Maya sog genussvoll den Duft der Maiglöckchen und Hyazinthen ein – den Duft des Frühlings, der wie ein Lebenselixier auf alle Wesen wirkte. »Der Duft der Freude«, dachte Maya.

Als sie so entspannt dalag, spürte sie ein kaum wahrnehmbares Erzittern der Erde unter ihr. Und dann, nur einen Katzensprung von ihr entfernt, brach etwas durch den Erdboden. Mehr und mehr Erdreich wurde vom Untergrund an die Oberfläche geschaufelt, sodass sich langsam ein kleiner Hügel bildete. Auf der Wiese gab es eine ganze Reihe solcher Hügelchen. Maya wusste zwar, dass es sich um das Werk von Maulwürfen handelte, doch sie war noch nie einem begegnet. Neugierig beobachtete sie den Hügel. Hoffentlich erschrak der Maulwurf nicht, wenn er beim Auftauchen eine Katze vor sich sah – sie hielt den Atem an und rührte sich nicht. Nur zu gerne würde sie sich mit ihm unterhalten. Wie es wohl war, unter der Erde zu leben? Maya war sehr neugierig – sie liebte es, immer wieder dazuzulernen und Neues zu erfahren.

Noch einmal wurde etwas Erde ausgeworfen – dann erschien ein rosarotes Schnäuzchen und kurz darauf ein Kopf mit kleinen Knopfaugen und wunderbar glattem schwarzem Fell. Maya staunte: Obwohl der Maulwurf doch direkt aus der feuchten Erde kam, war sein Fell makellos und glänzte in der Frühlingssonne. Neben dem Kopf tauchten nun rosa Hände, groß wie Kinderschaufeln, auf. Der Maulwurf blinzelte ins helle Licht, wandte sich Maya zu und hielt sein Schnäuzchen schnüffelnd in ihre Richtung. Maya hielt ganz still, um ihn nicht zu erschrecken, denn sie rechnete damit, dass er blitzschnell wieder in seinem unterirdischen Bau verschwinden würde.

Stattdessen sagte der kleine Maulwurf mit verblüffend tiefer, samtiger Stimme: »Hmm – wenn meine Nase mich nicht täuscht, riecht es hier nach Katze. Und wenn meine Ohren mich nicht täuschen, habe ich vorhin ein leises Miauen gehört – warst du das?«

Maya sah den kleinen Kerl erstaunt an. Sie räusperte sich und nickte. »Ja, mein Lieber, das war ich. Ich freue mich, dich kennenzulernen.«

»Könntest du bitte etwas näher kommen?«, bat der Maulwurf. »Ich sehe in diesem grellen Licht fast gar nichts.«

Maya stand auf und setzte sich wenige Zentimeter vor der Nase des Maulwurfs ins Gras.

»Ah – jetzt erkenne ich auch, dass du tatsächlich eine Katze bist. Darf ich mich vorstellen: Ich bin Molo Maulwurf.«

»Hallo, Molo – ich bin Maya.«

»Oh – Maya die Buddha-Katze? Das ist mir aber eine große Ehre!«

Maya staunte. Zwar hatte sie sich allmählich daran gewöhnt, dass man sie Buddha-Katze nannte, doch dass ihr Ruf inzwischen bis tief in die Erde gedrungen war, überraschte sie.

»Du hast dir ja genau die richtige Zeit ausgesucht, um frische Luft zu schnappen«, sagte Maya und ließ ihren Blick über die Blumenwiese schweifen, »so bunt und frisch, wie die Welt heute ist.«

Betrübt blinzelte der kleine Maulwurf die Buddha-Katze an. »Ach, Maya – es ist mir ziemlich gleichgültig, ob die Welt bunt oder grau ist. Ich tauche nur ab und zu auf, um etwas Luft zu schnappen.« Molo blinzelte in der Tageshelligkeit, und kleine Maulwurfstränen rannen aus seinen Augen. Er schluckte und fuhr fort: »Es ist schon sehr, sehr lange her, dass ich mich über etwas gefreut habe. Früher, als ich noch ein kleines Maulwürfchen war, war ich immer fröhlich. In der Dunkelheit tief in der Erde habe ich mich wohlgefühlt. Aber inzwischen«, Molo machte eine lange Pause – »inzwischen können selbst die buntesten Farben und Düfte mich nicht mehr erfreuen. Ich fühle mich wie mein eigener Urgroßvater, der des Lebens überdrüssig geworden ist, da er von allem schon viel zu viel gesehen hat.«

»O weh, du Armer«, sagte Maya voller Mitgefühl.

»Kannst du mir vielleicht helfen, Maya?«, fragte Molo hoffnungsvoll. »Ich suche immer nach etwas, was mir Freude machen könnte – nach besonders weicher Erde, in der ich meine Gänge bauen kann, nach den leckersten Regenwürmern, nach einer ganz besonderen Maulwurfsfrau, die mir Gesellschaft leistet und mir neuen Lebensmut schenkt –, aber das, wonach ich wirklich suche, finde ich nicht.«

»Die Suche nach dem Besonderen, lieber Molo, wird es dir nur noch schwerer machen, dich an deinem Leben zu erfreuen«, antwortete Maya, während sie sich das Fell putzte. »Um Freude zu erfahren, solltest du nicht im Äußeren suchen; denn die Freude ist tief in dir vergraben.«

Molo kniff die Äuglein noch etwas mehr zusammen und blickte die Buddha-Katze fragend an.

»Du bist ein Maulwurf, und wie alle Maulwürfe lebst du gern unter der Erde, nicht wahr?«, fuhr Maya fort. Molo nickte. »Und doch kommst du immer wieder nach oben, um frische Luft zu atmen.«

»Ja – und um die Sterne zu sehen«, antwortete der kleine Maulwurf.

Maya sah ihn freundlich an. »Ebenso wie du in der Erde vergraben bist, ist die Freude in deinem Herzen vergraben. In unserem tiefsten Wesen sind wir alle voller Freude, Molo. Schau dir nur die kleinen Menschen- und Tierkinder an – sie tollen herum, sind ausgelassen und nehmen das ganze Leben als ein fröhliches Spiel.«

Aus dem Augenwinkel sah Maya etwas Buntes vorbeiflattern und als sie genauer hinsah, erkannte sie Mallamanandi, eines der vielen Kinder von Kallamarandi und Millimalina, dem Schmetterlingspärchen. Mallamanandi steuerte auf eine Wiese voller Butterblumen zu. Maya musst lächeln. Dann sagte sie: »Ebenso, wie du auftauchst, um frische Luft zu atmen und die Weite der sternklaren Nacht zu spüren, kannst du auch die Freude tief aus deinem Herzen auftauchen und weit werden lassen.«

Molo schluchzte. »Ich würde meine Freude ja nur zu gerne aus der Tiefe locken – nur, wie ich das schaffen soll, das weiß ich nicht.«

»Suche nicht nach dem Besonderen, Molo. Um deine Freude zu wecken, brauchst du keine edle Blumenerde und auch keine besonders delikaten Regenwürmer. Je einfacher die Dinge sind, denen du dich achtsam zuwendest, desto tiefer wird die Freude sein, die du erfährst.«

»Einfache Dinge?«, wunderte sich der kleine Maulwurf.

»Ja«, entgegnete Maya. »Einfach und naheliegend. Wichtig ist nur, diesen Dingen mit Liebe zu begegnen. Und das Einfachste und Naheliegendste, dem du liebevoll begegnen kannst, ist dein eigener Atem ...«

MEDITATION
LIEBEVOLL ATMEN

Atmen scheint so selbstverständlich, dass wir unserem Atem selten Aufmerksamkeit schenken, obwohl doch unser Leben und unsere Lebensfreude von ihm abhängen. Wenn wir Achtsamkeit üben, stellen wir ihn oft in den Mittelpunkt unserer Wahrnehmung. Die Atembewegung zu beobachten, ist eine sehr wirkungsvolle Meditation, und sie führt mit der Zeit zu vollkommener innerer Freiheit. Und daher kannst du deinen Atem auch nutzen, um Freude und Selbstmitgefühl zu kultivieren – vor allem, wenn du lernst, deinem Atem liebevolle Aufmerksamkeit zu schenken.

- Setze dich entspannt und aufrecht hin. Schließ deine Augen. Spüre deinen Körper und lass Anspannungen los. Lass alle Gedanken, die dir im Moment durch den Kopf gehen, wieder ziehen – komm ganz im Augenblick an.

- Lenke deine Achtsamkeit auf deine Atembewegung. Mach dir die Tatsache bewusst, dass du atmest – verändere nichts, verlangsame den Atem nicht willentlich und halte ihn erst recht nicht an. Bleibe nur im Zustand der Achtsamkeit.

- Schenke deinem Atem nun freundliche Aufmerksamkeit: Wenn der Atem einströmt, empfange ihn freundlich. Wenn er ausströmt, verabschiede ihn freundlich. Lächle ihm innerlich zu. Bleibe bei jedem Atemzug offen und liebevoll. Beobachte dieses Kommen und Gehen so, wie du sanfte Wellen am Meer beobachten würdest.

- Entspanne deinen Körper noch ein wenig mehr, indem du sanft lächelst. Sende mit deinem Lächeln eine Welle der

Freundlichkeit und des Mitgefühls durch deinen ganzen Körper. Lass zu, dass sich das Lächeln mit jedem Atemzug weiter ausbreitet, bis es dein ganzes Wesen erfüllt …

Während Molo seinem Atem mitfühlende Aufmerksamkeit schenkte, versiegten seine Tränen. Sein pelziges Gesichtchen entspannte sich immer mehr und machte einem freudigen Lächeln Platz.

»Das war aber schön«, flüsterte er verträumt. »Ich hätte nie gedacht, dass etwas so Einfaches wie mein Atem so viel in mir verändern kann. Und ich glaube …«, er schloss seine Augen und horchte in sich hinein, »… ja, ich glaube, dass meine Freude langsam wieder in mir erwacht.« Und mit einem kleinen Lächeln fügte er hinzu: »Auch wenn sie noch ein wenig zögert und sich nicht recht nach oben wagt.«

Maya berührte den kleinen Maulwurf sanft mit einer Pfote. »Molo, mein Lieber, du lernst wirklich schnell. Und wenn du willst, kann ich dir gleich noch einen einfachen Weg zeigen, wie du die Freude in dir wecken kannst.«

Molo öffnete die Augen und sah Maya gespannt an. »O ja – das wäre großartig, liebe Maya. Mir kommt mein Leben oft grau und eintönig vor. Meinst du, dein Weg hilft mir, dieses Gefühl loszuwerden?«

Maya lächelte. »Bestimmt. Das ist vielleicht sogar leichter, als du denkst, denn dabei musst du nur eines tun: Übe dich in Dankbarkeit …«

MEDITATION
DANKBARKEIT KULTIVIEREN

Wenn du dankbar bist, bist du in diesem Moment auch glücklich. Dankbarkeit ermöglicht es dir, all die großen und kleinen Geschenke, die das Leben dir macht, wertzuschätzen, statt sie für selbstverständlich anzusehen. Dankbar zu sein verbindet dich mit der Fülle – und wo du Fülle erfährst, erfährst du zugleich immer auch Freude.

Die Welt mit den Augen der Dankbarkeit zu sehen, ist nicht immer leicht, denn allzu oft übersehen wir das Schöne und Wertvolle im Grau und den Mühen des Alltags. Du kannst Dankbarkeit jedoch entwickeln – und indem du eine dankbare Haltung kultivierst, förderst du zugleich Qualitäten wie Gelassenheit, Heiterkeit, Achtsamkeit und Lebensfreude.

Nun hast du vielleicht das Gefühl, dass dein Leben selbstverständlich und langweilig ist und es doch eigentlich nicht viel gibt, wofür du dankbar sein könntest. Aber vor allem dann, wenn du dich nicht so wohlfühlst und mit Schwierigkeiten zu kämpfen hast, wird es Zeit, die Perspektive zu wechseln und dein Herz wieder für das Schöne zu öffnen.

- BETRACHTE DIE GESCHENKE AUS DER VERGANGENHEIT
  Das ist nicht immer so leicht – vor allem dann, wenn du in deinem Leben bisher viel Leid erfahren hast. Doch mit ein klein wenig Geduld, findest du die Geschenke der Vergangenheit.
  Mach es dir bequem, schließ deine Augen und lass deine bisheriges Leben im Zeitraffer auf der Bühne des Theaters deines Geistes vorbeiziehen. Vielleicht gab es nicht viele schöne Szenen – doch mit Sicherheit gab es Momente der Freude, für die du dankbar sein kannst. Suche nicht nach Großem

und Außergewöhnlichen. Es können scheinbar unwesentliche Momente sein, die ein starkes Gefühl der Dankbarkeit und Wertschätzung in dir wecken können.
Sicher hattest du irgendwann einen wundervollen Augenblick in der Kindheit, warst mal an einem schönen Ort oder hattest einen guten Freund, mit dem du die Zeit genossen hast. Vielleicht kannst du dich auch an Augenblicke erinnern, in denen du dich ganz frei gefühlt hast – oder an kleine Glücksmomente mit deinen Großeltern, Eltern oder Geschwistern.
Wenn du auf einen solchen Moment stößt, halte inne und verbinde dich mit dem Gefühl der Dankbarkeit. Tauche tief in die damaligen Ereignisse ein und umarme sie.

DANKBAR FÜR DIESEN TAG

Nach besonders wertvollen Augenblicken in der Vergangenheit zu suchen, ist eine gute Möglichkeit, Dankbarkeit zu kultivieren. Dazu genügt es, dir abends vor dem Schlafengehen einfach drei Dinge vor dein inneres Auge zu holen, die du während des Tages erlebt hast und für die du dankbar bist. Vielleicht hast du einen Freund getroffen? Oder die Sonne hat geschienen? Vielleicht hast du etwas Leckeres gegessen? Etwas Schönes gesehen oder gehört? Ein freundlicher, wertschätzender Blick in die nahe Vergangenheit fördert einen freundlichen, wertschätzenden Blick auf die Gegenwart.
Richte deine Achtsamkeit auf das Schöne aus. Sieh nichts als selbstverständlich an. Die Wolken am Himmel, die Bäume im Park, die Wärme der Sonne, die Freude der Kinder, die im Park spielen – nichts davon ist selbstverständlich. Alles ist es wert, dass du es wahrnimmst und ihm deine liebevolle Achtsamkeit schenkst. In jedem Moment kannst du dankbar sein und ein warmes Gefühl der Freude in dir wecken.
Denn was passiert und wie die Dinge sind, ist gar nicht so wichtig. Wichtig ist einzig, ob du durch Dankbarkeit das Ge-

fühl der Fülle in dir entwickelst, anstatt mit Unzufriedenheit das Gefühl von Mangel in dir zu nähren. Du hast die Wahl. Und diese Wahl wird dir sicherlich leichtfallen …

Molo saß mit geschlossenen Augen vor Maya. Maya ließ ihm Zeit. Sie wusste, dass es eine Weile dauern konnte, bis der kleine Maulwurf seine Vergangenheit nach Glücksmomenten durchsucht hatte. Doch schon bald sah sie die Verwandlung in seinem Gesicht. Langsam verschwanden alle Sorgenfalten, und schließlich schlug Molo die Augen auf und sagte mit einem leichten Beben in seiner Stimme: »Danke, Maya.«

AUS EUGENS TAGEBUCH:
Dankbarkeit ist erstaunlicherweise wirklich Übungssache. Früher war ich nicht so schnell dankbar – im Gegenteil. Ich haderte mit meinen Eltern; manchmal dachte ich, dass ich keinerlei Grund hätte, ihnen für irgendetwas dankbar zu sein; ich hatte ja schließlich nicht um das Leben gebeten. Und für meine Lehrer war ich erst recht nicht dankbar – für die hatte ich nur Spott übrig.

Dass ich in einem Land lebe, in dem für alle Menschen, auch die Kranken und Armen, wenigstens einigermaßen gesorgt wird und das es mir erlaubte, Kunst zu studieren … »Das ist nun mal so«, dachte ich. »Wofür sollte ich schon groß dankbar sein …?«

Ich glaube, vor allem als junger Mensch habe ich Dankbarkeit mit Selbsterniedrigung und Kriecherei verwechselt. Maya hat mich eines Besseren belehrt. Schon die einfache Übung, sich jeden Abend an ein paar Kleinigkeiten zu erinnern, die während des Tages gut und schön waren, hat mir die Augen geöffnet. Seit ich das mache, fallen mir täglich mehr und mehr Dinge auf, die alles andere als selbstverständlich sind. Inzwischen ist mir klar geworden, dass Dankbarkeit einer der besten Wege ist, um meine Stimmung zu verbessern und zu mehr Zufriedenheit zu finden.

Ein paar Tage später begegnete Maya dem kleinen Maulwurf Molo wieder – und das Erste, was er sagte, war wiederum: »Danke, Maya. Ich bin dir so dankbar, für alles, was du mich gelehrt hast!«

Maya lachte. »Du hast die Übung der Dankbarkeit scheinbar wirklich verinnerlicht. Vielleicht gewinnst du ja noch die Weltmeisterschaft in Dankbarkeit.«

Molo blinzelte sie an und blickte ziemlich verwirrt. »Wie meinst du das? Hab ich was Falsches gesagt?«

Maya schüttelte den Kopf. »Aber nein, Molo, mein Lieber. Es ist ganz wunderbar, dass du dankbar für die Dinge bist, die du gelernt hast. Willst du das Geheimnis der Lebensfreude und des Glücks jedoch in seiner ganzen Tiefe ergründen, dann solltest du noch wissen, was es mit der Kunst des Lachens auf sich hat.«

Molo rümpfte ein wenig seine spitze Nase. »Lachen? Aber Lachen ist doch etwas für alberne, flatterhafte Leute wie Schmetterlinge. Was du mich gelehrt hast, ist jedoch etwas ganz Ernstes, oder etwa nicht?«

»Ach, Molo – du bist so eifrig und fleißig, aber ich fürchte, du nimmst das Leben immer noch zu ernst. Und wie ich sehe, fehlt dir noch die wichtigste geheime Zutat, durch die Weisheit, Gelassenheit, Achtsamkeit und Mitgefühl erst wirklich erblühen können. Erst wenn du sie dir zu eigen machst, wird sich dein Leben wirklich verwandeln«, lachte Maya.

Molo riss die Äuglein auf, so weit es ihm eben möglich war. »Eine geheime Zutat? Bitte, Maya, sag mir doch, welche das ist. Ich werde mich nach allen Kräften bemühen!«

Maya schüttelte belustigt den Kopf. »Nicht doch, mein lieber Molo – je mehr du dich um sie bemühst, desto mehr wird sie dir entgleiten.«

»Oje«, sagte Molo. »Was kann ich denn dann tun? Und was ist das überhaupt für eine geheimnisvolle Zutat?«

»Ganz einfach, mein Lieber: Heiterkeit! Du hast gesagt, dass Lachen nur etwas für alberne Leute ist. Doch ohne Humor und

Lachen, ohne etwas Albernheit und eine kleine Portion Verrücktheit werden sich die Fesseln um dein Herz niemals ganz auflösen. Dankbarkeit, Gelassenheit oder Achtsamkeit sind wunderbar – aber sie können dich nicht zur Quelle der Lebensfreude führen, solange dein Herz nicht lacht.«

»Oh«, sagte Molo nur. Er saß da und blieb stumm. Maya ließ ihn schweigen. Sie sah ihm an, dass er tief nachdachte. Zwar wusste sie auch, dass ihn das Denken nicht sehr viel weiterbringen würde, aber das war nun einmal seine Natur, und so ließ sie ihn in Ruhe grübeln.

Schließlich tauchte Molo aus seiner Versenkung auf und sagte traurig: »Ich verstehe es einfach nicht – wie können Albernheiten etwas Gutes sein?«

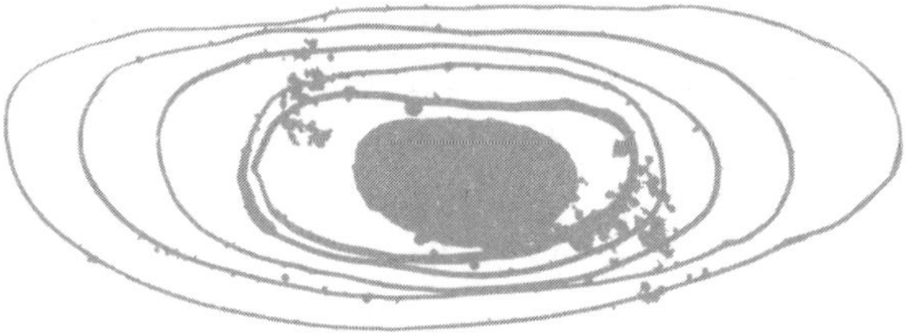

»Ganz einfach«, erwiderte Maya. »Humor bringt die Seele in Bewegung. Das ist, wie wenn du einen Stein in den See wirfst: Die Wellen breiten sich über den ganzen See aus und bewegen alles, was auf dem Wasser treibt. So ist es auch mit dem Humor. Ein Lachen mag dir vielleicht unwichtig und unbedeutend erscheinen, doch es bringt alles in Bewegung und erzeugt eine Schwingung, die alles um dich verzaubert.« Maya sah den kleinen Maulwurf prüfend an. Sie sah, dass er verstand, was sie meinte, und fuhr fort: »Dein Lachen wirkt auch auf andere. Und mit jedem Lächeln wird die Welt ein klein wenig besser werden. Doch nicht nur die Welt gewinnt dadurch an Freude, sondern auch du selbst. Immer, wenn du lachst oder lächelst, wird dich das ein kleines bisschen glücklicher machen. Und dann wird es dir immer leichterfallen, achtsam, zufrieden und dankbar zu sein.«

Molo sah etwas niedergeschlagen aus. »Wahrscheinlich hast du recht. Aber was soll ich denn jetzt machen? Du hast ja gesagt, dass ich mich nicht darum bemühen soll. Was soll ich denn dann tun?«

Maya nickte. »Tja, das ist tatsächlich ein kleines Problem, lieber Molo. Du kannst Humor weder erzwingen noch herbeidenken. Doch du kannst es ihm leichter machen, zu dir zu kommen, indem du lernst, dein Herz lächeln zu lassen …«

MEDITATION
MIT DEM HERZEN LÄCHELN

Lächeln und Lachen sind Ausdruck von Lebensfreude. Die Stimmung zeigt sich im Gesicht – und ein strenger Gesichtsausdruck und Sorgenfalten ermutigen negative Gedanken und ungute Gefühle. Wer seinen Blick hingegen auf das Schöne richtet, wer positive Gedanken hegt, wer genießen kann und voller Freude ist, lebt mit einem Lächeln und strahlt Heiterkeit und Gelassenheit aus.

Freude drückt sich durch Lächeln aus. Doch umgekehrt beeinflusst Lächeln auch die Gefühle und Gedanken. Ein echtes Lächeln löst schlagartig Glücksgefühle aus, ebenso wie eine gute Körperhaltung augenblicklich die Stimmung verbessert.

Wenn du also mehr Freude in deinem Leben erfahren willst, dann lächle. Ein Lächeln, das von innen kommt, gelingt jedoch nur, wenn auch dein Herz lächelt. Um aber mit dem Herzen lächeln zu können, solltest du entspannt und zufrieden sein. Zufriedenheit erwächst aus der Erkenntnis, dass du alles hast, was du brauchst – dass es nicht nötig ist, mehr und immer mehr zu erlangen und dass alles, so wie es ist, gut und genug für dich ist. Akzeptanz und Zufriedenheit erfüllen das Herz mit Leichtigkeit, und das Lächeln, das aus deinem Herzen kommt, wird dann auf ganz natürliche Weise entstehen.

- Was immer du tust, entspanne dein Gesicht, lass deine Lippen leicht lächeln und signalisiere deinem Körper dadurch, dass alles in Ordnung ist und dass er sich entspannen darf.

- Wie fühlt es sich an, wenn dein Gesicht vollkommen entspannt ist und du auf sanfte Weise lächelst? Lass zu, dass sich dein Lächeln auch auf deine Augen ausbreitet. Lächle mit dem Mund und mit den Augen.

- Lasse deinen Atem frei strömen. Falls du Anspannungen in deinen Muskeln bemerkst, dann lass noch ein wenig mehr los. Gib deinem Lächeln mehr und mehr Raum. Lass deine Lippen, deine Augen und auch deinen Bauch lächeln und dann – lass dein Herz lächeln! Nutze jede Gelegenheit, Freude zu kultivieren und zu lächeln. Lächle der Welt zu, den Wolken, den Menschen die dir begegnen. Lächle den Katzen auf der Straße, den Kindern auf dem Spielplatz zu. Bringe Mitgefühl und Güte durch dein Lächeln zum Ausdruck.

- Und vergiss nie, auch dir selbst zuzulächeln! Vielleicht ist das sogar das Wichtigste! Vor allem in Augenblicken, wo es dir schlecht geht, wird dir ein liebevolles Lächeln helfen, deine Stimmung zu verwandeln und dich von Belastendem zu befreien.

- Pflege die Freude in dir, verbinde dich mit deinem Herzen und lass ein Lächeln in dir entstehen, das du dir selbst und allen anderen schenkst.

- Vergeude keine Zeit, sondern nutze jede Möglichkeit, in Heiterkeit, Gelassenheit und Freude zu leben.

AUS EUGENS TAGEBUCH:
Humor ist eines der kostbarsten Dinge, die es gibt, finde ich. Ein kleines Lächeln bewirkt mehr, als man vielleicht zunächst denkt. Allerdings bringt es nichts, darüber zu sprechen – man muss es einfach tun. Schon bevor ich Maya kennengelernt habe, hatte ich es mir angewöhnt, allen, denen ich begegne, zuzulächeln. Mit einem freundlichen Lächeln versüßt du dir und allen, die du triffst, den Tag.

Ich kenne einen kleinen Trick, den ich gern manchen meiner etwas humorloseren Schüler zeige, wodurch sich fast immer ganz schnell ein natürliches Lächeln auf ihre Gesichter zaubern lässt. Dazu sollen sie einen Stift zwischen die Zähne nehmen, ohne fest zuzubeißen – aber die Lippen dürfen den Stift dabei nicht berühren. Wenn sie den Stift dann nach drei Minuten wieder aus dem Mund nehmen, passiert etwas Ulkiges: Selbst ausgesprochen griesgrämige Studenten haben plötzlich dieses natürliche Lächeln im Gesicht – was meist zu großer Erheiterung in der Gruppe führt. Das wirklich Schöne daran ist aber, dass jeder, der das macht, danach tatsächlich bessere Laune hat und etwas mehr Heiterkeit in seinem Herzen spürt. Obwohl ich nicht glaube, dass man so etwas wie Humor tatsächlich lernen kann: Etwas mehr Freude und Heiterkeit lassen sich oft schon durch einfache Tricks lehren.

Molo hatte seine unsichtbaren Ohren gespitzt und Maya aufmerksam zugehört, woraufhin er wieder in tiefes Schweigen verfallen war. Maya kannte diesen tranceartigen Zustand schon und sie leistete dem kleinen Maulwurf still Gesellschaft, ohne ihn beim Nachdenken zu stören. Diesmal dauerte Molos Schweigen noch länger als sonst, doch Mayas geübte Augen bemerkten die innere Bewegung, die in Molo vonstattenging. Und ganz, ganz langsam erschien ein kleines Lächeln auf seinem Gesicht. Das Lächeln wuchs und begann zu strahlen.

Schließlich öffnete Molo seine Augen und sah Maya begeistert an. »Ach, Maya, du bist wirklich eine ganz fantastische Katze!«, rief er. »Wie erleichternd ist es, im Leben nicht alles so ernst zu nehmen, erst recht nicht sich selbst! Dass dies der Weg zur Lebensfreude ist, hätte ich ohne deine Übungen wohl nie erkannt.«

Maya sah den kleinen Maulwurf voller Bewunderung an. Die Kunst, aus dem Herzen zu lächeln, war wahrhaftig nicht gerade leicht zu erlernen. Noch nie hatte sie unter ihren Schülern jemanden getroffen, der das so schnell hatte umsetzen können. »Molo, ich muss dir danken. Was wäre eine Lehrerin ohne ihre Schüler? Und gerade von den begabten kann auch sie immer weiter lernen. Weißt du – durch dich habe ich gelernt, dass Veränderungen oft viel schneller möglich sind, als ich das bisher geglaubt habe; und so habe ich nicht nur deine, sondern du hast auch meine Grenzen erweitert.«

Der kleine Maulwurf verbeugte sich höflich, was sehr putzig aussah, weshalb Maya spontan in Lachen ausbrach. Diesmal war Molo aber weder beleidigt noch erstaunt, sondern er lachte aus vollem Herzen mit Maya mit.

»Wie schön ist es doch, mit Achtsamkeit, Gelassenheit und vor allem mit Liebe und Freude zu leben!«, rief Maya.

Und Molo, der kleine Maulwurf, stimmte ihr zu, lächelte und spürte, wie sein Herz und sein Geist dabei immer leichter und freier wurden.

LEHRREDE ÜBER
DIE FREUDE

Ihr Lieben!

So wie die Blumen ohne das Licht und die Wärme der Sonne nicht wachsen können, so kann auch euer Herz ohne das Licht und die Wärme der Freude nicht erblühen. Wo Freude ist, ist Leben, ist Licht, ist Fülle.

Freude, Zufriedenheit und Glück erwachsen aus dem Bewusstsein von Fülle. Traurigkeit, Unzufriedenheit und Leiden erwachsen aus dem Bewusstsein von Mangel. Darum sucht ein jeder – ob er es nun weiß oder nicht – nach der Fülle. Doch allzu oft führt diese Suche in die Irre, denn nur wenige gibt es, die am richtigen Ort suchen.

Wer Fülle in äußerem Reichtum, in den vielen Dingen, in endlosen Informationen, in Luxus und allerlei Annehmlichkeiten sucht, der weiß noch nichts von der inneren Fülle. Wer Freude in Unterhaltung, außergewöhnlichen Erlebnissen oder an fernen Orten sucht, der weiß noch nichts von der inneren Freude.

Die Freude im Herzen ist frei von äußeren Bedingungen. Was aber Glück schenkt, ohne von äußeren Bedingungen abhängig zu sein, darauf ist Verlass, darauf solltet ihr vertrauen und das solltet ihr in euch nähren. Innere Freude ist keine Reaktion, sondern der Zustand eines achtsamen Geistes. Sich über ein teures Geschenk zu freuen, ist schön – doch diese Freude ist unruhig und sie vergeht schneller als ein Sommergewitter. Innere Freude hingegen ist von Dauer. Sie gleicht einem warmen Strom.

Es werden im Leben gute Dinge passieren, es werden schlimme Dinge passieren – doch das ist kein Grund, die Sonne in eurem Herzen erlöschen zu lassen. Die Freude in eurem Innersten lebendig zu halten, ist keine Frage des Wohlbefindens, sondern eine spirituelle Notwendigkeit. Wollt ihr euch selbst mehr Mitgefühl entgegenbringen, so müsst ihr die Freude in euch pflegen;

denn geht die Freude verloren, so geht auch der Sinn verloren. Wollt ihr anderen mehr Mitgefühl entgegenbringen, so schenkt auch ihnen die Kraft eurer Freude; sammelt diese Freude in eurem Herzen und dann strahlt sie in die Welt hinaus. Durch die Wärme und das Licht der Freude könnt ihr allen, die unglücklich und beschwert sind, eine große Stütze sein. Verpasst diese Gelegenheit nicht, denn die Welt braucht viel Licht, braucht viel Harmonie.

Wie aber lässt sich Freude kultivieren? Wie kann man sie praktizieren?

Durch Achtsamkeit wird eure Freude wachsen. Achtsam wahrzunehmen, was in euch und um euch geschieht, statt oberflächlich und von alten Gewohnheiten beherrscht zu leben, entzündet das Licht der Freude in euch.

Durch Dankbarkeit wird eure Freude wachsen. Nichts als selbstverständlich anzusehen, sondern den Wert jeden Augenblicks zu erkennen und zu schätzen und den Blick allezeit auf das Schöne zu richten, entzündet das Licht der Freude in euch.

Innerlich Ja zu sagen, wird eure Freude wachsen lassen. Das eigene Leben zu umarmen, Widerstände aufzugeben und sich vom Fluss tragen zu lassen, statt gegen ihn anzuschwimmen, entzündet das Licht der Freude in euch.

Verbunden zu sein und allen Wesen freundlich und mit einem Lächeln zu begegnen, statt in den engen Wänden des Ichs und der Selbstbezogenheit zu verharren, entzündet das Licht der Freude in euch.

Vor allem aber ist es der spirituelle Pfad, ist es die Meditation, die euch mit Freude erfüllen wird. Ja mehr noch – ob ihr den richtigen Pfad, ob ihr die richtige Meditation für euch entdeckt habt, das könnt ihr daran erkennen, ob die Freude in eurer Seele wächst oder nicht.

Auf dem richtigen Pfad zu sein heißt, dem Herzen zu folgen. Dem Herzen zu folgen heißt, ganz bei sich anzukommen. Wer aber in seinem Zuhause angekommen ist, wer gelernt hat, in der

Stille und im Sein zu verweilen, für den öffnet sich das Tor zur Freude, öffnet sich das Tor zur Heiterkeit ganz von selbst.

Die Ferne ruft

Was war nur mit Eugen los? Nach einem nächtlichen Ausflug – die Nacht war außergewöhnlich klar gewesen, der Vollmond hatte die Stadt in mildes Licht getaucht und Maya hatte keinen Schlaf gefunden und es in ihrem Körbchen nicht länger ausgehalten – war sie erst am späten Vormittag ins Atelier zurückgekehrt. Jetzt lag sie müde auf dem Sofa und beobachtete Eugen, der geistesabwesend in seiner Kaffeetasse rührte und ihr ab und zu einen verlegenen Blick zuwarf. Ob irgendetwas passiert oder ihm nur eine Laus über die Leber gelaufen war? Maya war neugierig. Doch er würde schon mit der Sprache rausrücken, wenn es so weit war, dachte sie. Maya hatte die Erfahrung gemacht, dass jeder seine eigene Zeit brauchte, um von seinen Sorgen, Nöten, Problemen oder von schwierigen Entscheidungen zu sprechen. Trotzdem wurde sie von ihrer Neugier ein wenig gekitzelt, wie von einer Daunenfeder in der Nase.

Eugen blätterte mit glänzenden Augen in einem dicken Fotobuch. Maya kuschelte sich neben ihn und sah ihm zu, wie er die Bilder bestaunte. In den Bildern waren Landschaften, Gebäude und Menschen, so bunt, wie Maya sie noch nie gesehen hatte. Ebenso wie Eugen nahmen die farbenfrohen Bilder in dem Buch auch sie zunehmend gefangen. Etwas in ihnen zog sie magisch an. Sie konnte nicht genau sagen, was es war; sie spürte nur das Prickeln einer vagen Sehnsucht.

Eugen blätterte in dem Buch und Maya schien es, als ob auch er dieselbe Sehnsucht spürte. Dann und wann sah er Maya an, seufzte, streichelte sie ... So saßen die beiden lange schweigend nebeneinander am Tisch und ließen die wunderbaren Fotografien auf sich wirken. Schließlich klappte Eugen das Buch zu, räusperte sich und sagte: »Ich muss dir etwas sagen, Maya.«

»Aha – na endlich. Ich dachte schon, du wärst stumm geworden. Na, dann schieß mal los. Ich warte schon eine Weile«

Eugen zog die Augenbrauen nach oben. »Du wartest? Auf was hast du gewartet?«

»Dass du endlich sagst, was dir auf dem Herzen liegt. Denn dass da irgendwas ist, ist ja offensichtlich.«

»Oh«, sagte Eugen. »Du hast mich durchschaut. Es ist allerdings nicht so einfach ...«

Maya lächelte ihm zu und legte sanft eine Pfote auf seinen Arm. »Schwierig ist es nur, solange du drüber nachdenkst, Eugen. Du wirst sehen: Wenn du erst mal angefangen hast zu erzählen, ist es ganz einfach.«

Eugen sah Maya ernst an. »Maya, ich weiß ja, dass du nicht *meine* Katze bist. Aber ich habe so viel gelernt und inzwischen fühle ich mich so wohl mit dir ...«

Maya spürte einen Stich in ihrem Herzen. Hatte Eugen eine schlimme Nachricht für sie? Würde er ihr gleich sagen, dass er sterben müsse? Sie atmete tief durch, nahm Kontakt zu ihrer inneren Kraft auf und entspannte Körper und Geist. Es gab keinen Grund, sich Sorgen zu machen. Niemals. Was auch passieren mochte, Sorgen würden es nicht verändern. Auch gab es nichts in diesem Universum, was nicht in vollkommener Ordnung war; auch wenn diese Ordnung für Menschen nur selten erkennbar war und selbst Katzen ihre Schwierigkeiten damit hatten. Alle Ängste, alle Meinungen, alle Vorstellungen – sie existierten nur im Kopf. Maya musste fast ein wenig über sich selbst lächeln.

»Ich fühle mich auch sehr wohl bei dir, Eugen«, sagte sie daher. »Und ob du es glaubst oder nicht – auch ich habe vieles bei dir gelernt.«

Eugen öffnete den Mund, um zu sprechen, schloss ihn aber sofort wieder. Maya wartete geduldig. Schließlich sagte er: »Ich habe schon lange drüber nachgedacht; aber jetzt habe ich mich entschlossen: Ich werde eine Weltreise machen – nach China, nach Indien, nach Amerika, in die Südsee ...« Er wartete auf

Mayas Reaktion, doch die sah ihn nur ruhig an, und so fuhr er fort: »Weißt du, ich bin nicht mehr der Jüngste, und solange ich noch einigermaßen auf den Beinen bin, muss ich die Zeit nutzen. Ein oder zwei Jahre werde ich wohl weg sein. Aber jetzt mache ich mir Sorgen um dich. Ja, ich weiß, du hast mir gezeigt, dass es Quatsch ist, sich zu sorgen. Aber es fällt mir doch sehr schwer, dich alleinzulassen.«

Maya verkniff sich ein Lachen: Sie hatte tatsächlich befürchtet, dass ihr alter Freund bald sterben könnte. Wieder einmal zeigte sich, wie überflüssig die meisten Ängste doch waren …

»Mach dir keine Sorgen, Eugen«, sagte sie. »Ich komme gut zurecht, auch wenn ich nicht bei dir wohne. Ich bin ja kein Mensch, sondern eine Katze!«

»Ja, bestimmt. Aber ich werde dich sehr vermissen«, sagte Eugen traurig.

»Mein Lieber, du musst mich nicht vermissen. Ich wohne doch in deinem Herzen. Und du in meinem!«

Eugen nickte. Doch er schien noch etwas auf dem Herzen zu haben. Und auch, wenn es meist das Beste war, niemanden zu drängen, war es manchmal eben auch wichtig, dem anderen einen kleinen Schubs zu geben. »Also Eugen«, sagte Maya, »jetzt rück mal raus: Ich merke doch, dass du noch etwas sagen willst, und je schneller du loswirst, was du loswerden willst, desto schneller wirst du dich auch wieder entspannen können.«

»Ja, du hast recht.« Eugen druckste ein wenig herum. Dann sah er Maya direkt in die Augen und sagte: »Wie wär es denn, Maya, wenn du dir die Welt auch mal ansiehst?«

Maya machte große Augen. Damit hatte sie nicht gerechnet. »Du meinst, dass ich mit dir kommen könnte?«

Eugen war sichtlich erleichtert, dass er endlich zu fragen gewagt hatte. »Ja, Maya, genau das habe ich gedacht. Aber ich weiß ja, dass du viel zu tun hast. Als du letztes Mal eine Lehrrede gehalten hast, waren bestimmt hundert Tiere da, die alle an deinen Lippen hingen. Also …«

Nachdem Maya zunächst fast gejubelt hätte – wie wunderbar würde es sein, mit Eugen durch die Welt zu reisen! –, kamen ihr nun doch Zweifel. Konnte sie wirklich einfach so gehen? Es stimmte, was Eugen gesagt hatte: Es waren immer mehr Tiere und Menschen geworden, die zu ihr kamen und die nach Rat und Trost suchten. Viele hatten Mayas Lehre der Achtsamkeit und der liebevollen Güte gegenüber allen Wesen verinnerlicht; für sie alle war Maya die »große Lehrerin«. Aber da war noch etwas. Wenn sie ehrlich war, musste Maya sich eingestehen, dass sie auch ein wenig Angst hatte: Sie kannte und liebte ihre vertraute Welt, die Welt über den Dächern, den Park und auch die Winkel und Gassen der Stadt. Maya schloss die Augen und erinnerte sich an die vielen Begegnungen, die sie gehabt hatte.

An Millie, die Maus, der Maya das Geheimnis der Ruhe erklärt hatte – der inneren Stille, die das Herz befreit.

An den jungen, begabten Pianisten Emmanuel, den sie das Geheimnis der Achtsamkeit gelehrt hatte – der Achtsamkeit, die, ohne zu urteilen, hinsieht und aus der Gefangenschaft der sich wiederholenden Gedanken und Gefühle befreit.

An Kallamarandi, den einstmals etwas eitlen Schmetterling, der das Geheimnis der inneren Klarheit kennengelernt hatte, die einen davor bewahrt, den Geistesgiften Hass und Gier zum Opfer zu fallen und die zu einem ungetrübten Geist führt, der Schönheit, Frieden und Verbundenheit erkennt.

An Lasse, das ängstliche Eichhörnchen, das das Geheimnis des unerschütterlichen Gleichmuts erfahren durfte.

An Durkon, den klugen Raben, der durch das Geheimnis des Mitgefühls lernte, sein Herz für sich selbst und schließlich für andere zu öffnen.

An die kleine Lina, die die Einsamkeit überwand, als sie vom Geheimnis der Verbundenheit und wahrer Freundschaft erfuhr.

An Bobo, den lieben alten Hund, den sie das Geheimnis der Lebensenergie gelehrt hatte – und der dadurch neue Kraft und neuen Lebensmut gewonnen hatte.

An Runka, die Hamsterdame, die von Maya gelernt hatte, ihrer eigenen Natur zu folgen, nachdem sie von dem Geheimnis, im Fluss zu bleiben, erfahren hatte.

An Molo, den Maulwurf, dem sie das Geheimnis der Freude offenbart hatte, das ihn von einem verbissenen, bitterernsten Wesen in eines mit liebevollem Herzen und leichtem Geist verwandelt hatte.

Mit zärtlichen, warmen Gedanken und Gefühlen erinnerte sich Maya an diese und viele andere Begegnungen und wusste, dass ihr Weg der richtige gewesen war. Doch musste der Weg immer geradeaus führen – musste es immer der altbekannte bleiben? War nicht der bessere Weg der, der sich durch die Landschaft des Lebens schlängelte, mal über Höhen, dann wieder hinab ins Tal, dann in die Ebene ...?

Maya spürte, wie ein kleiner Schatten der Angst sich in ihrem Geist ausbreitete. Selbst mit Eugen an ihrer Seite wäre es ein großes Abenteuer, die Welt kennenzulernen. Sie beobachtete die Angst achtsam –, sie erkannte, wie ängstliche Gedanken kamen, ihren Atem veränderten – und sie ließ das alles da sein und begegnete ihm freundlich. Aus ganzem Herzen nahm sie die Angst an und beobachtete, wie die Schatten sich ganz von selbst wieder auflösten und verschwanden.

Schließlich öffnete sie die Augen wieder. »Ja«, sagte sie zu Eugen. »Ich fahre gern mit dir in die Welt.«

Und so begaben sich der alte Maler und die weise Katze auf eine lange, spannende Reise, auf der sie viel Wunderbares und Bemerkenswertes lernten ...

Aber das ist eine andere Geschichte.

Über die Autoren

Aljoscha Long und Ronald Schweppe sind international bekannte Bestsellerautoren, die ganzheitliche Lebenskunst auf leicht verständliche Art und Weise kompetent zu vermitteln verstehen. Moderne Psychologie, zeitgemäße Philosophie und östliche Spiritualität fließen in ihren Werken harmonisch zusammen. Aljoscha Long ist Psychologe, Therapeut und Kampfkunstlehrer, Ronald Schweppe ist Orchestermusiker und Meditationslehrer. Das Autorenteam ist durch zahlreiche Veröffentlichungen und als Experten in Funk und Fernsehen bekannt.

Weitere Informationen unter:
www.long-schweppe.de
www.instagram.com/longschweppe